ABRÉGÉ

D'HISTOIRE ANCIENNE

AVEC DES CARTES GÉOGRAPHIQUES

rédigée conformément aux derniers programmes officiels

POUR LA CLASSE DE SIXIÈME

PAR V. DURUY

Inspecteur de l'Académie de Paris
maître de conférences à l'École normale supérieure

NOUVELLE ÉDITION

PARIS

LIBRAIRIE DE L. HACHETTE ET Cⁱᵉ
RUE PIERRE-SARRAZIN, Nᵒ 14
(Près de l'École de médecine)

ABRÉGÉ

D'HISTOIRE ANCIENNE

CLASSE DE SIXIÈME

ABRÉGÉ

D'HISTOIRE ANCIENNE

AVEC DES CARTES GÉOGRAPHIQUES

rédigé conformément aux derniers programmes officiels

POUR LA CLASSE DE SIXIÈME

PAR V. DURUY

Inspecteur de l'Académie de Paris
Maître de conférences à l'École normale supérieure

NOUVELLE ÉDITION

PARIS

LIBRAIRIE DE L. HACHETTE ET Cie

RUE PIERRE-SARRAZIN, N° 14

(Près de l'École de médecine.)

1862

CARTES

CONTENUES DANS L'ABRÉGÉ D'HISTOIRE ANCIENNE.

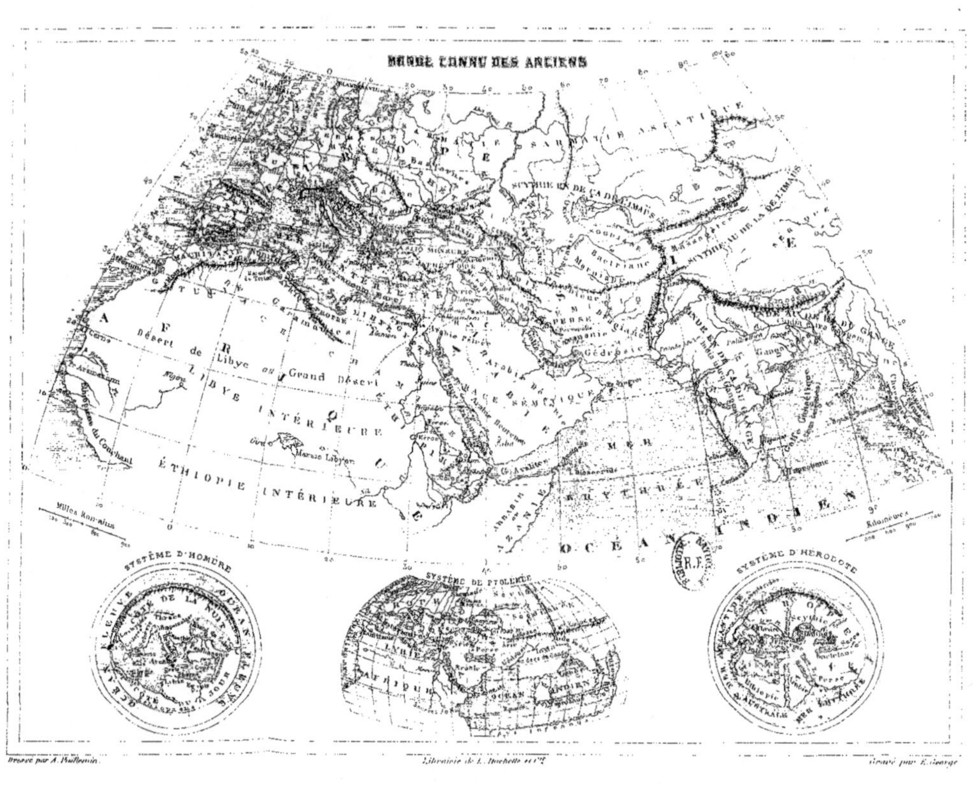
MONDE CONNU DES ANCIENS
SYSTÈME D'HOMÈRE
SYSTÈME DE PTOLÉMÉE
SYSTÈME D'HÉRODOTE
Dressé par A. Vuillemin.
Librairie de L. Hachette et Cie.
Gravé par E. George.

ABRÉGÉ

D'HISTOIRE ANCIENNE.

CHAPITRE PREMIER.

DIVISIONS GÉNÉRALES DE L'HISTOIRE.

Division générale de l'histoire universelle. — Division particulière
de l'histoire ancienne. — Unité de l'histoire romaine et de l'histoire
grecque. — Manque d'unité dans l'histoire ancienne. — L'histoire
ancienne n'est encore que celle des peuples riverains de la
Méditerranée.

Division générale de l'histoire universelle. — On
divise ordinairement l'histoire universelle en trois sec-
tions.

1° L'histoire ancienne depuis le commencement des
empires jusqu'à la grande invasion des barbares, à la
fin du IVe siècle de notre ère.

2° L'histoire du moyen âge depuis le commencement
du Ve siècle de notre ère jusqu'au milieu du XVe.

3° L'histoire des temps modernes depuis le milieu du
XVe siècle jusqu'à nos jours.

Division particulière de l'histoire ancienne.—Dans
l'histoire ancienne, on a encore, et très-naturellement,
établi trois divisions :

L'histoire ancienne de l'Asie et de l'Afrique, autrement
dit de l'Orient ;

L'histoire grecque ;

L'histoire romaine.

Unité de l'histoire romaine et de l'histoire grecque.
— Les annales du peuple romain forment, en effet, un

majestueux ensemble et comme un long drame que le lecteur voit se dérouler sous ses yeux, depuis les commencements obscurs de la cité de Romulus, jusqu'à la catastrophe dernière qui jette cette reine du monde aux pieds d'un chef barbare. C'est le grain mis en terre qui fructifie, se développe, devient un arbre immense, à l'ombre duquel 80 millions d'hommes ont vécu, puis qui décline, perd sa sève, se découronne et tombe.

Dans la Grèce, il y a plus de diversité. Ce n'est pas une seule ville qui commande l'attention. Pour suivre les destinées d'Athènes, de Sparte, de Corinthe, d'Argos, de Thèbes, de la Macédoine et de tant de colonies, le regard court sur tous les points de la Grèce, sur toutes les rives de la Méditerranée et jusqu'au fond de l'Asie. Mais c'est bien le même peuple, une même civilisation, une période très-nettement déterminée de la vie générale du monde.

Manque d'unité dans l'histoire ancienne. — L'histoire ancienne proprement dite, celle qui sera l'objet du présent livre, n'a pas de lien moral qui en unisse toutes les parties. L'Égypte, l'Assyrie, Carthage, les Lydiens, les Mèdes et les Perses vivent à part et ne mêlent ni leurs croyances, ni leurs intérêts, ni leurs destinées, si ce n'est vers les derniers temps, quand tous, moins Carthage, sont assujettis à la même domination, celle du grand roi. Ces puissances ont cependant cela de commun qu'elles préparent le monde grec et le monde romain. Les successeurs d'Alexandre règnent sur les provinces de l'empire perse, et Rome sur celles de Carthage. Mais il y a plus : les doctrines, les sciences, les arts de l'Assyrie et de l'Égypte ont préparé la civilisation de la Grèce dont Rome a été plus tard l'héritière, de sorte que si nous voulions remonter à l'origine de nos connaissances, il ne faudrait pas nous arrêter à Rome et à Athènes, mais aller jusqu'à Memphis, à Babylone, à Ecbatane, à Persépolis, les capitales du vieil Orient.

L'histoire ancienne n'est encore que celle des peuples riverains de la Méditerranée. — On remarquera que l'histoire ancienne ne renferme pas l'histoire de tous les peuples anciens. En général, elle ne s'éloigne pas des bords de la Méditerranée, si ce n'est du côté de la Perse, et on sait peu de chose au delà de la zone étroite de pays que baigne cette mer. Ainsi nous n'avons que de vagues notions sur les Ibères de l'Espagne, les Celtes de la Gaule, les Germains de l'Allemagne et les Slaves de la Sarmatie; des Scythes, seulement leur nom. Les Indiens ont une littérature immense que la science moderne révèle peu à peu ; mais ils n'ont pas d'histoire. Ils ont religieusement gardé dans des poëmes interminables leurs rêveries sur leurs dieux, ils n'ont pas conservé un seul fait de leurs destinées.

Les Arabes n'en savent pas plus long sur eux-mêmes ; les Chinois seuls ont des annales suivies, certaines, et qui remontent à la plus haute antiquité ; mais leur vie est restée si complétement étrangère à la nôtre, ils sont si bien, derrière leur grande muraille, dans un monde à part, que l'étude de leurs mœurs, de leur organisation et des révolutions qu'ils ont subies est restée le domaine des savants.

Nous ne savons rien, non plus, de la race noire qui a peuplé l'Afrique, rien de ces Malais qui occupent une partie de l'Océanie, rien des peuplades américaines ou *peaux rouges* qui avaient cependant élevé des États si considérables avant l'arrivée des Européens sur leur continent. Notre science est bien petite encore, quoique de laborieux efforts l'étendent chaque jour et l'affermissent.

CHAPITRE II.

LA GENÈSE.

La Genèse ou la création. — Les sept jours de la création. — Le
paradis; Adam et Ève. — Abel et Caïn. — Seth et sa postérité. —
Perversité des hommes. — Le déluge. — Alliance de Dieu et des
hommes. — Malédiction contre Cham et bénédiction sur Sem et
Japhet. — Tour de Babel et dispersion des hommes. — Fondation
des premiers empires dans les vallées du Nil, de l'Euphrate et du
Tigre.

La Genèse ou la création. — Quand on pénètre dans
le sein de la terre à de grandes profondeurs, on rencontre des couches successives de terrains qui renferment
d'innombrables débris d'animaux et de végétaux dont les
espèces sont aujourd'hui perdues. On est parvenu à recons-
tituer les êtres auxquels ces débris appartiennent, et on a
vu alors qu'il y avait eu comme une série de créations successives qui se terminent à l'homme, le dernier né du
monde.

De ces antiques révolutions du globe, il reste un magnifique et imposant résumé, celui qui se lit en tête de la
Bible, le livre sacré des nations chrétiennes[1].

Les sept jours de la création. — Au commencement, dit
Moïse, Dieu créa le ciel et la terre. La terre était informe; les
ténèbres couvraient l'abîme, et l'esprit de Dieu était porté
sur les eaux. Dieu dit : « Que la lumière soit; » et la lumière fut. Alors il sépara la lumière d'avec les ténèbres,
et il donna à la lumière le nom de jour, et aux ténèbres
le nom de nuit. Ce fut là le premier jour. Le second jour,
Dieu fit le firmament, qu'il nomma le ciel. Le troisième,
Dieu dit encore : « Que les eaux qui sont sous le ciel se

---

1. Les chapitres 2, 3 et 4 sont un extrait de mon *Histoire sainte d'a-
près la Bible*. Je renvoie à cet ouvrage pour les développements.

rassemblent en un seul lieu, et que l'élément aride paraisse. » Puis il donna à l'élément aride le nom de terre, et il appela mers toutes les eaux rassemblées. Ensuite il commanda que la terre produisît des plantes et des arbres de toute espèce, qui portassent leur graine ou qui renfermassent en eux-mêmes leur semence pour se reproduire ; et cela se fit ainsi. Le quatrième jour, Dieu fit le soleil, la lune et les étoiles pour éclairer la terre et distinguer le jour et la nuit, les mois et les années. Le cinquième, il créa les poissons et les oiseaux, et il les bénit en disant : « Croissez et multipliez. » Le sixième jour, Dieu forma toutes les espèces d'animaux qui devaient couvrir la terre. Ensuite il dit : « Faisons l'homme à notre image, et qu'il commande aux poissons de la mer, aux oiseaux du ciel, aux bêtes et à tous les reptiles qui se meuvent sous le soleil. » Alors, du limon de la terre, sur lequel il répandit un souffle de vie, il forma un être vivant et animé. Le septième jour, Dieu avait terminé son œuvre, il se reposa alors, et ayant béni ce jour, il le sanctifia (4138 ans avant J. C.).

Le paradis; Adam et Ève.—Dieu avait placé l'homme dans Éden, jardin de délices, et il lui en avait abandonné, pour sa nourriture, les plantes et les fruits.

Mais, au milieu de toutes ces créatures vivantes, l'homme était seul, sans un être de son espèce. « Il n'est pas bon, dit le Seigneur, qu'il en soit ainsi ; faisons-lui une compagne qui lui soit semblable ; » et il envoya à Adam un sommeil profond, durant lequel il prit une de ses côtes pour en former la femme, qu'il nomma Ève, c'est-à-dire la vie, parce qu'elle devait être la mère de tous les humains. A son réveil, Adam dit en la voyant : « Voilà maintenant l'os de mes os et la chair de ma chair. Et comme la femme a été prise de l'homme, l'homme quittera son père et sa mère et s'attachera à sa femme ; et ils seront deux dans une seule chair. »

En plaçant Adam dans le jardin des délices, Dieu lui avait dit : « Mangez de tous les fruits des arbres du paradis, mais ne touchez pas à l'arbre du bien et du mal ;

car, dès que vous en mangerez, vous serez soumis à la mort. » Mais le démon vint, sous la figure d'un serpent, et il dit à la femme : « Non, vous ne mourrez pas. Dieu vous a défendu de toucher à l'arbre de la science, parce qu'il sait qu'aussitôt que vous aurez goûté de ses fruits, vos yeux seront ouverts et que vous serez comme des dieux, connaissant le bien et le mal. » Ève se laissa séduire à ces paroles. Elle cueillit de ces fruits et en donna à Adam, qui en mangea avec elle. Aussitôt leurs yeux s'ouvrirent, et, s'étant aperçus qu'ils étaient nus, ils entrelacèrent des feuilles pour se couvrir.

Alors ils entendirent la voix de l'Éternel et ils se cachèrent loin de sa face. « Adam, où es-tu ? dit le Seigneur. — J'ai entendu votre voix, répondit-il, et j'ai eu peur, parce que je suis nu ; et je me suis caché. — D'où auriez-vous su, dit le Seigneur, que vous étiez nus, si vous n'aviez mangé du fruit de l'arbre que je vous avais interdit ? » Et le Seigneur maudit le serpent. « Je mettrai, dit-il, une inimitié entre toi et la femme, entre sa race et la tienne. Elle te brisera la tête, et tu tâcheras de la mordre au talon. » Puis il dit à la femme : « Tu enfanteras dans la douleur et tu resteras en la puissance de l'homme ; » et à Adam : « La terre pour toi produira des épines et des ronces ; et tu mangeras ton pain à la sueur de ton front, jusqu'à ce que tu retournes en la terre d'où tu as été tiré : car tu n'es que poussière et tu retourneras en poussière. » Le Seigneur les fit ensuite sortir du jardin de délices, et des chérubins, armés d'un glaive flamboyant, en gardèrent l'entrée.

Abel et Caïn. — Ève eut deux fils, Caïn et Abel. Or il arriva, longtemps après, que Caïn offrit au Seigneur des fruits de la terre. Abel aussi fit oblation du premier-né de son troupeau. Mais les deux offrandes n'étaient pas faites avec un cœur semblable. Le Seigneur, qui avait regardé favorablement Abel et ses dons, détourna les yeux de Caïn. Celui-ci en conçut contre son frère une haine violente, et un jour qu'ils étaient aux champs, il se jeta sur lui et le tua. « Qu'as-tu fait de ton frère, lui demanda l'Éternel. Le sang d'Abel crie de la terre contre toi. Tu seras maudit et tu erreras partout. » Et Caïn, s'étant retiré de devant la face du Seigneur, habita avec sa famille le pays à l'orient d'Éden, où il bâtit une ville qu'il appela Hénoch, du nom de son premier-né. D'Hénoch naquit Lamech, qui lui-même eut plusieurs enfants: Jabel qui le premier dressa une tente; Jubal, l'inventeur de la musique; Tubalcaïn, qui sut travailler le fer et l'airain.

Seth et sa postérité. — Adam eut un troisième fils nommé Seth, et Dieu lui donna encore d'autres enfants. Seth vécut 912 ans et eut une nombreuse postérité qui conserva les traditions religieuses jusqu'au temps du déluge, après lequel elles passèrent dans la race de Sem. Ces descendants de Seth, qualifiés de fils de Dieu, par opposition aux descendants de Caïn, appelés fils des hommes, furent Énos, Caïnan, Malaléel, Jared, Hénoch, qui marcha pendant 365 ans dans les voies de l'Éternel et qui fut ravi au ciel; Mathusalem, qui vécut la plus longue vie, 969 ans; Lamech; enfin Noé, qui fut père de Sem, Cham et Japhet. Chacun d'eux fut la tige d'une postérité nombreuse.

Perversité des hommes.—Les hommes s'étant multipliés sur la terre, la corruption se répandit parmi eux. Quand le Seigneur vit que toutes les pensées de leur cœur étaient appliquées au mal, il se repentit d'avoir fait l'homme et il dit : « J'exterminerai tout de dessus la surface de la terre, depuis l'homme jusqu'aux animaux, depuis le reptile jusqu'aux oiseaux du ciel. »

Noé seul trouva grâce devant le Seigneur. « Construis, lui dit l'Éternel, une arche pour te sauver toi et les tiens des eaux du déluge que je vais répandre. » Noé crut et obéit. Il travailla durant de longues années à bâtir un grand vaisseau, et il ne cessa, pendant ce temps, d'avertir les hommes du péril qui les menaçait. Mais ils demeurèrent incrédules. Enfin Dieu lui dit : « Prends sept couples de tous les animaux purs et deux couples des animaux impurs. Prends aussi sept couples des oiseaux du ciel, afin d'en conserver la race; car je n'attendrai plus que sept jours encore. »

Le déluge. — Après que Noé eut fait ce que le Seigneur lui avait commandé, toutes les sources du grand abîme furent rompues; les cataractes du ciel s'ouvrirent; la pluie tomba pendant quarante jours et quarante nuits, et les eaux s'élevèrent de quinze coudées au-dessus des plus hautes montagnes. Durant cent cinquante jours elles couvrirent la face de la terre; tout périt (2482 av. J. C.).

Cependant Dieu, s'étant souvenu de Noé, envoya un souffle sur la terre. Les sources du grand abîme furent fermées, aussi bien que les cataractes du ciel, et les eaux diminuèrent. Le vingt-septième jour du septième mois, l'arche s'arrêta sur le mont Ararat, en Arménie. Les eaux continuant à baisser, au premier jour du dixième mois le sommet des montagnes commença à paraître. Quarante jours s'étant encore passés, Noé laissa envoler un corbeau qui ne reparut pas. Sept jours après il envoya une colombe qui, trouvant la terre encore toute couverte d'eau, revint à l'arche. Après sept autres jours, il la lâcha de nouveau, et, sur le soir, elle rentra, tenant dans son bec un rameau d'olivier. A ce signe, le patriarche reconnut que les eaux s'étaient retirées; il attendit néanmoins sept jours encore, puis il lâcha de nouveau la colombe, qui cette fois ne revint plus.

Alliance de Dieu et des hommes. — Noé sortit alors de l'arche. Son premier acte fut une prière et un sacrifice; prenant un couple de tous les oiseaux et de tous les animaux purs, il les offrit en holocauste. Le Seigneur reçut favorablement ce sacrifice et dit : « Je ne répandrai plus ma malédiction sur la terre à cause des hommes, parce que l'esprit de l'homme et toutes les pensées de son cœur sont portés au mal dès sa jeunesse. Je ne frapperai donc plus de mort, comme je l'ai fait, les créatures animées. Tant que la terre durera, la semence et la moisson, le froid et le chaud, l'été et l'hiver, la nuit et le jour ne cesseront point de se succéder. » Alors Dieu bénit Noé avec ses enfants, et leur dit : « Croissez et multipliez; et remplissez la terre. Voici le signe de l'alliance que j'établis pour jamais entre moi et vous. Je placerai mon arc dans la nue comme signe de paix entre moi et la terre ; que tous les animaux tremblent devant vous, et que tout ce qui a vie et mouvement vous serve de nourriture. »

Malédiction contre Cham et bénédiction sur Sem et Japhet. — Après être sorti de l'arche, Noé recommença à cultiver la terre. Il planta une vigne ; mais un jour qu'il but du vin, l'effet encore inconnu de cette boisson se fit sentir, et il se trouva enivré. Or Cham, étant venu dans la tente de son père, le vit nu et retourna le dire aussitôt à ses frères. Ceux-ci entrèrent dans la tente, en portant devant eux un manteau dont ils couvrirent la nudité de Noé. Aussi, à son réveil, le patriarche bénit les deux fils qui avaient respecté sa vieillesse, et pria Dieu de multiplier leur postérité : « Que le Seigneur étende les possessions de Japhet, et qu'il habite dans la tente de Sem. » Mais il maudit Cham dans la personne de son fils Chanaan : « Qu'il soit, dit-il, à l'égard de ses frères, l'esclave des esclaves. »

Noé vécut encore 350 ans après le déluge ; il en avait 950 quand il mourut.

Tour de Babel et dispersion des hommes. — Cependant les hommes s'étaient multipliés dans la plaine de Sennaar, entre le Tigre et l'Euphrate. Nemrod, le puissant chasseur devant l'Éternel, était le maître des peuples. Ils n'avaient qu'une seule langue ; et dans leur insolente audace ils se dirent : « Allons, courage, bâtissons une ville et une tour dont la tête touchera le ciel. » Mais Dieu abattit leur orgueil en confondant leur langage ; et, ne pouvant plus s'entendre les uns les autres, ils se dispersèrent et formèrent les trois races qui ont peuplé le monde : les fils de Cham en Afrique, les enfants de Sem en Asie, la postérité de Japhet en Europe. Ce fut pour cette raison que cette tour fut appelée *Babel*, c'est-à-dire la confusion, car c'était là que les langues s'étaient confondues.

Fondation des premiers empires dans les vallées du Nil, de l'Euphrate et du Tigre. — Tel est le récit de la Genèse sur les commencements du monde. Elle cite Nemrod comme le premier chef de peuples, mais elle ne mentionne pas la fondation des plus anciens empires, et la science n'a pu rien découvrir qui permette de suppléer à son silence. On voit seulement que les hommes ont dû se rassembler de bonne heure et se fixer sur les bords des grands fleuves dont les eaux fécondent l'Égypte et l'Assyrie, et où la vie est facile parce que la nature y fournit d'elle-même le nécessaire. Mais quand ces hommes se sont-ils constitués en société? quels ont été leurs premiers chefs? Nous l'ignorons et ne le saurons jamais.

CHAPITRE III.

LE PEUPLE DE DIEU; VOCATION D'ABRAHAM; LES ISRAÉLITES EN ÉGYPTE; MOÏSE.

Vocation d'Abraham (2055). — Abraham dans la terre de Chanaan. — Captivité de Loth. — Sara et Agar. — Destruction de Sodome. — Ismaël et Isaac. — Sacrifice d'Abraham. — Mariage d'Isaac (1990) — Mort d'Abraham (1955). — Ésaü et Jacob. — Jacob chez Laban (1893). — Les enfants de Jacob. — Retour de Jacob en Chanaan. — Joseph vendu par ses frères (1862). — Joseph faussement accusé. — Joseph ministre du pharaon (1849). — Joseph reconnaît ses frères. — Joseph établit les Hébreux au pays de Gessen (1840). — Mort de Jacob et de Joseph. — Job. — Naissance de Moïse (1705); sa fuite au pays de Madian (1665). — Moïse délivre ses frères. — Les dix plaies d'Égypte. — Institution de la Pâque. — L'exode ou la sortie d'Égypte (1625). — Passage de la mer Rouge. — La manne. — Victoire sur les Amalécites et institution des juges. — Le Sinaï. — Moïse reste quarante jours sur le Sinaï. — Adoration du veau d'or. — Le tabernacle. — Consécration d'Aaron. — .Le dénombrement. — Les 70 anciens; murmures des Hébreux. — Espions envoyés dans la terre promise. — Les Hébreux vaincus se rejettent dans le désert. — Seconde tentative pour entrer dans la terre promise; le serpent d'airain. — Victoires sur les Amorrhéens et les Moabites. — Balaam. — Tribus établies à l'orient du Jourdain. — Derniers jours de Moïse (1585).

Vocation d'Abraham (2055). — Tharé, dit Moïse, était le huitième descendant de Sem; il s'était établi à Ur en Chaldée, où il conservait encore les vérités révélées. Irrité des progrès de l'impiété, Dieu s'était décidé à se choisir une race fidèle. Abraham, fils de Tharé, fut appelé à être le père du peuple élu. Pour le tirer des lieux où régnait l'idolâtrie, Dieu le fit sortir de la Chaldée. A la sollicitation de son fils, Tharé quitta la ville d'Ur et s'avança jusqu'à Haran, où il mourut. Dans cette ville, Dieu apparut à Abraham et lui dit : « Sors de ton pays, quitte ta famille et la maison de ton père, et viens en la terre que je te montrerai. Je te rendrai père d'un grand peuple, et toutes les nations de la terre seront bénies en toi. »

Abraham dans la terre de Chanaan. — Abraham partit, emmenant avec lui Sara sa femme, son neveu Loth, ses serviteurs et ses troupeaux. Il passa l'Euphrate et s'avança jusqu'à Sichem, dans le pays des Chananéens. Dieu, ici, lui apparut encore et lui dit : « C'est là la terre que je donnerai à ta postérité. » Abraham dressa en ce lieu un autel au Seigneur, comme il fit encore entre Béthel et Haï ; puis il continua sa marche vers le midi ; mais une famine le contraignit à descendre en Égypte, où le pharaon enleva Sara, qu'Abraham ne nommait que sa sœur. Averti par de grandes plaies que Dieu envoya sur lui et sur son peuple, le pharaon rendit Sara, et fit conduire Abraham hors de l'Égypte avec tout ce qu'il possédait.

Captivité de Loth. — Abraham se sépara alors de Loth. Une rixe s'était élevée entre leurs pasteurs, et il lui dit : « Qu'il n'y ait plus de querelle entre toi et moi, car nous sommes du même sang. Séparons-nous. Si tu vas à gauche, j'irai à droite ; si tu choisis à droite, j'irai à gauche. » Loth prit les fertiles pays situés le long du Jourdain, et alla habiter dans Sodome, dont les habitants avaient souvent péché contre le Seigneur. Abraham demeura dans la vallée de Mambré ; mais bientôt il dut marcher au secours de son neveu fait prisonnier par le roi des Élamites, contre lequel s'étaient révoltés les princes de Sodome, de Gomorrhe, d'Adama, de Séboïm et de Ségor, ses tributaires depuis douze années. Abraham arma trois cent dix-huit de ses serviteurs, surprit l'ennemi près de Damas, le battit, et délivra Loth, sa femme et tous les siens. Son retour fut un triomphe ; les rois accouraient au-devant de lui, et Melchisédech, prince de Salem, le bénit au nom du Très-Haut.

Après cette victoire, Abraham eut deux fois une vision dans laquelle le Seigneur lui renouvela la promesse d'une race innombrable. « Lève les yeux, lui dit la voix divine,

et si tu le peux, compte les étoiles; aussi nombreuse sera
ta postérité. Cette terre où tu marches, je la donnerai à
tes descendants, depuis le torrent d'Égypte jusqu'au fleuve
Euphrate. »

Sara et Agar. — Sara ne lui avait pas encore donné
d'enfants; mais elle dit à Abraham : « Prends Agar, ma
servante égyptienne, et peut-être j'aurai des enfants par
elle. » Agar, ayant conçu, méprisa sa maîtresse; mais
celle-ci la força de fuir au désert. « Agar, où vas-tu? lui
dit un ange. — Je fuis ma maîtresse, » répondit-elle.
L'ange reprit : « Retourne vers elle, humilie-toi sous sa
main, ta postérité sera innombrable; tu vas enfanter un
fils qui sera vaillant et fier. » Alors Agar invoqua le
nom du Seigneur qui lui parlait, et, de retour auprès
d'Abraham, elle donna le jour à un fils qu'il nomma
Ismaël (2044).

Ismaël avait treize ans quand le Seigneur dit encore à
Abraham : « Tu ne t'appelleras plus Abram (père illustre),
mais Abraham (père illustre d'une multitude), parce que
je t'ai établi pour être le père d'une multitude de nations.
Voici le pacte que je fais avec toi : Tout enfant mâle de
ta famille et de ta maison sera circoncis huit jours après
sa naissance, et tes descendants garderont ce témoignage
de mon alliance. Je bénirai Ismaël, je le ferai chef d'un
grand peuple ; mais l'alliance que je fais avec toi, je la
renouvellerai avec Isaac, que Sara enfantera en cette saison de l'année qui va venir. » Aussitôt Abraham et toute
sa maison prirent le nouveau signe de l'alliance.

Destruction de Sodome. — Le patriarche était assis
auprès du chêne de Mambré quand trois voyageurs s'approchèrent de sa tente. Dès qu'il les aperçut, il courut à
leur rencontre, et, se prosternant devant eux : « Seigneurs,
leur dit-il, ne passez pas devant la maison de votre serviteur sans vous y arrêter. » Après qu'ils eurent mangé,
l'un d'eux lui dit : « Dans un an, à pareille époque, je
reviendrai, et Sara ta femme aura un fils. » Puis ils partirent vers Sodome, et Abraham les accompagna. Dieu
lui révéla alors que Sodome et Gomorrhe avaient comblé

la mesure de leurs crimes, et qu'il était décidé à les punir. « Seigneur, dit Abraham, ferez-vous périr les bons avec les méchants? Il y a peut-être cinquante justes dans cette ville; » et il supplia l'Éternel de pardonner en leur faveur aux cités coupables. Dieu y consentit. « Mais s'il n'y en avait que quarante-cinq, faute de cinq justes, détruiriez-vous tout ce peuple? S'ils n'étaient que trente, que vingt, que dix, leur vertu ne suffirait-elle pas, ô Seigneur, pour protéger leurs concitoyens contre votre colère? » Et Dieu le promit encore.

Les anges arrivèrent à Sodome. Mais toute la population voulut les outrager, et pas un juste ne se leva pour les défendre. Loth leur avait donné l'hospitalité; ils l'emmenèrent avec sa femme et ses filles, et aussitôt Dieu fit descendre du ciel, sur Sodome et Gomorrhe, une pluie de foudre et de feu; il détruisit encore Adama et Séboïm, et la contrée qui environnait ces quatre villes fut recouverte par la mer Morte. Cependant Loth fuyait, conduit et protégé par les anges. Malgré leur défense, sa femme regarda derrière elle, et aussitôt elle fut changée en une statue de sel. Quant à ses filles, elles donnèrent plus tard naissance l'une à Moab, l'autre à Ammon, qui tous deux devinrent chefs de peuples odieux à Israël.

Ismaël et Isaac. — Comme les anges l'avaient promis, Sara donna en sa vieillesse à Abraham un fils qui fut nommé Isaac (2030). Un jour qu'il fut insulté par le fils d'Agar, Sara, indignée, força son époux à chasser l'Égyptienne. Abraham hésitait; mais Dieu lui ayant confirmé ses promesses en faveur d'Ismaël, il prit du pain et un vase plein d'eau, les remit à Agar, lui donna son fils et la renvoya. Longtemps elle erra avec Ismaël. Quand l'eau manqua dans le vase, elle laissa son fils couché sous un arbre, et s'éloigna en disant : « Je ne verrai pas mourir mon enfant; » et elle pleurait. Un ange l'appela. « Que fais-tu? lui dit-il; lève-toi, prends ton fils, il deviendra le père d'un grand peuple. » Au même moment, Agar aperçut une source; elle remplit son vase et donna à boire à l'enfant. Ismaël habita dès lors le désert de Pharan, où il grandit sous la protection du Seigneur, et sa mère lui choisit une femme du pays d'Égypte.

Sacrifice d'Abraham. — Dieu, pour éprouver la foi d'Abraham, lui dit : « Prends ton fils et va me l'offrir en holocauste sur une montagne que je te montrerai. » Abraham obéit et se dirigea vers l'endroit que Dieu lui avait désigné. Le troisième jour, il dit à ses serviteurs : « Attendez-moi ici; nous allons adorer le Seigneur et nous redescendrons aussitôt. » Puis il continua sa marche avec Isaac, qui portait le bois du sacrifice. « Mon père, où donc est la victime? disait l'enfant. — Dieu, mon fils, répondit-il, saura bien la fournir; » et ils marchaient toujours. Enfin ils arrivèrent au sommet de la montagne (le mont Moria?), dressèrent un autel, et Abraham, ayant lié son fils, allait l'immoler, quand une voix lui cria du ciel : « Abraham! Abraham! ne frappe pas cet enfant; je connais maintenant que tu crains Dieu, puisque, pour lui obéir, tu n'épargnes pas ton fils unique. » Abraham leva alors les yeux, et vit un bélier retenu par les cornes dans un buisson; il le prit et l'immola. La voix divine appela pour la seconde fois Abraham et lui dit : « Je te bénirai, et je multiplierai ta race comme les étoiles du ciel, comme le sable de la mer, et toutes les nations de la terre seront bénies dans ta postérité, parce que tu as obéi à ma voix. » Abraham rejoignit ses serviteurs, et ils retournèrent ensemble à Bersabée, où il demeura.

Mariage d'Isaac (1990). — Sara mourut, âgée de 127 ans, dans la ville d'Hébron (1993). Après l'avoir pleurée, Abraham acheta pour quatre cents sicles d'argent la double caverne et le champ d'Éphron, situés près de Mambré, et il y ensevelit Sara. Lui-même il se sentait près du terme de ses jours, et il voulut, avant de mourir, assurer l'avenir de sa race. Par ses ordres, Éliézer, le plus ancien des serviteurs de sa maison, chargea dix chameaux de présents considérables et partit pour la ville qu'habitait Nachor, frère d'Abraham. Sur le soir il arriva près d'une fontaine hors de la ville, à l'heure où les femmes venaient y puiser de l'eau, et il demanda au Seigneur de lui montrer la fiancée d'Isaac dans celle de ces femmes qui lui présenterait à boire. Une jeune fille d'une rare beauté y vint la première. Elle remplit son vase et elle s'en retournait, quand Éliézer s'approchant : « Donnez-moi, lui dit-il, un peu de l'eau que vous portez.—Buvez, » répondit-elle aussitôt en inclinant son vase ; et, quand il se fut désaltéré, elle le remplit de nouveau à la fontaine, pour abreuver ses chameaux. Éliézer lui offrit des pendants d'oreilles et des bracelets d'or, et elle lui apprit qu'elle était petite-fille de Nachor. A ce nom, Éliézer s'inclina et adora le Seigneur en disant : « Béni soit l'Éternel, le Dieu d'Abraham qui m'a conduit dans la maison du frère de mon maître ! »

Rebecca, cependant, était allée avertir sa famille de la venue d'un étranger ; Laban, son frère, voyant les riches présents que lui avait faits Éliézer, courut à sa rencontre et l'amena. Alors Éliézer raconta comment il était parti du pays de Chanaan, ce qu'il avait demandé au Seigneur, ce qui était arrivé près de la fontaine, et il dit que Dieu sans doute l'avait conduit vers la fille du frère de son maître, afin de la donner pour femme à Isaac. Puis il distribua de nouveaux présents, des vases d'or, de riches habits, et, le lendemain, Rébecca consentant à le suivre, il retourna vers son maître (1990). Isaac la reçut pour femme ; et l'affection qu'il eut pour elle fut si grande, qu'elle tempéra la douleur que la mort de sa mère lui avait causée.

Mort d'Abraham (1955). — Abraham eut encore plusieurs enfants, dont l'un fut Madian, le père des Madianites. Mais, de son vivant, le patriarche les sépara d'Isaac, et les envoya dans les contrées qui regardent l'Orient. Il avait 175 ans quand il mourut ; Isaac et Ismaël le portèrent à côté de Sara, dans le champ d'Éphron (1955).

Ésaü et Jacob. — Rébecca était stérile ; mais Isaac ayant imploré le Seigneur pour elle, elle conçut et mit au monde deux enfants (1970). Le premier fut nommé Ésaü et le second Jacob. Ésaü était un grand chasseur ; Jacob, au contraire, vivait retiré sous sa tente. Un jour qu'Ésaü revenait des champs accablé de fatigue et pressé par la faim, il vendit, pour un plat de lentilles, son droit d'aînesse à Jacob. Celui-ci, avec l'aide de sa mère, surprit à Isaac mourant et aveugle sa bénédiction, qui le faisait chef de la famille. Mais Ésaü en conçut une violente colère et dit : « Le temps de la mort de mon père viendra, alors je tuerai Jacob. » Rébecca l'apprit et voulut que Jacob se retirât dans le pays d'Haran, chez Laban, son frère.

Jacob chez Laban (1893). — Jacob partit. Après le coucher du soleil, il s'arrêta, et, ayant mis sous sa tête une pierre du chemin, il s'endormit. Alors il vit en songe une échelle dont une extrémité s'appuyait sur la terre, et qui de l'autre touchait le ciel. Les anges du Seigneur montaient et descendaient; Dieu lui-même lui apparut et lui dit : « Ta postérité sera nombreuse comme la poussière de la terre; toutes les nations seront bénies en toi et dans celui qui sortira de toi. Je te garderai partout où tu iras, et ne te quitterai point que je n'aie accompli ce que j'ai annoncé. » A son réveil, Jacob fut saisi de crainte : « Que ce lieu est terrible! dit-il; c'est la maison de Dieu et la porte du ciel. » Alors il prit la pierre qu'il avait mise sous sa tête, la dressa comme un monument de sa vision, et sur cet autel il répandit de l'huile en offrande. Ce lieu s'appela depuis Béthel ou la maison de Dieu.

Quand Jacob fut au terme du voyage, des pasteurs, assis auprès d'un puits, lui montrèrent la fille de Laban, Rachel, qui venait elle-même abreuver le troupeau. Jacob ôta la pierre pesante qui fermait le puits et donna l'eau aux brebis. Puis il apprit à la jeune fille étonnée qu'il était le fils de Rébecca; et Rachel courut aussitôt dire à son père qu'un parent leur était venu. Laban reçut avec joie le fils de sa sœur, et au bout d'un mois il lui dit : « Il n'est pas juste que vous me serviez gratuitement. » Jacob lui demanda Rachel, sa seconde fille : « Pour elle, disait-il, je serai pendant sept ans votre serviteur. »

Les enfants de Jacob. — Jacob servit Laban tout le temps qu'il avait promis, et ce temps ne lui parut que peu de jours, tant l'affection qu'il avait pour Rachel était grande ; mais les sept années accomplies, Laban lui donna Lia, sa première fille. « Ce n'est point l'usage en ce pays, disait-il, de marier la plus jeune avant l'aînée ; » et pour avoir Rachel, Jacob dut servir sept années encore. Le Seigneur, voyant que Jacob méprisait Lia pour sa sœur, la rendit féconde et frappa Rachel de stérilité. Jacob eut de Lia d'abord quatre fils : Ruben, Siméon, Lévi et Juda. Bala, servante de Rachel, lui donna Dan et Nephthali ; de Zelpha, servante de Lia, naquirent Gad et Azer. Lia eut encore Issachar et Zabulon, ensuite une fille nommée Dina. Le Seigneur se souvint alors de Rachel, et fit cesser sa stérilité. Elle enfanta un fils qu'elle appela Joseph, en disant : « Le Seigneur m'a donc tirée de l'opprobre (1879) ! »

Retour de Jacob en Chanaan. — Cependant Jacob, désirant retourner au pays de ses pères, demanda à Laban de le laisser partir avec une partie des troupeaux. Les fils de Laban se plaignirent que Jacob voulût enlever leur bien, et quand il se fut enfui secrètement, ils se mirent à sa poursuite. Au bout de sept jours ils l'atteignirent près des monts de Galaad ; mais Dieu leur envoya un esprit de paix : après un sacrifice offert sur la montagne, Laban retourna en son pays, et Jacob continua sa marche.

Arrivé non loin de Seïr, dans le pays d'Édom, il apprit qu'Ésaü s'approchait avec 400 hommes. Afin de conjurer sa colère, Jacob prépara pour lui de riches présents : 200 chèvres, 20 boucs, 200 brebis, 20 béliers, 30 chamelles allaitant leurs petits, 40 vaches, 20 taureaux et 20 ânesse. Cette même nuit, Jacob lutta avec un homme qui, n'ayant pu le terrasser, termina le combat en le touchant à la hanche, ce qui le rendit boiteux. A ce signe, Jacob reconnut qu'il avait lutté contre un ange ; et l'ange lui dit : « Désormais tu t'appelleras Israël, c'est-à-dire fort contre Dieu même. » Quelques instants après, Jacob vit venir Ésaü ; avant qu'il fût proche, il se prosterna sept fois à terre ; mais Ésau, courant à lui, le serra étroitement entre ses bras en versant des larmes. Jacob offrit alors ses présents, et les deux frères se séparèrent réconciliés.

Un jour que Dina, sa fille, errait dans la campagne, elle fut enlevée par Sichem, fils d'Hémor, prince de cette contrée ; mais ses frères Siméon et Lévi la vengèrent en massacrant le ravisseur, son père et tout son peuple. De là Jacob vint à Béthel ; il y eut une seconde vision où le Seigneur lui dit encore : « Je te donnerai la terre que j'ai promise à Abraham et à Isaac, pour que ta race la possède après toi. »

Au printemps suivant, Jacob se trouvait sur le chemin d'Éphrata, quand Rachel fut surprise par les douleurs de l'enfantement. Sentant que la violence du mal la faisait mourir, elle appela l'enfant Benoni, « le fils de ma douleur ; » mais Jacob lui donna le nom de Benjamin, « le fils de la vieillesse. » Après avoir enseveli Rachel à Bethléem, Jacob alla visiter Isaac, dans la ville d'Hébron ; le patriarche vécut longtemps encore ; il avait 180 ans quand il mourut ; ses deux fils le réunirent à son père (1850).

Joseph vendu par ses frères (1862). — Ésaü habitait au pays d'Édom, où il devint le père des Iduméens. Jacob demeura au pays de Chanaan, s'occupant de la culture des terres et du soin des troupeaux. Il concentrait son affection sur Joseph, le premier enfant que lui eût donné Rachel, sa femme bien-aimée, pour laquelle il avait servi deux fois sept ans. Aussi ses autres fils étaient-ils animés contre leur frère d'une jalousie que celui-ci augmenta encore par la révélation de ses songes. « Nous étions dans un champ à lier des gerbes, leur racontait-il ; mais voilà que ma gerbe se leva et demeura debout, tandis que les vôtres se prosternaient devant elle. Une autre fois j'ai rêvé que le soleil, la lune et onze étoiles s'inclinaient devant moi. » Jacob le reprit de cet orgueil, et ses frères pensèrent à s'en venger.

Un jour que Joseph vint de la part de Jacob visiter les troupeaux de ses frères, ceux-ci dirent : « Voilà le songeur, tuons-le, et nous dirons qu'une bête féroce l'a dévoré. — Ne répandez pas son sang, dit Ruben ; mais jetez-le dans la citerne qui est au désert ; » car il avait dessein de le délivrer après le départ de ses frères. Une caravane d'Ismaélites qui allaient en Égypte étant venue à passer, Juda dit aux autres : « Vendons Joseph à un de ces marchands, et ne souillons pas nos mains, car il est notre sang et notre chair. » Ils tirèrent Joseph de la citerne et le vendirent vingt pièces d'argent. Puis, prenant sa robe et la trempant dans le sang d'un chevreau, ils l'envoyèrent à leur père en lui faisant dire : « Voici une robe que nous avons trouvée : voyez si ce n'est pas celle de Joseph. » Jacob la reconnut, et crut qu'une bête féroce avait dévoré son fils bien-aimé. Il déchira ses vêtements, se couvrit d'un cilice et pleura longtemps. En vain ses enfants essayèrent de le consoler : « Je pleurerai, disait-il, jusqu'à ce que j'aille me réunir à celui que j'ai perdu. »

Joseph faussement accusé. — Les Ismaélites vendirent Joseph à Putiphar, officier du pharaon d'Égypte. Joseph, faussement accusé auprès de son maître, fut jeté dans le cachot où étaient détenus les prisonniers du roi. Parmi ceux-ci se trouvaient l'échanson et le panetier. Chacun d'eux eut un songe : l'échanson avait vu un cep de vigne duquel étaient sorties trois branches, et sur ces trois branches s'étaient peu à peu montrés des boutons, puis des fleurs, enfin des raisins qu'il avait pressés dans la coupe du pharaon. « Dans trois jours, lui dit Joseph, le roi te rendra ta place. » Le panetier, dans son rêve, avait cru porter trois corbeilles sur sa tête ; dans la plus haute il y avait toute sorte de pâtes, et les oiseaux du ciel en mangeaient. « Dans trois jours, dit tristement Joseph, le pharaon te fera mettre en croix, et les oiseaux se nourriront de ta chair. » Ces prédictions se réalisèrent ; mais l'échanson ne se souvint plus de celui qui les avait faites.

Joseph ministre du pharaon (1849). — Deux ans après, le pharaon eut un songe : il vit sept vaches grasses et belles sortir du Nil et paître dans les marécages ; sept vaches maigres et difformes en sortirent après elles et les dévorèrent. Dans un autre songe, c'étaient sept épis bien fournis qui sortaient d'une même tige : puis sept épis grêles et desséchés par un vent brûlant, qui poussaient à côté des premiers et qui les engloutirent. Agité de tristes pressentiments, le roi appela les devins et les sages, mais nul d'entre eux ne put expliquer le songe. Alors l'échanson se souvint de Joseph ; on l'amena. « Les deux songes du roi, dit Joseph, signifient la même chose : les sept vaches grasses et belles et les sept épis bien fournis annoncent sept années d'abondance ; les vaches maigres et les épis desséchés marquent sept années de famine qui suivront les années fécondes et épuiseront toutes les ressources que celles-ci auront fournies. Il faut donc, pour échapper à la famine, que le roi établisse partout des officiers chargés d'amasser dans les greniers publics la cinquième partie des fruits de la terre durant les temps de fertilité. » Le pharaon, frappé de la sagesse de ces conseils, passa son anneau au doigt de Joseph, le fit revêtir d'une robe de lin, lui mit un collier d'or au cou, et le déclara son ministre (1849).

Après sept années d'abondance, vinrent en effet sept années de stérilité, et la famine fut grande en Égypte ; elle se fit sentir au pays de Chanaan, où habitait Jacob, et ce patriarche, ayant ouï dire qu'on vendait du blé en Égypte, y envoya ses dix premiers-nés, ne gardant auprès de lui que Benjamin.

Joseph reconnaît ses frères. — Ils allèrent donc trouver le ministre du pharaon, sans savoir qu'il fût leur frère. Mais Joseph les reconnut. Il affecta de leur parler durement, et les traita d'espions. « Seigneur, répondirent ses frères, vos serviteurs ne sont venus ici que pour acheter du blé ; nous sommes douze frères, enfants d'un même pasteur au pays de Chanaan ; le dernier est resté avec notre père, mais l'autre n'est plus. — Je saurai si vous avez dit vrai, reprit Joseph. Un de vous demeurera comme otage ; emportez votre blé, mais ramenez votre plus jeune frère, afin de confirmer votre parole et de sauver celui-ci. » En même temps il montrait Siméon qu'on enchaînait sous leurs yeux.

Ils partirent ; et ils se disaient l'un à l'autre : « C'est justement que nous souffrons tout ceci à cause de Joseph notre frère, dont nous n'avons pas eu compassion. »

De retour au pays de Chanaan, les neuf frères racontèrent à Jacob la promesse qu'ils avaient faite. Jacob leur dit : « Vous m'avez enlevé les plus chers de mes fils ; Joseph n'est plus, Siméon est captif, vous voulez prendre encore Benjamin ! Non, mon fils n'ira point avec vous en Égypte ; ce voyage pourrait lui être funeste, et je descendrais trop malheureux au tombeau ! »

Cependant, la famine devenant plus pressante, Juda offrit à Jacob de se rendre garant pour Benjamin. « Partez donc, dit Jacob, emmenez votre frère, et je demeurerai seul, comme si j'étais sans enfants. » Joseph envoya Siméon au-devant d'eux, leur fit préparer un grand repas, et les admit à sa table. Mais quand il vit Benjamin, né comme lui de Rachel, il ne put retenir ses larmes et il sortit pour les cacher. Il se fit violence pourtant et rentra dans la salle du festin, et tous s'étonnèrent en voyant la part de Benjamin cinq fois plus forte que celle des autres.

Joseph voulut encore les éprouver ; il fit mettre sa coupe d'argent dans le sac du plus jeune de ses frères, et, lorsqu'ils se furent éloignés, son intendant courut à leur poursuite et les arrêta en disant : « Pourquoi avez-vous rendu le mal pour le bien ? Vous avez dérobé la coupe de mon maître. » Tous répondirent : « Nous n'avons pas fait une pareille chose ; si quelqu'un de nous a cette coupe, qu'il meure, et nous, nous serons esclaves de ton seigneur. » L'intendant fouilla les sacs et trouva la coupe dans celui de Benjamin ; ses frères déchirèrent leurs habits et retournèrent à la ville, pleins de douleur.

« Dieu a prouvé l'iniquité de tes serviteurs. Nous voici tes esclaves, dirent-ils à Joseph. Mais il leur répondit : « L'homme entre les mains duquel on a trouvé la coupe restera seul. Quant à vous, retournez en paix. — Permets, dit alors Juda, que ton serviteur demeure esclave à la place de Benjamin ; j'ai répondu de sa vie à Jacob, et comment pourrai-je retourner près de lui, si Benjamin n'est pas avec moi ? » Joseph ne put se contenir davantage. « Je suis Joseph, s'écria-t-il ; mon père vit-il encore ? Hâtez-vous d'aller vers lui, et qu'il descende vers moi ; je lui ferai donner la terre de Gessen, fertile en pâturages. » Ensuite il serra Benjamin dans ses bras, et embrassa tendrement tous ses frères.

Joseph établit les Hébreux au pays de Gessen (1840). — Jacob ne pouvait croire au récit de ses fils ; mais, quand il vit les chars et les présents que Joseph lui avait envoyés, il se ranima et dit : « Mon fils Joseph vit encore ! Je veux aller le voir avant de mourir. » Il partit aussitôt, accompagné de tous les siens, et Joseph vint à sa rencontre jusqu'au pays de Gessen, où le patriarche s'établit. « Maintenant je puis mourir, disait Jacob, puisque j'ai vu ton visage. » Joseph présenta son père au pharaon, qui l'interrogea sur son âge : « Il y a 130 ans, répondit Jacob, que je suis voyageur sur la terre, et ce nombre d'années, moindre que celui de mes pères, a été traversé de beaucoup de maux. » Grâce aux bienfaits de Joseph, les Hébreux ne souffrirent pas dans leur nouvelle demeure, durant les années de famine (1840). On reconnut alors, en effet, la sage prévoyance du ministre : tous les greniers du roi s'étaient trouvés remplis quand la disette était arrivée, et les peuples avaient livré leur argent au pharaon pour qu'il leur donnât du blé en échange. L'argent épuisé, ils abandonnèrent leurs troupeaux, puis leurs champs, enfin leur liberté, de sorte que toute l'Égypte devint la propriété du roi, à l'exception des domaines de la caste sacerdotale. Joseph alors leur donna des grains pour ensemencer la terre, à condition qu'ils rendraient au roi la cinquième partie des récoltes, et depuis ce jour cette loi n'a pas cessé d'être en vigueur en Égypte.

Mort de Jacob et de Joseph. — Jacob vécut encore dix-sept ans en Égypte. Lorsqu'il sentit approcher sa mort, il appela son fils et lui dit : « Jure-moi que tu ne m'enseveliras pas en Égypte, mais dans le tombeau de mes pères, pour que je dorme avec eux. » Joseph l'ayant juré fit approcher ses deux fils, Éphraïm et Manassé, et reçut la promesse que de chacun d'eux sortirait une tribu puissante. Le patriarche donna ensuite à ses enfants ses bénédictions prophétiques, et s'endormit avec ses pères.

Joseph vécut lui-même longtemps en paix et plein de gloire ; il vit naître les fils de ses petits-fils. Enfin, se sentant mourir, à l'âge de 110 ans (1770), il dit à ses frères : « Dieu vous visitera après ma mort, et il vous ramènera de cette terre en celle qu'il a montrée à Abraham, Isaac et Jacob, et alors vous prendrez avec vous mes os. » Moïse, en effet, les emporta, et, après la conquête de la terre promise, ils furent ensevelis dans le champ de Sichem, que Jacob avait acheté pour 100 agneaux aux Amorrhéens.

Job. — De cette vie des patriarches, surtout de la haute moralité de ces hommes du désert, il reste un admirable monument dans le livre de *Job*.

Il y avait dans l'Ausitide un homme du nom de Job ; c'était un juste, aimant la vérité, craignant Dieu et fuyant le mal. Il avait sept fils et trois filles. Ses richesses étaient grandes, ses serviteurs nombreux, et son nom illustre parmi tous ceux qui habitaient au pays de l'Orient. « Alors, dit-il lui-même, Dieu était mon protecteur, sa lumière étincelait au-dessus de ma tête, et ses rayons me guidaient dans les ténèbres.

« Quand je sortais, au matin, on me dressait sur la place un siége élevé, et, à mon approche, les jeunes hommes se retiraient, les vieillards se levaient, et les chefs cessaient leurs discours.

« J'étais l'œil de l'aveugle et le pied du boiteux ; j'étais le père des faibles.

« Et je me disais : Je vieillirai comme le tronc du palmier, et je vivrai de longs jours. Mes racines ont touché la source féconde, et la rosée du ciel descend sur mes rameaux. »

Au milieu de sa prospérité, Job n'oubliait pas le Seigneur, qui, pour éprouver sa foi, le soumit aux plus terribles épreuves.

D'abord une tribu d'Arabes pillards lui enlèvent ses bœufs et ses ânesses ; puis le feu du ciel dévore ses troupeaux, des cavaliers lui prennent ses trois milles chameaux ; enfin un vent furieux, soufflant du désert, renverse la maison où ses enfants étaient rassemblés et les ensevelit sous ses ruines. Job apprend coup sur coup ces malheurs, et ce seul cri s'échappe de sa poitrine : « Nu je suis sorti du sein de ma mère, nu j'y retournerai. Dieu m'avait tout donné, Dieu m'a tout ôté ; que son saint nom soit béni ! »

Mais l'épreuve s'étend bientôt jusqu'à Job lui-même. Le malheureux est couvert d'une plaie hideuse. Assis hors de la ville, sur un fumier, il ôte avec un débris de pot de terre l'humeur fétide qui coule de ses ulcères. En vain sa femme veut le pousser à la révolte contre la main qui s'appesantit sur lui : « Tout vient de Dieu, lui répond le saint homme ; si nous avons accepté le bien, pourquoi repousser le mal ? »

Trois chefs puissants, ses amis, viennent alors le visiter et le consoler ; mais à la vue de ses maux, ils restent muets durant sept jours et sept nuits. Job rompt le premier le silence et éclate enfin en paroles amères :

« Périsse le jour où je suis né !

« Oh ! pourquoi les genoux d'une femme m'ont-ils reçu ? pourquoi le lait d'une femme m'a-t-il nourri ? Maintenant je dormirais du sommeil où se reposent les rois de la terre.

« N'ai-je pas toujours vécu dans la paix et le silence ?

« Que Dieu me pèse dans les balances de sa justice, et il reconnaîtra mon innocence.

« Ai-je refusé justice à mes serviteurs, oubliant que

celui qui m'a créé a aussi créé mon esclave, et qu'il nous a faits égaux dans le sein de nos mères?

« Cependant voici que le jour de la colère s'est levé sur moi. »

Malgré la grandeur des maux qui frappent son ami, Éliphaz, le scheik des Thémaniens, le reprend de son peu de courage et de son orgueil. Il ne doit pas, dit-il, se croire innocent; sans doute il est puni pour quelque faute secrète. Alors il lui raconte une vision dont il a gardé le souvenir : « Une nuit, un esprit m'apparut; je me levai, mais je ne le reconnus point. Ce n'est pas un homme que mes yeux voyaient; je n'entendais qu'une voix et un souffle léger.

« Et cette voix me disait : Est-ce que l'homme est pur devant Dieu?

« Si les anges du Seigneur ont failli, comment le ver secret qui ronge et qui mine ne se trouverait-il pas en ceux qui habitent des maisons de boue et qui ne sont eux-mêmes que poussière?

« Heureux celui que Jéhovah reprend lui-même! Ne repousse pas, ô Job, l'avis du Seigneur. »

Mais Job justifie ses plaintes, et, de peur de perdre la patience, il demande à mourir :

« Dès qu'arrive la nuit, je m'écrie : Quand viendra le jour; et au matin j'appelle le soir. Car du soir au matin la souffrance me déchire. Les vers me rongent, mes ulcères suintent goutte à goutte, et je souille la terre tout autour de moi. J'ai perdu l'espérance! »

A son tour, Baldad, le chef des Sauchéens, accuse la vertu de Job, qu'il veut ramener à la résignation et au respect des décrets du Très-Haut :

« Le papyrus croît-il sans séve et le jonc vit-il sans eau? Ses racines le portent encore, mais lui, il se flétrit avant que les autres plantes aient perdu leurs fleurs. Tel est le sort de celui qui oublie son Dieu; ainsi meurt l'espérance de l'impie. »

Le troisième ami, Sophar, le scheik des Minéens, reproche aussi à Job sa présomption et son orgueil. Mais le

juste, à la fin, s'indigne de cette fausse sagesse. « N'y
a-t-il donc que vous qui soyez hommes, leur dit-il, et la
sagesse périra-t-elle quand vous ne serez plus? » Puis il
se plaint de la dureté de ses amis comme l'une de ses
plus vives douleurs. « Je suis devenu, s'écrie-t-il, un objet de dégoût pour tous ceux qui me voient. Je les ai tant
aimés! et les voilà qui se lèvent contre moi. Mes chairs
se pourrissent, ma peau s'est desséchée sur mes os. Ayez
pitié de moi, mes amis, ayez pitié de moi, car la main
de Dieu m'a touché.

« Mais j'aurai un rédempteur qui un jour m'appellera
et que mes yeux verront. » Et sa foi augmente à mesure
qu'il déroule les supplices réservés aux méchants ou la
toute-puissance de Celui dont les regards sondent l'abime,
et pour qui la destruction est sans voile.

« Sur le vide, il étend l'aquilon; sur le néant il suspend
la terre. Il enferme l'eau dans les nues, et la nue ne se
déchire pas sous sa main. Sur la face des ondes, il trace
la limite où la lumière viendra se perdre dans les ténèbres.
Au bruit de sa voix, les colonnes frémissent et s'ébran-
lent; sa main apaise les vagues; sa sagesse dompte les
monstres de la mer, et d'un souffle il rend aux cieux leur
beauté. »

« L'homme, dit encore le patriarche éprouvé, l'homme
a pénétré au cœur des rochers et il a renversé les montagnes. Il a ouvert les sources des fleuves, et son œil a vu
tous les trésors de la terre. Mais la sagesse, où l'a-t-il
trouvée? C'est Dieu qui sait sa demeure, Dieu qui a dit à
l'homme : Honorer le Seigneur, voilà la sagesse; fuir le
mal, voilà la science. »

Cependant quelques mots de doute sur la justice de
Dieu s'étaient échappés des lèvres du patriarche si cruellement éprouvé. Un jeune Iduméen, Élihu, en prend acte
pour défendre, dans un magnifique langage, l'équité des
jugements du Seigneur, pour inviter Job à la soumission
et au repentir.

Mais tout à coup l'entretien est interrompu, et, du milieu d'un tourbillon, la voix du Très-Haut éclate sur ces

hommes qui prétendent mesurer sa puissance et discuter sa justice :

« Où étiez-vous, quand je jetais les fondements de la terre? Dites-le moi, si vous le savez.

« Où étiez-vous quand les anges du ciel saluèrent en chœur les astres nouveaux que j'attachais au firmament? où étiez-vous quand j'enfermai dans ses barrières la mer sortie frémissante du sein maternel, et que je lui dis : Tu n'iras pas plus loin?

« Est-ce vous qui commandez à l'aube matinale? est-ce vous qui fixez à l'aurore la place où elle doit paraître pour envelopper le monde et chasser les impies devant sa lumière?

« Avez-vous marché sur les gouffres de la mer? êtes-vous descendus dans les profondeurs des abîmes? les portes de la mort se sont-elles ouvertes devant vous? Parlez donc, si vous le pouvez.

« Où est le séjour de la lumière? où est le séjour des ténèbres? Vous le savez, car alors, sans doute, vous étiez nés déjà; le nombre de vos jours est si grand!

« Est-ce vous qui donnez à l'épervier ses ailes puissantes? et l'aigle qui monte au-dessus des nues obéit-il à vos commandements?

« Avez-vous donné au cheval sa force et son courage? avez-vous orné son cou d'une flottante crinière? Il bondit aussi léger que la sauterelle, et son hennissement est la voix de la terreur. Il frappe du pied la terre, et se rit du glaive qui menace sa poitrine. Les flèches volent, les piques étincellent, et, de son pied irrité, il creuse le sol. Mais la trompette sonne, il hennit et bondit, de loin il flaire la bataille; enfin il s'élance et se précipite dans la mêlée. »

A cette foudroyante apostrophe, à ce magnifique tableau de la création, Job s'incline et s'humilie. Mais Dieu pardonne; il guérit ses maux; il lui rend au double tout ce qu'il a perdu, et le patriarche vit heureux 140 années encore après la terrible épreuve où sa foi n'a pas succombé.

Naissance de Moïse (1705); sa fuite au pays de Madian (1665). — Après la mort de Joseph, les Hébreux se multiplièrent rapidement, et, avec le temps, ils remplirent tout le pays. Alors il s'éleva un pharaon qui ne connaissait plus les services que Joseph avait autrefois rendus. Redoutant le grand nombre de ces étrangers qui n'avaient ni le culte ni les mœurs des Égyptiens, il dit à ses officiers : « Voici que la race d'Israël est devenue un grand peuple qui est plus fort que nous. Empêchons qu'ils ne s'accroissent davantage. » Alors il les soumit à ses intendants, qui les accablèrent de travaux pénibles et leur firent élever les villes de Pithon, de Ramessès et de On. Mais sous l'oppression, les Hébreux se multipliaient encore. Le pharaon ordonna alors que tous les enfants mâles qui naîtraient dans ce peuple fussent jetés au Nil.

Quelque temps après, un enfant naquit dans la maison de Hamram, descendant de Lévi. Pendant trois mois, Jokabed, sa mère, parvint à le soustraire à toutes les recherches. Mais, désespérant de le cacher plus longtemps, elle l'exposa dans un panier de jonc sur les bords du Nil. La fille du pharaon, étant venue se baigner dans le fleuve, eut pitié de cet enfant et le sauva. Il fallait une nourrice ; Jokabed vint s'offrir, et l'enfant lui fut remis pour qu'elle l'élevât. Lorsqu'il fut assez fort, elle le rendit à la fille du roi, qui l'adopta et le nomma Moïse, c'est-à-dire *sauvé des eaux*.

Élevé à la cour du pharaon, Moïse fut instruit dans toutes les sciences des prêtres égyptiens, et il grandit en force et en sagesse. Mais son origine lui fut révélée, et, au milieu des honneurs, il n'oublia pas son peuple. Un jour, dans la campagne, ayant aperçu un Égyptien qui maltraitait un Israélite, il le frappa, le tua, et cacha dans le sable son cadavre. Le lendemain, il trouva deux Hébreux qui se querellaient. « Pourquoi, dit-il au plus fort, frappez-vous votre frère ? — Qui vous a établi sur nous prince et juge ? répliqua l'agresseur. Est-ce que vous voulez me tuer comme vous tuâtes hier un Égyptien ? » Moïse croyait que l'aventure était restée secrète; il s'effraya, et, apprenant que le pharaon voulait le punir, s'enfuit au désert, où il épousa la fille de Jéthro, prêtre de Madian.

Moïse délivre ses frères. — En conduisant les troupeaux de son beau-père, Moïse vint un jour au mont Horeb, dans le désert de Sinaï; là, il entendit sortir d'un buisson ardent, que la flamme ne consumait point, la voix d'un ange du Seigneur qui lui dit : « Les cris des enfants d'Israël sont venus vers moi, et j'ai vu l'oppression dont les Égyptiens les accablent. Je t'enverrai vers le pharaon, et tu feras sortir d'Égypte les enfants d'Israël. » Moïse doutait qu'il fût digne d'accomplir cette mission. Deux prodiges, sa verge changée en serpent et sa main subitement engourdie et glacée, puis redevenue souple et animée, lui montrèrent comment il triompherait de l'incrédulité par des miracles. Cependant il redoutait encore son manque d'éloquence. Son frère Aaron, qui était renommé pour sa parole facile et persuasive, lui fut adjoint.

Les dix plaies d'Égypte. — Moïse et son frère vinrent donc se présenter devant le pharaon avec ces paroles : « Voici ce que dit le Dieu d'Israël : Laissez aller mon peuple, afin qu'il me sacrifie au désert. » Mais à diverses reprises le prince refusa de laisser partir les Hébreux. Alors Moïse et Aaron frappèrent l'Égypte de dix plaies cruelles : 1° les eaux changées en sang; 2° les grenouilles qui couvrirent tout le pays; 3° les moucherons; 4° les insectes dévorants; 5° la peste; 6° les ulcères sur les hommes et les animaux; 7° des orages mêlés de grêle et de tonnerre; 8° des sauterelles; 9° des ténèbres épaisses; 10° la mort de tous les premiers-nés.

Institution de la Pâque. — Avant de frapper l'Égypte de ce dernier fléau, Moïse avait dit : « Vous prendrez, pour chaque famille, un agneau d'un an, sans tache, et le quatorzième jour de ce mois, sur le soir, tout le peuple l'immolera; puis de son sang vous marquerez vos portes, et cette même nuit vous en mangerez la chair rôtie au feu, avec des pains sans levain et des laitues sauvages. Vous le mangerez à la hâte, votre ceinture autour des reins, vos souliers de voyage tout chaussés et un bâton à la main. Car c'est la Pâque du Seigneur. Cette nuit-là, l'Éternel passera sur l'Égypte, et, quand son ange exterminateur verra le signe du sang sur vos portes, il passera sans frapper dans vos demeures vos premiers-nés; ce jour, vous le célébrerez de génération en génération. »

Comme l'avait dit le Seigneur, tous les premiers-nés du pays d'Égypte furent frappés; et un grand cri s'éleva, car il n'y avait pas de maison où il n'y eût un mort, excepté dans celles d'Israël.

L'exode ou la sortie d'Égypte (1625). — Alors enfin la liberté fut rendue aux enfants de Jacob. Le pharaon dit à Moïse : « Retirez-vous du milieu de mon peuple; allez sacrifier à votre Dieu; » et les Égyptiens eux-mêmes pressèrent leur départ. Les Israélites se mirent en chemin, emportant la farine qu'ils avaient pétrie avant qu'elle fut levée, et les habits avec les vases d'or et d'argent dont Dieu leur avait ordonné de dépouiller les Égyptiens. Ils partirent de Rhamessès au nombre de 600 000 hommes de pied, 215 ans après que Joseph les eut établis dans la terre de Gessen, et ils furent suivis d'une multitude innombrable.

Dieu ne les conduisit pas par le chemin du pays des Philistins, quoiqu'il fût proche, de crainte qu'ils ne se repentissent en trouvant aussitôt une guerre difficile, et qu'ils ne retournassent en Égypte. Il les fit descendre des campagnes de Rhamessès vers le midi, par le désert; et marchant devant eux, le jour dans une colonne de nuée, la nuit dans une colonne de feu, il les mena camper sur le bord de la mer Rouge.

Passage de la mer Rouge. — Cependant le pharaon s'était repenti d'avoir renvoyé ses esclaves; il se mit à leur poursuite avec tous ses chariots de guerre et ses cavaliers, et il les atteignit campés près de la mer, à Béelséphon. Mais Moïse étendit sa verge sur les eaux et elles se séparèrent. Les Hébreux traversèrent ainsi la mer à pied sec, tandis que les Égyptiens, qui voulurent les suivre, furent engloutis. Alors Moïse et tout le peuple chantèrent ce cantique de louange à l'Éternel :

« Ta droite, ô Éternel, est formidable ! ta droite, ô Éternel, brise l'ennemi ! Au souffle de ton indignation, les eaux se sont amoncelées en montagnes de flots transparents ; les vagues se sont pétrifiées comme un mur.

« L'ennemi disait : Je veux les poursuivre, je veux les atteindre pour les distribuer aux miens, comme on partage le butin ; ma fureur sera assouvie, car j'ai tiré mon glaive et je les anéantirai.

« Alors tu as envoyé ton souffle, et la mer s'est répandue sur eux ; comme le plomb, ils se sont enfoncés dans les eaux rapides. »

Et, tandis que Moïse chantait, Marie la prophétesse, la sœur d'Aaron, avait pris un tambourin, et toutes les femmes la suivaient en dansant : « Chantez l'Éternel, disait Marie ; il a précipité dans la mer le cheval et son cavalier. »

La manne. — Des bords de la mer Rouge, Moïse conduisit son peuple vers le désert de Sur, sans rencontrer une source pendant une marche de trois jours. Arrivés à Merra, ils y trouvèrent de l'eau ; à cause de son amertume, ils ne purent encore en boire, aussi appelèrent-ils ce lieu *les eaux amères*. Mais le Seigneur indiqua à Moïse un bois qu'il jeta dans la source, et aussitôt ses eaux s'adoucirent. De Merra, les Hébreux vinrent camper à Élim, puis au désert de Sin, le quinzième jour du second mois depuis leur sortie des terres du pharaon.

Les provisions emportées d'Égypte se trouvèrent alors épuisées, et le peuple murmura ; mais le soir du même jour une multitude innombrable de cailles s'abattit sur le camp, et, le lendemain au matin, le sol se trouva couvert de grains ronds et menus comme ceux du grésil.

« C'est là le pain que l'Éternel vous envoie, dit Moïse ; que chacun en ramasse une pleine mesure, et que personne n'en garde jusqu'au lendemain. » Plusieurs, oubliant ce précepte, en mirent à part pour le jour suivant; mais, au matin, ils ne trouvèrent que vers et corruption. Le sixième jour, veille du sabbat, chacun prit deux mesures de cette *manne*, et elles se conservèrent pures et saines. Depuis ce moment, jusqu'à l'entrée de la terre promise, pendant quarante ans, la manne ne cessa pas de tomber.

Du désert de Sin, les Hébreux arrivèrent à Raphidin, où il n'y avait pas d'eau. Moïse frappa de sa baguette un des rochers de l'Horeb, et aussitôt il en jaillit une source abondante.

Victoire sur les Amalécites et institution des juges. — Là les Hébreux furent attaqués par les Amalécites, peuple nomade de ces déserts. Moïse désigna Josué, fils de Nun, pour les combattre; et lui-même, accompagné d'Aaron et de Hur, monta sur une colline, sa baguette sainte à la main. Tant qu'il priait le Seigneur, en tenant les mains élevées vers le ciel, Israël avait l'havantage; dès qu'il les baissait, Amalec était victorieux. aussi, pour assurer la victoire aux Hébreux, Aaron et Hur soutinrent les bras de Moïse jusqu'au coucher du soleil, et les Amalécites s'enfuirent après un horrible carnage.

Par le conseil de son beau-père Jéthro, Moïse donna ici une première organisation au peuple; il le divisa en corps de 10, de 100, de 1000 hommes, et à chaque division il préposa un chef qui devait juger les affaires secondaires, ne se réservant pour lui-même que les plus importantes décisions, avec le soin de transmettre au peuple les ordres du Seigneur et de lui montrer les voies où il devait marcher. Dans la suite, les juges furent élus par le peuple lui-même et formèrent une des classes les plus respectées de la nation.

Le Sinaï. — Au troisième mois depuis la sortie d'Égypte, les Israélites vinrent au désert de Sinaï camper en face de la montagne du Seigneur. Moïse la gravit, et entendit ces paroles sortir de la bouche divine : « Tu diras aux fils de Jacob : Vous avez vu ce que j'ai fait en Égypte; comme l'aigle emporte ses aiglons sur ses ailes, je vous ai pris, et maintenant, si vous gardez mes commandements, vous serez mon peuple élu. Je viendrai à vous dans la nuée, et vous entendrez mes paroles. Va donc toi, mon serviteur, ; aujourd'hui et demain, purifie le peuple, et fixe autour de la montagne des limites; quiconque les passera sera puni de mort. »

Le troisième jour, quand l'aurore commença à poindre, une nuée immense et sombre couvrit le Sinaï; de cette nue sortaient de grandes voix mêlées au fracas de la foudre et aux éclats des trompettes. Toute la montagne semblait de feu; Moïse cependant monta, et Dieu lui donna ses commandements, le *décalogue*.

Moïse reste 40 jours sur le Sinaï. — Moïse étant remonté sur le Sinaï entra dans la nue où était le Seigneur, qui lui donna ses autres commandements touchant les cérémonies du culte, les châtiments pour les divers délits, la charité envers l'esclave et l'étranger; l'année sabbatique qui, tous les 7 ans, effaçait les dettes; le jubilé qui, tous les 50 ans, rendait la liberté à l'esclave et la propriété aliénée à son premier possesseur. Le Seigneur lui donna encore les préceptes concernant la construction du tabernacle, de l'arche d'alliance, de la table des pains de proposition et du chandelier d'or. La composition de l'huile sainte et des parfums, la forme de l'hôtel des holocaustes et des parvis; celle des vêtement sacerdotaux, avec le *rational*, l'*éphod* et la mitre furent prescrites, ainsi que les rites pour la consécration d'Aaron comme pontife suprême, pour celle de tous les enfants de Lévi et de leur postérité comme prêtres du Très-Haut.

Adoration du veau d'or. — Cependant le peuple ne voyant pas Moïse redescendre de la montagne se leva contre Aaron, et, poursuivi par les souvenirs de l'idolâtrie d'Égypte. lui dit : « Faites-nous des dieux qui marchent devant nous ; car, pour ce qui est de Moïse, cet homme qui nous a fait sortir d'Égypte, nous ne savons ce qu'il est devenu. » Aaron céda à leurs clameurs, et ayant reçu les pendants d'oreilles de leurs femmes et de leurs filles, il les fondit et forma un veau d'or, autour duquel tout le peuple sacrifiait et dansait. Quand Moïse descendant de la montagne, les tables de la loi à la main, vit le veau d'or et les danses du peuple, transporté d'une indignation sainte, il brisa les tables, renversa le veau d'or et le réduisit en poudre; puis, cette poudre, il la jeta dans l'eau dont le camp s'abreuvait et força tous les Israélites à en boire, afin de leur inspirer plus de mépris pour l'idole.

Mais ce n'était pas assez : il fallait chasser par la terreur ces dangereux souvenirs de l'idolâtrie d'Égypte. Moïse, sûr de l'appui de sa tribu, se plaça à la porte du camp et s'écria : « Que vienne à moi quiconque est pour l'Éternel. » Tous les enfants de Lévi accoururent. « Ainsi parle l'Éternel, ajouta-t-il : que chacun ceigne son épée; passez et repassez dans le camp d'une porte à l'autre, et tuez sans pitié. » Les enfants de Lévi firent ainsi que Moïse leur avait commandé, et il périt du peuple en ce jour environ 3000 hommes.

Le péché expié par cette exécution sévère, Moïse remonta sur le Sinaï avec deux tables sur lesquelles Dieu écrivit de nouveau sa loi. Il resta encore 40 jours et 40 nuits sur la montagne sans que le pain et l'eau approchassent de ses lèvres, et cette fois il vit le Seigneur.

Le tabernacle. — Revenus à Jéhovah, les Israélites s'occupèrent d'accomplir ses commandements. Chacun apporta son offrande pour la construction du tabernacle : et Béséléel, de la tribu de Juda, Élab, de la tribu de Dan, que le Seigneur avait remplis de la science nécessaire, firent tous les objets destinés au culte de la nouvelle loi, et construisirent le temple portatif qui allait être à la fois le symbole de l'unité religieuse et de l'unité nationale. Ces objets étaient au nombre de sept : 1° le tabernacle; 2° l'arche d'alliance; 3° le chandelier d'or; 4° la table des pains de proposition; 5° l'autel des parfums; 6° l'autel des holocaustes; 7° le vase d'airain.

L'ouvrage terminé fut soumis à Moïse, qui l'approuva, et, le premier jour de la seconde année depuis la sortie d'Égypte, le tabernacle fut dressé.

Consécration d'Aaron. — Le législatenr se hâta de mettre ses institutions en pratique; devant tout le peuple il consacra Aaron, son frère, comme souverain pontife, et ses fils, au-dessous de lui, comme sacrificateurs. Mais deux d'entre eux, Nadad et Abiud, qui n'avaient pas suivi les rites ordonnés, périrent consumés par un feu sorti du sanctuaire.

Dès lors le culte commença; la nuée sainte descendit sur le tabernacle, et la gloire de l'Éternel le remplit. Cette nue allait encore guider les Hébreux. Lorsqu'en effet, leur voyage recommença, les Israélites suspendaient leur marche dès qu'elle s'arrêtait; quand elle s'élevait et avançait, ils se remettaient en route. Le jour c'était un nuage, la nuit c'était une flamme que tout Israël voyait au-dessus de la tente sainte.

Le dénombrement. — Après avoir promulgué la loi, Moïse fit le dénombrement du peuple. Il compta 603 500 hommes qui devaient être prêts à saisir les armes pour courir à l'ennemi.

La tribu de Lévi, celle à laquelle appartenaient le législateur et Aaron le grand prêtre, ne fut pas comprise dans ce recensement; car Dieu avait dit à Moïse : « Au jour où j'ai frappé les aînés du pays d'Égypte, je me suis réservé les premiers-nés d'Israël. Je prends les lévites à leur place. Qu'ils servent donc Aaron, le grand pontife; qu'ils soient chargés de toutes les fonctions de mon culte et du service du tabernacle. Ils camperont autour de l'arche; à chaque départ, ils plieront la tente sainte, et, durant la marche, ils la porteront avec les objets sacrés. A chaque station, ils la dresseront pour desservir le temple portatif. Si un profane en approche, il mourra. »

Cependant la nuée lumineuse couvrait toujours le sanctuaire. Enfin, au vingtième jour du second mois de la seconde année, elle s'éleva et les trompettes sacrées annoncèrent le départ.

Les 70 anciens : murmures des Hébréux. — Plus d'une fois encore, pendant cette nouvelle marche au travers du désert, Moïse entendit les clameurs de son peuple qui, rebuté par les fatigues et dégoûté de la manne, regrettait l'abondance dont il jouissait en Égypte ; mais Dieu allégea ce fardeau, trop lourd pour un seul homme : il permit à Moïse de le partager avec 70 des plus anciens d'Israël, qui reçurent une part de la sagesse dont il était rempli, et qui l'aidèrent dans ces circonstances difficiles ; mais le peuple fut en même temps puni de ses murmures. Un vent du sud ayant amené une immense quantité de cailles, tous en mangèrent avidement, et beaucoup périrent. Aussi ce lieu fut-il appelé *les sépulcres de concupiscence*. La sœur même d'Aaron, Marie, avait osé médire de Moïse, et une lèpre honteuse qui la couvrit durant sept jours montra sa faute et son expiation.

Espions envoyés dans la terre promise. — Quand Israël eut dressé ses tentes à Kadès dans le désert de Pharan, Moïse envoya douze espions, un de chaque tribu, pour reconnaître le pays de Chanaan. Au bout de 40 jours, ils revinrent et racontèrent des choses merveilleuses sur la fertilité de cette terre, montrant, en signe de leur véracité une grappe de raisin que deux hommes pouvaient à peine porter. Mais tous, à l'exception de Caleb et de Josué, parlèrent avec effroi des périls de cette conquête. « Ses habitants sont forts, disaient-ils, et auprès de ces fils d'Énach, race de géants, nous paraissions comme des sauterelles. » A ces paroles de mensonge, les Hébreux voulurent se choisir un chef pour retourner en Égypte. L'Éternel irrité allait anéantir tout Israël ; Moïse le fléchit encore par ses prières. Seulement le peuple fut condamné à errer 40 ans dans le désert et, à l'exception de Caleb et de Josué, pas un de ceux qui étaient sortis d'Égypte ne dut voir la terre promise.

Les Hébreux vaincus se rejettent dans le désert. — Passant du découragement à la confiance, les Hébreux voulurent, malgré Moïse, entreprendre ausssitôt la conquête du pays de Chanaan ; vaincus par les Amalécites, ils rentrèrent au désert. Pendant 38 années qu'ils y restèrent encore, Moïse eut à lutter sans cesse contre leur indocilité. Ainsi il fut contraint d'appeler la colère céleste sur Coré, Dathan et Abiron, qui s'élevèrent contre lui et son frère, et lui contestèrent le pouvoir : la terre, entr'ouverte sous leurs pieds, les engloutit, et le feu du ciel consuma 250 hommes du parti des rebelles. Leur mort fit éclater de nouveaux troubles. Dès le lendemain on s'éleva contre Moïse et Aaron en criant : « Vous avez fait mourir le peuple de l'Éternel ; » au même instant la nuée divine descendit sur le tabernacle, et une plaie mortelle frappa le peuple ; déjà les séditieux tombaient consumés par un feu dévorant ; mais Aaron supplia le Seigneur, et le fléau cessa.

Cependant la génération sortie d'Égypte disparaissait peu à peu. Après trente-trois campements, Moïse arriva au commencement de la quarantième année à Kadès, dans le désert de Sin, non loin du lieu où il s'était arrêté déjà dans sa première tentative pour entrer dans la terre promise.

Le manque d'eau excita une nouvelle révolte. Comme au mont Horeb, Moïse, en frappant un rocher de sa baguette, fit jaillir une source abondante ; mais son frère et lui avaient un instant douté que ce miracle fût possible, malgré la promesse divine, et Dieu lui dit : « Toi et ton frère vous n'avez point cru en moi ; aussi vous n'entrerez point dans la terre que je donnerai à votre peuple. » Cette parole s'accomplit rapidement pour Aaron ; car il ne tarda pas à mourir sur la montagne de Hor. Éléasar, son fils, lui succéda comme grand prêtre.

Seconde tentative pour entrer dans la terre promise : le serpent d'airain. — Cependant, pour arriver jusqu'à la terre de Chanaan, il fallait traverser le pays des Iduméens ; mais le roi d'Édom refusa le passage, et

Moïse, afin de ne pas engager une guerre sacrilége avec un peuple descendu d'Abraham, recula dans le désert, après avoir toutefois vaincu un roi chananéen qui était venu l'attaquer.

Pour tourner l'Idumée, ils redescendirent jusqu'à l'extrémité du golfe Élamitique. Les Hébreux perdirent encore une fois courage en voyant reculer le terme de leurs courses au désert. Une nouvelle révolte allait éclater, quand tout à coup sortirent du sable des serpents venimeux dont la morsure donnait la mort. Frappés d'épouvante, les révoltés implorèrent la protection de leur chef, qui reçut l'ordre de dresser dans le camp un serpent d'airain ; quiconque le regardait avec foi, après avoir été blessé, était aussitôt guéri.

Victoires sur les Amorrhéens et les Moabites. — Des bords de la mer Rouge, ils remontèrent à l'orient vers le pays de Moab, traversèrent le torrent de Zared et vinrent camper sur la rive gauche de l'Arnon, qui sépare les Amorrhéens des Moabites. Là, ils furent obligés de combattre Séhon, roi des Amorrhéens, et le géant Og, roi de Basan. Une double victoire remportée à Jassa sur Séhon, et à Édraï sur Og, les rendit maîtres des pays à l'orient du Jourdain, dont tous les habitants furent exterminés.

Balaam. — Balac, roi de Moab et de Madian, recourut à d'autres armes : il appela près de lui, pour maudire Israël, le devin et prophète Balaam. Séduit par les riches présents du roi, Balaam monta sur son ânesse et se mit en chemin. Mais, dans une gorge étroite, un ange tenant une épée nue à la main se présenta au-devant de l'âne, qui recula effrayé. Balaam, pour qui l'ange était invisible, pressait en vain et frappait sa monture. « Pourquoi me frapper ? dit une voix qui paraissait sortir de la bouche de l'âne ; ne t'ai-je pas toujours fidèlement servi : » et en même temps les yeux de Balaam s'ouvrirent ; il vit l'ange et se prosterna à ses pieds. « Poursuis ton chemin, lui dit le messager du Très-Haut, va, mais tu ne diras que ce qui te sera inspiré. » Balaam, arrivé près de

Balac, fut conduit sur les hauts lieux consacrés à Baal ; saisi de l'esprit de Dieu, il s'écria :

« Comment lancerais-je l'anathème sur celui que Dieu n'a pas réprouvé ? De la cîme des monts je contemple ces tribus. Le voilà donc ce peuple qui demeure seul au milieu des nations !

« Ah ! qui dira le nombre des enfants d'Israël ?

— Que fais-tu, s'écria Balac, je t'ai appelé pour maudire, et voilà que tu bénis ? »

Il espéra que l'esprit de Dieu ne le suivrait point, et il le conduisit sur une autre montagne ; mais Balaam s'écria encore :

« Le Seigneur m'a conduit ici pour bénir. Regarde ce peuple : comme un lionceau il se lève, comme le lion il se dresse ; il ne se recouche point qu'il n'ait dévoré sa proie.

« Que tes tentes sont belles, ô Jacob ! que tes demeures sont brillantes ! ô Israël ! Elles semblent un jardin de délices près d'un fleuve, un bois de cèdres au bord des eaux.

« Une étoile sortira de Jacob ; un homme s'élèvera dans Israël ; il brisera les chefs de Moab. L'Idumée deviendra son domaine ; l'héritage de Séir passera en ses mains. Amalec, toi, le premier des peuples, la destruction sera ton partage. »

Balaam n'avait pu maudire, mais il donna à Balac un conseil perfide, et bientôt tout Israël, séduit par l'impureté des filles de Moab et de Madian, retomba dans l'idolâtrie. Le Seigneur fit périr 24 000 coupables ; mais l'anathème fut prononcé contre ces peuples corrompus, et 1000 hommes de chaque tribu, envoyés contre eux, incendièrent les villes, tuèrent 5 rois, et avec eux Balaam.

Tribus établies à l'orient du Jourdain. — Après cette exécution, Moïse fit faire un second dénombrement, et l'on reconnut que la menace du Seigneur était accomplie : la génération sortie d'Egypte n'existait plus. Le terme marqué à la vie du législateur et aux courses du peuple approchait. Ainsi averti de sa fin prochaine, Moïse choisit, par l'ordre de Dieu, Josué, fils de Nun, pour lui succéder.

Il permit ensuite aux deux tribus de Gad et de Ruben et à la demi-tribu de Manassé, qui possédaient de nombreux troupeaux, de s'établir dans les plaines de Jazer et de Galaad, à l'orient du Jourdain ; mais elles devaient aider leurs frères à conquérir la terre promise. Craignant pour son peuple le contact des idolâtres de la terre de Chanaan, il leur commanda de les exterminer tous jusqu'au dernier. « Si vous ne les exterminez, ils seront comme un clou dans l'œil, comme une flèche dans le côté. Qu'ils périssent, ou vous payent tribut. »

Derniers jours de Moïse (1585).—Deux mois restaient encore pour que les 40 années de pélerinage au désert fussent accomplies. Moïse les employa à donner ses dernières instructions. Il raconta tous les bienfaits du Seigneur depuis la sortie d'Égypte, et sa juste sévérité contre ceux qui avaient offensé son saint nom ; il rappela les lois promulguées sur le Sinaï et en forma le livre du *Deutéronome* ou de la loi répétée. Après l'avoir lu au peuple, il le donna aux enfants de Lévi et aux anciens d'Israël, en leur disant : « Tous les 7 ans, quand sera venue l'année de rémission, au temps de la fête des Tabernacles, les fils d'Israël s'assembleront devant le Seigneur, et alors vous lirez les paroles de cette loi, afin que tous l'écoutent et l'apprennent. » Puis il appela Josué, lui donna ses derniers conseils, et composa un dernier cantique plein de la grandeur de sa foi et de son génie.

Enfin, comme Jacob avait béni sa famille au moment où elle commençait à devenir un peuple, Moïse prononça sur chaque tribu une bénédiction prophétique. Dieu n'avait pas voulu qu'il entrât dans la terre réservée aux enfants d'Israël. Mais il avait reçu la promesse qu'il la verrait avant de mourir. L'heure était venue ; il gravit le mont Nébo, et de là contempla la patrie de son peuple. Ce fut en cet endroit que ses yeux se fermèrent. Il mourut à l'âge de cent vingt ans. Nul homme jusqu'à ce jour n'a connu le lieu où son corps repose. Les tribus le pleurèrent pendant trente jours, et après lui il ne s'éleva plus du milieu du peuple de prophète à qui le Seigneur parlât comme à lui face à face, ni qui ait fait tant de prodiges devant tout Israël.

CHAPITRE IV.

ÉTABLISSEMENT DES ISRAÉLITES DANS LA TERRE PROMISE ; LES JUGES ; LES ROIS.

Passage du Jourdain (1585). — Prise de Jéricho et d'Haï. — Victoire sur les rois du sud et de l'est. — Victoire sur les rois du nord. — Mort de Josué (1560). — Le peuple asservi est délivré par Othoniel, Aod et Samgar. — Débora. — Gédéon. — Abimélech. — Jephté. — Samson. — Héli. — Samuel. — Les Hébreux forcent Samuel à leur donner un roi. — Sacre et élection de Saül (1096). — Victoire de Saül sur les Ammonites et abdication de Samuel. — Rupture entre Samuel et Saül. — Victoire de Jonathas. — Samuel choisit David pour succéder à Saül (1071). — David et Goliath. — Jalousie et persécution de Saül contre David. — David épargne Saül. — Mort de Saül (1056). — Guerre contre Isboseth. — Prise de Sion. — Victoires de David. — Absalon. — Dernières années de David ; sa mort (1016). — Sévérité et justice de Salomon. — Puissance et richesses de Salomon. — Construction du temple (1012).—La reine de Saba. — Fautes de Salomon. — Révoltes contre Salomon. — Le schisme (976) : royaumes de Juda et d'Israël.

Passage du Jourdain (1585). — « Moïse, mon serviteur est mort, dit l'Éternel à Josué ; maintenant, lève-toi, et passe le Jourdain pour entrer au pays que je donne aux enfants d'Israël ; comme j'ai été avec Moïse je serai avec toi. »

Josué envoya des espions dans la ville de Jéricho, la première qu'il devait rencontrer au delà du fleuve. Le prince de cette ville voulut les faire périr ; mais ils furent sauvés par Raab, qui les cacha dans sa maison et les fît sortir secrètement. A leur retour, le nouveau chef des Hébreux conduisit tout le peuple au bord du Jourdain.

L'arche sainte, portée par les sacrificateurs, descendit la première dans le lit du fleuve, dont les eaux se séparèrent. Celles d'en haut s'arrêtèrent et s'amoncelèrent comme une montagne, tandis que celles d'en bas s'écoulèrent vers la mer Morte. Les prêtres restèrent au milieu du Jourdain avec l'arche, et tout Israël défila à pied sec devant elle. Quand tous furent passés, Josué fit prendre 12 pierres dans le lit du fleuve, et il en dressa 2 autels qui servirent à perpétuer le souvenir de ce prodige. Dès que l'arche s'était remise en marche, les eaux avaient repris leur cours.

Avant de commencer la conquête du pays de Chanaan, Josué ordonna, au campement de Galgala, la circoncision pour toute la génération née dans le désert, afin que le peuple de Dieu ne pût être confondu avec les réprouvés. La Pâque fut ensuite célébrée. Dès le lendemain, la manne cessa de tomber.

Prise de Jéricho et d'Haï. — Josué se disposait à emporter Jéricho par les armes, quand l'ange du Seigneur lui révéla les conseils de l'Éternel. Six jours durant, l'arche fut portée en grande pompe autour des murs; sept sacrificateurs sonnaient de la trompette en marchant devant elle, et tout le peuple suivait en silence. Enfin le septième jour, quand l'arche sainte eut été promenée 7 fois autour de la ville assiégée, au son des trompettes, aux cris de victoire d'Israël, les murailles s'écroulèrent, et Jéricho, livrée sans défense, subit toutes les horreurs de la guerre. De tout ce peuple une seule femme, Raab, fut sauvée avec la maison de son père. Quant à la ville, elle fut détruite, et Josué maudit celui qui en relèverait les ruines. Haï succomba ensuite; comme à Jéricho, tout le peuple fut exterminé et la ville détruite après avoir été livrée au pillage.

Victoire sur les rois du sud et de l'est. — Cependant les rois de Chanaan réunirent leurs forces contre Israël. Josué les surprit par une marche de nuit et les tailla en pièces jusqu'à Azéca et Macéda. Un effroyable orage qui lançait d'énormes grêlons tua encore grand nombre de fuyards. Pour achever la victoire, Josué fit prolonger le jour. « Soleil, s'écria-t-il; arrête-toi sur Gabaon ! lune, n'avance point sur la vallée d'Aïalon ! » De cette redoutable armée, rien ne resta. Ses cinq chefs, réfugiés dans une caverne, en furent tirés et amenés à Josué; il les fit étendre à terre, appela tous les chefs d'Israël, auxquels il commanda de mettre le pied sur la gorge de ces rois, et il ne les fit mourir qu'après ce cruel affront qui devait montrer au peuple sa puissance.

Victoire sur les rois du nord. — Jabin, puissant roi d'Azor, avait réuni dans une ligue nouvelle les peuplades de l'ouest et du nord, et leurs troupes campaient auprès des eaux de Mérom; Josué marcha contre eux et les battit, tua leurs rois, pilla leurs villes, et acheva la conquête de la terre promise par la soumission des Philistins, auxquels il ne laissa que les villes de Gaza, de Geth et d'Aseldo. Les Jébuséens conservèrent leur ville jusqu'au temps de David; quelques peuplades retranchées dans les montagnes gardèrent aussi leur indépendance, de même que les Phéniciens de Tyr et de Sidon.

Mort de Josué (1560). — Mais assez d'autres peuples avaient été vaincus pour qu'on pût procéder au partage de la terre promise (1579). Josué laissa les régions à l'orient du Jourdain aux tribus de Gad et de Ruben et à la demi-tribu de Manassé; le reste du pays à l'occident du fleuve fut partagé entre les autres tribus. Le lot de chaque famille fut désigné par la voie du sort. Les lévites, consacrés au service de l'autel, n'eurent point de terre, parce que le Seigneur leur avait assigné la dîme de tous les produits du sol. On leur donna, pour y résider, 48 villes dispersées dans tout Israël, et l'on désigna 6 villes de refuge, asiles inviolables où pouvait se retirer tout homme, soit Hébreu, soit étranger, coupable d'un meurtre involontaire.

Josué gouverna encore Israël pendant 18 années; enfin, sentant que sa vie était proche de son terme, il réunit autour de lui, à Silo, les anciens, les chefs et les juges, et leur fit jurer de rester fidèles au Dieu de leurs pères. Peu de jours après, il mourut âgé de 110 ans; il fut enseveli dans son héritage, sur la montagne d'Éphraïm.

Le peuple asservi est délivré par Othoniel, Aod et Samgar. — Quand Josué fut mort, les enfants d'Israël dirent au Seigneur : « Qui marchera à notre tête pour combattre les Chananéens? » et Dieu répondit : « Juda vous guidera; je lui ai livré cette terre. » Juda, appelant donc à lui son frère Siméon, reprit les armes, et les deux tribus se jetèrent sur les Phéréséens, leur tuèrent 10 000 hommes, prirent leur roi Adonibézec, et lui coupèrent les extrémités des pieds et des mains. « J'ai ainsi fait, disait le malheureux, à 70 rois, et ils mangeaient sous ma table les miettes qui en tombaient; comme j'ai traité les autres, Dieu m'a traité. » Jérusalem fut attaqué ensuite; mais les Jébuséens, réfugiés dans la forteresse de Sion, en restèrent maîtres. Nombre de villes chananéennes échappèrent ainsi à cette conquête qu'une main habile et puissante ne dirigeait plus.

Cependant la génération née au désert et instruite par Moïse avait disparu; à sa place, une génération nouvelle s'était élevée, qui ne connaissait plus le Seigneur. Alors, les enfants d'Israël firent le mal; et, entraînés par l'exemple des peuples impies qu'ils n'avaient pas exterminés suivant l'ordre de Moïse, et qui habitaient au milieu d'eux, ils voulurent des dieux visibles, et allèrent sacrifier aux autels de Baal. Le Seigneur, irrité, suscita des vengeurs à sa loi. Le premier fut Chusan, roi de la Syrie des rivières (Mésopotamie), qui tint Israël en servitude pendant huit années (1558-1550). Le malheur ramena le peuple à son Dieu; et Othoniel, animé de l'esprit de Jéhovah, se leva contre Chusan et le tua. Pendant 40 années, Othoniel *jugea* Israël.

Mais les Hébreux retombèrent dans leurs premières fautes; cette fois, Églon, roi de Moab, les assujettit pendant 18 ans. Au bout de ce temps, Aod, qui combattait à la fois des deux mains, poignarda Églon; puis il appela à lui les enfants d'Israël, et les délivra des Mohabites.

Après Aod., se leva Samgar, qui, avec un soc de charrue, tua 600 Philistins et sauva Israël.

Débora. — Jabin, roi d'Aror, les soumit une troisième fois pendant 20 années, car il avait 900 chariots armés de faux. Or il y avait en ce temps-là une prophétesse nommée Débora. Assise à l'ombre d'un palmier, entre Rama et Béthel, sur la montagne d'Éphraïm, elle jugeait le peuple qui sans cesse montait vers elle. Un jour elle appela Barac, fils d'Abinéem, et lui dit : « Voici l'ordre du Seigneur : Prends 10 000 hommes de Nephthali avec 10 000 de Zabulon, et va sur la montagne du Thabor. Quand tu seras au torrent de Kison, je t'amènerai Sisara, le général de Jabin, et je te le livrerai avec tous ses chariots de guerre. » Quand Barac descendit du Thabor, Sisara et tous les siens, frappés d'épouvante, s'enfuirent. Mais Jaël, femme de Chaber, qui avait ouvert sa tente comme un asile au chef chananéen, lui enfonça, durant son sommeil, un clou dans la tempe. Israël, redevenu puissant depuis cette victoire, ne cessa plus de frapper jusqu'à ce que Jabin lui-même eût été exterminé.

Gédéon. — Cette victoire assura aux Hébreux une paix de 40 années ; mais, au bout de ce temps, ils retombèrent dans leurs fautes passées, et Dieu les livra, pendant 7 ans, aux Madianites. Gédéon, de la tribu de Manassé, fut leur libérateur. Deux miracles opérés en sa faveur, à la vue d'Israël, le firent reconnaître pour juge. Il marcha aussitôt contre les Madianites dans la vallée de Jezraël avec 32 000 soldats. Mais Dieu lui ordonna de laisser partir ceux qui le désireraient : 20 000 hommes sortirent du camp. Des 10 000 qui restaient, Gédéon ne prit avec lui que 300 guerriers, les seuls qui, en traversant le ruisseau d'Harad, avaient bu sans s'arrêter et sans plier le genou. Il leur donna pour armes des trompettes et des torches enfermées dans de grands vases de terre ; et, par trois routes dif-

férentes, il marcha aux tentes de Madian. A l'heure
de minuit, cette petite troupe entoure le camp, et, sur
un signal de Gédéon, les trompettes sonnent, les vases
volent en éclats, et les torches projettent, au milieu des
ténèbres, une lueur sinistre. Alors les 300 braves poussent ensemble un même cri : « L'épée du Seigneur et de
Gédéon ! » Les Madianites croient leur camp surpris et
incendié; ils s'enfuient de toutes parts, se frappent les
uns les autres dans l'obscurité, et livrent aux Hébreux
une victoire facile.

Après ce brillant succès, Gédéon refusa la royauté
qu'Israël lui offrait. Il ne voulut d'autre titre que celui de
juge. Il le garda pendant 40 années, jusqu'au jour de sa
mort.

Abimélech. — Gédéon avait eu de diverses épouses
70 enfants. Un d'eux, Abimélech, se rendit aussitôt à
Sichem, patrie de sa mère; et ayant obtenu des habitants quelque argent, il leva une troupe d'hommes avec
laquelle il se saisit de ses 69 frères, qu'il égorgea sur la
même pierre.

Mais la discorde ne tarda pas à éclater entre les Siché-
mistes et cet homme ambitieux et cruel. Abimélech s'empara de leur ville, rasa ses remparts, et fit périr, au
milieu des flammes, 1000 personnes réfugiées dans une
tour. Puis il marcha contre Thèbes, qui allait éprouver
le même sort, quand une vieille femme atteignit Abimélech à la tête avec un fragment de meule de moulin et le
renversa. Abimélech se sentit blessé à mort; et pour
qu'on ne dît pas qu'une femme l'avait tué, il se fit achever par son serviteur.

Jephté. — Après lui, Thola, puis Jaïr jugèrent en
Israël; puis, quand ce dernier fut mort, les Israélites
retombèrent dans l'idolâtrie, et l'Éternel les livra aux
Ammonites, qui portèrent partout la désolation. Jephté
encore une fois les sauva.

C'était un homme de Galaad, que ses frères avaient
exclu de l'héritage paternel, et qui s'était réfugié dans le
désert, où il vivait de pillage. Appelé par les anciens de

Galaad, il se mit à la tête des tribus orientales, et fit vœu, avant de combattre, d'immoler au Seigneur, s'il était vainqueur, le premier qui sortirait de sa maison pour venir à sa rencontre. Les Ammonites furent vaincus ; mais quand Jephté revint sa fille unique marchait la première au son des instruments, à la tête de ses compagnes. Jephté la vit, et, de douleur, il déchira ses vêtements. « Ah ! ma fille, lui dit-il, tu es pour moi une cause de mortelle douleur, car j'ai ouvert contre toi ma bouche au Seigneur, et je ne puis retirer mes paroles. — Mon père, répondit-elle, faites de moi selon votre parole. » Elle ne demanda que la grâce de se retirer pendant 2 mois, avec ses compagnes, sur les monts de Galaad, pour y pleurer sur son opprobre, celui de mourir sans avoir été ni épouse ni mère Les 2 mois écoulés, elle revint, et son père accomplit sur elle son vœu téméraire.

Les Éphraïmites, jaloux de la prépondérance que l'administration de Jephté assurait aux tribus orientales, vinrent les attaquer. Mais ils furent vaincus, et perdirent 42 000 hommes, dont la plus grande partie périt aux gués du Jourdain. Le vainqueur reconnaissait les fuyards en les obligeant à répéter le mot *schibolet* (épi), que les Éphraïmites seuls en Israël ne pouvaient prononcer correctement.

Après Jephté, qui exerça la judicature pendant six années, Israël fut gouverné successivement par Abésan, Ahialon et Abdon.

Samson. — Cependant le peuple était retombé dans l'idolâtrie, et le Seigneur l'avait abandonné à l'oppression des Philistins. Cette servitude dura longtemps ; mais Dieu, à la fin, se choisit un vengeur. Un homme de la tribu de Dan avait eu un fils qui, par l'ordre de Jéhovah, devait être *Nazaréen*, c'est-à-dire consacré au Seigneur. Cet enfant, nommé Samson, ne devait ni boire de vin, ni manger de chair impur, ni laisser couper ses cheveux, Dès ses jeunes ans, il montra une force extraordinaire. Un jour il mit en pièces un lion qui s'était jeté sur lui, et les ennemis de son peuple apprirent bientôt à leurs dépens qu'il s'était levé un homme fort dans Israël. Un jour il tua 30 Philistins, et une autre fois ayant pris 300 renards, il leur attacha des sarments allumés à la queue et les lâcha au milieu des blés, dans les vignes et les plants d'oliviers; tout fut brûlé; les Philistins exigèrent qu'on leur livrât Samson. Il fut lié avec des cordes neuves et remis entre leurs mains; mais à peine se vit-il au milieu d'eux que d'un seul effort il brisa ses liens, et, saisissant une mâchoire d'âne, il chassa devant lui les Philistins effrayés, dont 1000 ce jour-là périrent.

Après cet exploit, Samson fut revêtu de la judicature qu'il exerça pendant 20 ans. Les Philistins espérèrent un jour le surprendre dans Gaza; mais Samson, trouvant les portes fermées, les arracha avec leurs gonds, leurs deux poteaux et la serrure, et les porta jusque sur le haut d'une montagne voisine.

Cette force merveilleuse devait disparaître si jamais Samson coupait sa chevelure; ce secret fut livré aux Philistins par une femme, Dalila, qui lui coupa les cheveux pendant qu'il dormait : aussitôt il devint comme un autre homme; alors les Philistins accoururent, et, sans qu'il pût résister, le chargèrent de chaînes, lui crevèrent les yeux, et par dérision l'occupèrent à tourner la meule d'un moulin.

Mais, avec les mois et les jours, ses cheveux repoussèrent et il sentit en même temps sa force renaître. Un jour que les Philistins célébraient la fête solennelle de leur dieu Dagon, on l'amena dans la salle du festin pour servir de jouet au peuple assemblé. Samson se fit conduire entre deux colonnes qui soutenaient la voûte de l'édifice, et les ébranla d'un suprême effort en s'écriant : « Que je meure avec les Philistins ! » Les colonnes tombèrent, le temple s'écroula, et Samson, enseveli sous les ruines avec des milliers d'infidèles, fit périr en mourant, dit son historien, plus d'ennemis qu'il n'en avait tué en sa vie.

Héli. — Après lui l'autorité religieuse et le pouvoir civil furent réunis dans les mains d'Héli, grand pontife et juge d'Israël. Un jour qu'il était assis à Silo, devant la porte du tabernacle, une femme de Ramatha, nommée Anne, vint prier avec ferveur. Témoin de sa piété, Héli lui dit : « Allez en paix, et que le Dieu d'Israël soit favorable à vos vœux. » Anne, depuis longtemps stérile; avait demandé à Jéhovah de faire cesser sa honte. Elle fut exaucée, et en reconnaissance elle consacra son fils au service de l'autel. C'était Samuel. Ses vertus contrastèrent bientôt avec les vices des fils d'Héli. Irrité de leurs crimes et de l'indulgence coupable du grand prêtre, le Seigneur fit connaître à Samuel qu'il allait frapper Héli et sa maison. Les Israélites, en effet, attaqués par les Philistins, perdirent 30 000 hommes, et parmi eux les deux fils d'Héli; l'arche sainte tomba au pouvoir du vainqueur. Le jour même, un homme de la tribu de Benjamin, échappé du combat, accourut à Silo. Héli, assis sur son siége et tourné vers le chemin, tremblait pour l'arche de Dieu. « Israël a fui, dit le Benjamite, devant les Philistins; une grande partie du peuple a été taillée en pièces; tes deux fils sont morts; l'arche sainte est prise. » A ces mots Héli, frappé dans toutes ses affections, comme père, comme juge, comme pontife, tomba à la renverse, et mourut sur la place. Les Philistins conduisirent l'arche sainte à Azot et la placèrent dans le temple de leur dieu Dagon, en face de l'idole. Le lendemain l'idole était renversée. Ils la relevèrent; mais le jour suivant, Dagon était encore à terre et brisé. En même temps la colère du Seigneur s'appesantit sur Azot, et l'on ne vit plus dans la ville que morts et mourants.

Pendant sept mois, l'arche fut menée de ville en ville dans le pays des Philistins, mais partout la main de l'Éternel se faisait sentir. Aussi, pour échapper à ce fléau, les Philistins se décidèrent à renvoyer l'arche; on la mit sur un chariot traîné par deux génisses sans conducteur et sans guide. Les génisses se dirigèrent d'elles-mêmes vers Bethsamet et de là l'arche fut portée à Gabaa, dans la maison d'Abinadad.

Samuel. — Vingt ans s'étaient écoulés déjà depuis le

retour de l'arche, et Israël gémissait toujours sous l'oppression des Philistins; mais Samuel obtint enfin du
peuple qu'il renonçât au culte des divinités étrangères.
Alors il convoqua une assemblée générale à Maspha. Là
le peuple entier jeûna tout un jour pour apaiser Jéhovah;
et, en reconnaisance des efforts faits par le prophète
pour le ramener au Dieu de ses pères, il l'élut juge d'Israël. Alarmés de cette réunion, les Philistins crurent
pouvoir surprendre les Hébreux. Mais Samuel offrit un
holocauste, et il n'avait pas achevé le sacrifice qu'un violent orage jetait le désordre dans les rangs de l'ennemi.
Une sortie acheva de le disperser; les Philistins rendirent toutes les villes qu'ils avaient enlevées. Ils ne gardèrent qu'une garnison à Gabaa.

Les Hébreux forcent Samuel à leur donner un roi.
— Samuel, devenu vieux, s'était déchargé des fonctions
pénibles de la judicature sur ses deux fils Joël et Abia.
Mais ils se laissèrent corrompre par les présents, et rendirent des jugements iniques; en même temps, Nahal,
roi des Ammonites, entra en armes aur les terres d'Israël. Le peuple s'effraya d'être sans chef contre ce nouvel ennemi, et les anciens vinrent dire à Samuel : « Don-
nez-nous un roi comme en ont toutes les nations. » Le
prophète essaya de les détourner de ce dessein contraire
à la loi mosaïque, qui donne Jéhovah seul pour roi à son
peuple; mais le Seigneur, qu'il consulta, lui répondit :
« Faites ce qu'ils vous demandent; car ce n'est pas vous,
c'est moi qu'ils rejettent. » En vain Samuel leur peignit
l'oppression qu'un roi ferait peser sur eux. Ils s'obstinè-
rent dans leur demande, et le prophète jeta les yeux sur
une obscure famille de la plus petite tribu d'Israël.

Sacre et élection de Saül (1096). — Il y avait alors
en Benjamin un homme du nom de Cis, dont le fils,
appelé Saül, était d'une taille et d'une beauté remar-
quables. Un jour, les ânesses de son père s'étant égarées,
il vint consulter le prophète. Samuel, averti dès la veille
par le Seigneur, reconnut aussitôt celui que Dieu destinait à être le sauveur de son peuple, et, l'ayant tiré à

l'écart, il lui répandit une petite fiole d'huile sur la tête en disant : « Le Seigneur, par cette onction, te sacre prince sur son héritage. »

Cependant Israël s'était assemblé à Maspha pour élire un roi. Samuel jeta le sort, et le sort tomba sur la tribu de Benjamin, puis sur la famille de Cis, enfin sur Saül fils de Cis. Longtemps on le chercha, car il s'était caché dans la maison de son père ; mais, quand on l'amena au milieu du peuple, il parut plus grand que les autres de toute la tête, et fut salué roi. Samuel lut au peuple les droits et les devoirs de la nouvelle royauté, et mit ce livre dans l'arche d'alliance ; puis il congédia l'assemblée : Saül s'en retourna dans la maison paternelle à Gabaa.

Victoire de Saül sur les Ammonites et abdication de Samuel. — Un mois après, Nabal, roi des Ammonites, vint attaquer Jabès en Galaad. Saül revenait des champs et marchait derrière ses bœufs, quand il apprit cette nouvelle ; saisi de l'esprit de Dieu, il coupa par quartiers les deux bœufs de son attelage, et envoya ces chairs palpitantes dans tout Israël, avec ce message : « On traitera ainsi les bœufs de tous ceux qui ne suivront pas Samuel et Saül. » Israël se leva comme un seul homme ; 300 000 combattants se réunirent autour de Saül ; dès le lendemain Jabès était délivré et les Ammonites taillés en pièces.

Samuel convoqua alors tout Israël à Galgala, afin d'y abdiquer solennellement la judicature et de renouveler l'élection du nouveau roi. « Me voici prêt, dit le vieillard, à rendre compte de toute ma vie. » Mais tout le peuple s'écria d'une seule voix : « Tu ne nous as point opprimés, tu n'as rien pris à personne. »

Rupture entre Samuel et Saül. — Les Philistins avaient une garnison à Gabaa ; Jonathas, fils de Saül, l'attaqua et la battit. Aussitôt les Philistins s'avancèrent jusqu'à Machmas avec 30 000 chars de guerre, 6000 chevaux, et une multitude de gens de pied aussi nombreux que les sables de la mer. Les Israélites effrayés s'enfuirent au delà du Jourdain, ou se cachèrent; Saül vint s'établir à Galgala. Durant sept jours, il attendit Samuel qui devait offrir un sacrifice pour rendre le Seigneur propice aux armes d'Israël; mais le prophète n'arrivait pas, et chaque heure qui s'écoulait lui enlevait quelques soldats. Il ne sut pas maîtriser plus longtemps son impatience, et, au mépris de la défense divine, offrit lui-même l'holocauste. La victime venait d'être consumée quand Samuel parut; il vit le sacrilége : « Qu'as-tu fait? dit-il à Saül; sans cette faute le Seigneur eût affermi ton règne pour jamais; mais maintenant il se choisira un homme selon son cœur. » Les menaces du prophète éloignèrent de Saül la plus grande partie des troupes; il ne resta plus autour de lui que six cents hommes.

Victoire de Jonathas. — Dans cette extrémité, Jonathas sortit secrètement du camp avec son écuyer, et surprit dans un poste avancé quelques Philistins qui, se croyant trahis, s'enfuirent en tournant leurs armes les uns contre les autres.

Au moment de poursuivre l'ennemi, Saül dit : « Maudit soit l'homme qui prendra quelque nourriture avant le soir. » Jonathas ignora ce serment de son père; en traversant une forêt, il trouva du miel sauvage, et du bout d'une baguette il en prit quelque peu pour réparer ses forces. Mais quand Saül consulta le Seigneur avant de piller le camp des ennemis, l'oracle ne donna point de réponse. Ce silence annonçait qu'une transgression avait été commise : le sort indiqua Jonathas, et Saül prononça sans hésiter la sentence de mort; mais le peuple reconnaissant sauva le jeune héros

Cette victoire inattendue rendit à Saül son royaume; et dès lors, de quelque côté qu'il tournât ses armes, il revint victorieux. Les fils de Moab, d'Ammon et d'Édom, le roi de Saba, les Philistins et tous les ennemis qui entouraient Israël sentirent le poids de son épée. Les Amalécites furent les plus cruellement traités. Samuel était venu déclarer à Saül que l'Éternel vouait à l'extermination tout ce peuple, depuis l'homme jusqu'aux animaux. Saül obéit, et cette race fut exterminée ; mais il épargna Agag, leur roi, et garda la meilleure partie du butin. Quand il revint, Samuel lui reprocha encore cette infraction aux ordres de Dieu : « L'obéissance, lui disait-il, vaut mieux que les victimes ; puisque tu as rejeté la parole du Seigneur, le Seigneur te rejette. » Et, le prophète se retirant après ces paroles de colère, Saül voulut l'arrêter par son manteau ; le manteau se déchira. « Ainsi, reprit le vieillard irrité, le Seigneur a déchiré aujourd'hui le royaume d'Israël et te l'arrache des mains pour le donner à un autre qui vaut mieux que toi. » Puis il se fit amener Agag. « Comme ton épée, lui dit-il, a ravi les enfants à tant de mères, ainsi ta mère sera sans enfants ; » et il l'immola devant le Seigneur.

Samuel choisit David pour succéder à Saül (1071). — Après bien des jours, Samuel entendit la voix divine qui lui disait : « Jusqu'à quand pleureras-tu cet homme, puisque je l'ai rejeté ? viens, je veux t'envoyer chez Isaï de Bethléem ; car je me suis choisi un roi parmi ses enfants. » Samuel partit aussitôt et répandit l'huile sainte sur David, le plus jeune des fils d'Isaï. Depuis ce moment, l'esprit du Seigneur fut avec David et se retira de Saül, qui resta livré à une mélancolie profonde. Sur l'avis de ses officiers, il consentit à essayer si la musique ne calmerait pas ses transports. On lui recommanda David comme habile joueur de harpe. Il le fit venir, et conçut pour lui tant d'affection qu'il se l'attacha à titre d'écuyer.

David et Goliath. — Cependant les Philistins avaient repris les armes, et bientôt les deux peuples se trouvèrent en présence. Pendant quarante jours, un géant nommé Goliath vint, entre les deux camps, défier en combat singulier un guerrier d'Israël. Saül promit en vain la main de sa fille et de riches présents à celui qui relèverait cet insultant défi : personne ne se présenta. David, qui était venu au camp apporter des vivres à ses frères, osa l'accepter. « Tu ne saurais résister à ce Phi-

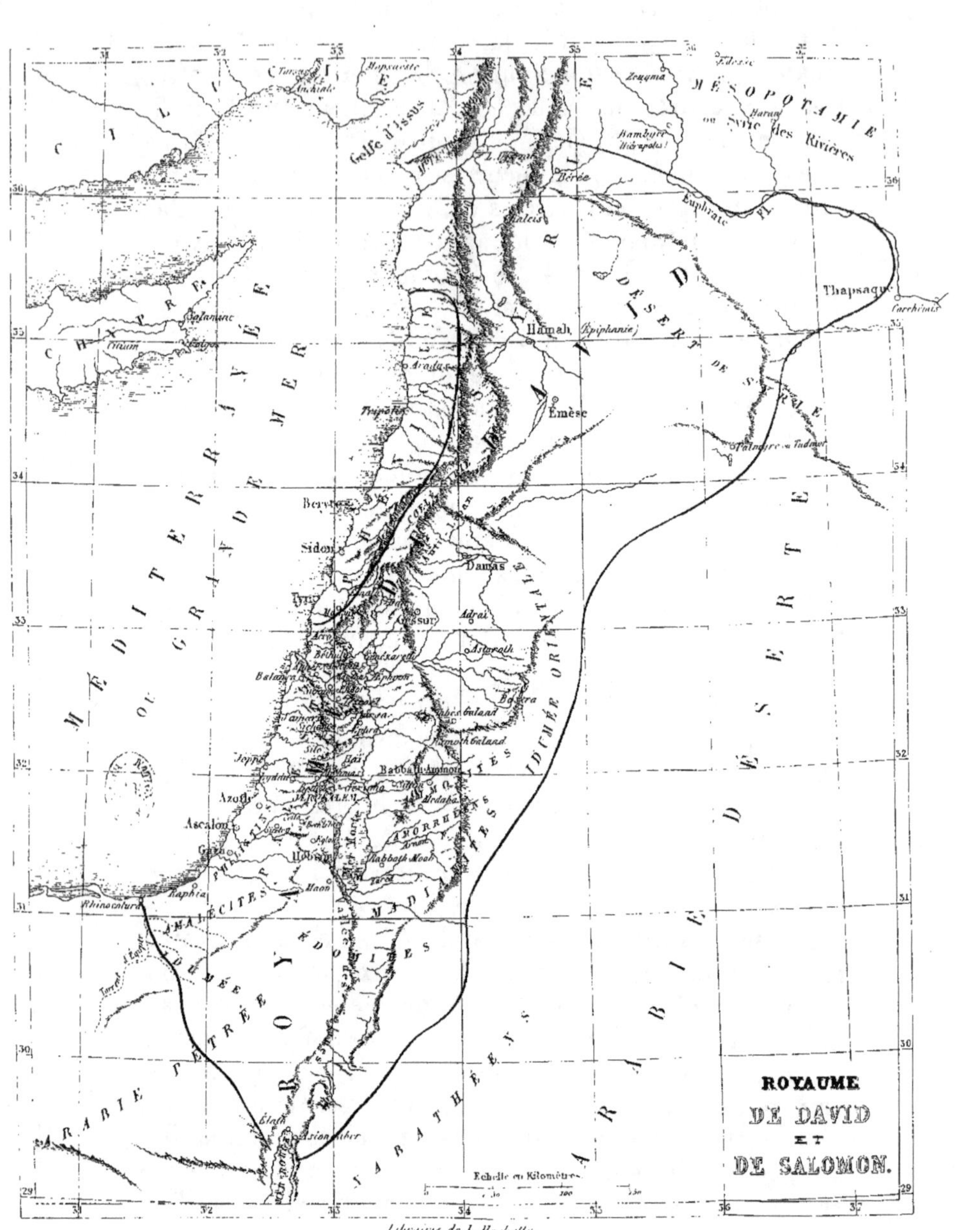

ROYAUME
DE DAVID
ET
DE SALOMON.
Librairie de L. Hachette
Échelle en Kilomètres
MÉDITERRANÉE ou GRANDE MER
CHYPRE
CILICIE
Golfe d'Issus
MÉSOPOTAMIE ou Syrie des Rivières
DÉSERT DE SYRIE
ARABIE DÉSERTE
ARABIE PÉTRÉE
Thapsaque
Carchémis
Palmyre ou Tadmor
Euphrate Fl.
Bérée
Damas
Émèse
Hamah (Épiphanie)
Béryte
Sidon
Tyr
Jeppé
Azoth
Ascalon
Gaza
Raphia
Rhinocolure
Élath
Asiongaber
JÉRUSALEM
Hébron
Astaroth
Bosra
Adraï
Géssur
IDUMÉE ORIENTALE
IDUMÉENS
AMORRHÉENS
AMALÉCITES
IDUMÉE
NABATHÉENS
Rabbath-Ammon
Rabbath-Moab

listin, disait Saül, tu n'es encore qu'un enfant ! » Mais
David lui répondit : « Plus d'une fois j'ai défendu le
troupeau de mon père en tuant les lions et les ours qui
l'attaquaient. Je ferai de même de cet incirconcis. » Saül
voulut encore lui donner un casque d'airain et une cui-
rasse, mais il ne prit que sa fronde avec cinq pierres
qu'il choisit dans le torrent. « Suis-je un chien, dit le
géant, que tu viennes à moi avec un bâton ? Bientôt je
donnerai ta chair à manger aux bêtes de la terre et aux
oiseaux du ciel. — Tu viens à moi, répondit David, avec
la lance et le bouclier, et moi je vais à toi au nom du
Seigneur des armées. Aujourd'hui je te tuerai et je te
couperai la tête, afin que les nations connaissent le Dieu
d'Israël. » Et en même temps il plaça une pierre dans
sa fronde et la lança avec tant de force, que le géant
frappé au front tomba. David courut à lui, et lui trancha
la tête avec sa propre épée. A cette vue, les Philistins
épouvantés s'enfuirent.

Jalousie et persécution de Saül contre David. —
Après cette victoire, les femmes sortirent de toutes les
villes d'Israël au-devant du roi en chantant : Saül en
a tué 1000, David en a tué 10 000. » Depuis ce jour,
Saül ne regarda plus David qu'avec un œil d'envie; il
essaya même de le percer de sa lance pendant qu'il
jouait de la harpe devant lui. Une autre fois il lui promit
la main de sa fille aînée Mérob, s'il combattait vaillamment; et, afin de mériter cet honneur, David s'exposa
aux plus grands dangers; mais le roi ne tint pas parole. Il lui promit encore sa seconde fille Michol, s'il
tuait 100 Philistins ; David en tua 200. Le roi fut contraint de lui donner Michol. Sa haine en augmenta,
et il essaya encore de le percer de sa lance. Une autre
fois il envoya pendant la nuit des meurtriers vers sa demeure : Michol, avertie, fit échapper son époux qui se
réfugia à Nobé, chez le grand prêtre Abimélec. Saül furieux fit raser Nobé, passer les habitants au fil de l'épée
et tuer Abimélec avec quatre-vingt-cinq sacrificateurs.
Un seul des fils du grand prêtre, Abiathar, échappa et

porta à David l'éphod et le sort sacré ; il lui porta aussi les espérances des tribus indignées de cet attentat sacrilége.

David épargne Saül. — Réfugié dans la caverne d'Odollam, David en sortit pour délivrer Ceila assiégée par les Philistins ; mais Saül accourut avec une armée afin de le saisir, et le poursuivit jusque sur des rochers où il semblait que les chèvres sauvages pouvaient seules arriver.

Un jour qu'accablé de fatigue il s'était arrêté dans une grotte, David, caché avec ses gens au fond de la caverne, eût pu le tuer ; il se contenta de couper un pan de son manteau, et, quand il fut sorti, il lui cria de loin : « Saül, mon Seigneur, pourquoi écoutes-tu ceux qui te disent : « David ne cherche qu'une occasion de te per- « dre ? » Vois toi-même, mon père, et reconnais si ce n'est pas le bord de ton manteau que je tiens. » Saül, jetant un grand soupir, s'écria : « O mon fils David, tu es plus juste que moi ; tu ne m'avais fait que du bien, et je ne t'ai rendu que du mal. »

Vers ce temps Samuel mourut. Tout Israël s'assembla pour le pleurer et l'ensevelir.

Cependant David errait toujours, il s'était retiré au désert de Pharan. Or, il y avait non loin de là, au désert de Maon, un homme fort riche, mais fort avare, nommé Nabal. Un jour, David lui envoya dix de ses gens pour lui demander des vivres, en représentant qu'il avait toujours épargné ses pasteurs et ses troupeaux. Nabal reçut les messagers avec mépris ; mais sa femme Abigaïl, pour fléchir la colère de David, alla à sa rencontre avec des ânes chargés de provisions, et se prosterna à ses pieds avec d'humbles paroles qui l'apaisèrent. Dix jours après, Nabal étant mort, David prit Abigaïl pour femme.

Saül avait repris sa haine et ses desseins homicides. Sachant David au désert de Ziph, il alla l'y chercher avec 3000 hommes ; et, pour la seconde fois, David épargna la vie de son ennemi. Il était entré, pendant la nuit, dans le camp et dans la tente du roi ; il eût pu le frapper,

mais il se contenta d'enlever sa coupe et sa lance plantée
en terre au chevet de son lit. Puis, de la montagne voisine, il appela Abner et lui dit : « Pourquoi n'as-tu pas
gardé le roi ton seigneur ? Il est venu quelqu'un pour le
tuer : vois où sont maintenant sa lance et sa coupe. »
Saül s'éveilla à ces paroles, et reconnut la voix de David.
Accablé de tant de générosité, il s'humilia de nouveau,
confessa ses torts, et prédit les succès de son ennemi.

Mort de Saül (1056). — David se retira de nouveau
dans le pays des Philistins, auprès d'Achis, qui lui
donna la ville de Siceleg. Ce fut là qu'il apprit la triste
fin du roi d'Israël. Les Philistins avaient en effet repris
les armes, et les tribus du sud de la Palestine, mécon-
tentes de ce gouvernement militaire qui s'était souillé du
meurtre des prêtres de Nobé, ne firent aucun effort pour
arrêter l'ennemi, qui pénétra jusque dans la plaine de
Jezraël, auprès d'Aphec. Saül était venu camper à Gelboé avec toutes ses troupes. Mais, quand il eut vu l'innombrable armée des Philistins, il fut frappé de crainte,
et l'Éternel qu'il interrogea ne lui répondit ni en songe,
ni par la voix des prêtres, ni par celle des prophètes.
Saül recourut alors à la pythonisse d'Endor, pour lui
demander de faire apparaître Samuel. L'ombre du prophète se montra, mais pour renouveler les menaces por-
tées jadis contre la maison de Saül. Le lendemain, dès
le premier choc, Israël plia devant l'ennemi ; les trois fils
de Saül furent tués ; et le roi, craignant de tomber vivant
entre les mains des incirconcis, ordonna à son écuyer
de le frapper d'un glaive ; l'écuyer refusa de lui rendre
ce dernier service ; Saül se jeta lui-même sur la pointe
de son épée.

Trois jours après, David apprit les malheurs d'Israël
par un jeune Amalécite qui se vanta d'avoir, à la prière
de Saül, donné le dernier coup au roi expirant. Loin de
se réjouir, David fit mourir celui qui avait osé porter la
main sur l'oint du Seigneur, et chanta sa douleur dans
un hymne funèbre : « Arrête-toi, ô Israël, et vois dans
la montagne ces morts et ces blessés. Comment les forts

sont-ils tombés ?—Monts de Gelboé, que jamais la rosée ni la pluie ne fécondent vos cimes ! que vos coteaux ne donnent plus de prémices, parce que c'est là qu'est tombé le bouclier des forts, le bouclier de Saül.—Jamais la flèche de Jonathas n'est retournée en arrière ; jamais l'épée de Saül n'a été tirée en vain. — Saül et Jonathas, si aimables, si grands pendant leur vie, ne sont point séparés dans la mort ; ils étaient plus rapides que les aigles, plus courageux que les lions. — Ta mort me remplit de douleur, Jonathas, ô mon frère ; je t'aimais comme une mère aime son unique enfant ! — Comment donc les forts sont-ils tombés ? comment se sont évanouis ces foudres de guerre ? »

Guerre contre Isboseth. — Quand Saül fut mort, la tribu de Juda reconnut David pour roi. Mais le reste d'Israël choisit Isboseth, fils de Saül ; et les deux prétendants se firent, pendant sept années, une guerre sanglante où se signalèrent leurs deux généraux, Joab pour David, et Abner pour Isboseth. Dans une rencontre, Abner tua le frère de Joab, Azaël, « qui devançait à la course les chevreuils des bois. » Mais un jour, Isboseth outragea son habile lieutenant, qui l'abandonna aussitôt et promit à son rival de ranger tout Israël sous son obéissonce. Cet important service eût rendu Abner tout-puissant auprès de David ; Joab, jaloux, le tua à la porte d'Hébron. David, dont la puissance était mal affermie, ne pouvait punir ce meurtre ; mais il honora la mémoire d'Abner par un deuil public.

A quelque temps de là, Isboseth lui-même périt assassiné par deux chefs de mercenaires, qui apportèrent sa tête à David, pensant recevoir une riche récompense ; le pieux roi indigné les fit mourir. Cet événement lui assura la couronne. Toutes les tribus le reconnurent pour roi.

Prise de Sion. — Il se hâta de justifier ce choix par des victoires, et s'empara de la forteresse des Jébuséens, élevée sur la colline de Sion. Les Philistins ayant repris les hostilités, il gagna sur eux deux batailles et prit leur ville qu'il livra aux flammes. Dans cette guerre, David, un instant entouré par l'armée ennemie, s'était trouvé pressé par la soif, et il lui était échappé de dire : « Oh! si quelqu'un pouvait me donner un peu d'eau de la citerne de Bethléem! » Or, il avait près de lui les trois plus vaillants hommes d'Israël, Jesbaam, Éléazar et Zemma. Ayant entendu les paroles du roi, ils traversèrent tout le camp des Philistins, puisèrent de l'eau à la citerne et la rapportèrent à leur prince. « A Dieu ne plaise, s'écria David, que je boive le sang de ces vaillants hommes! » et il répandit l'eau en l'offrant au Seigneur.

L'arche sainte était encore à Gabaa, dans la maison du lévite Abinadab. Pour que l'arche et la nouvelle royauté se protégeassent mutuellement. David voulait faire transporter le monument de l'alliance à Jérusalem, qu'il destinait à devenir le centre du culte et du gouvernement. On mit l'arche sur un chariot neuf que conduisirent Oza et ses frères, fils d'Abinadab; tout Israël l'accompagnait au son des harpes et des lyres, au bruit des tambours et des timbales. Mais, pendant la route, les bœufs firent brusquement reculer le chariot, et l'arche parut près de tomber; Oza y porta la main pour la retenir; au même instant Dieu le punit de son manque de foi en le frappant de mort. David épouvanté craignit de conduire l'arche à Jérusalem avant d'avoir préparé un lieu pour la recevoir; il la fit entrer à Geth, dans la maison d'Abeddara. Mais bientôt témoin des bénédictions que le Seigneur répandait sur cette famille, le roi reprit son projet. Il avait fait dresser un tabernacle dans la forteresse de Sion; l'arche sainte y fut conduite en grande pompe. David lui-même, vêtu d'un éphod de lin, dansait devant l'arche et chantait les louanges du Seigneur.

Le tabernacle préparé à Sion n'était pour l'arche qu'une demeure provisoire. David s'indignait d'être plus magnifiquement logé que le Seigneur. « Regarde, dit-il un jour au prophète Nathan, j'habite dans une maison de cèdre, et l'arche de l'Éternel demeure sous une tente. » Il voulait élever un temple superbe, mais le prophète lui révéla que ce grand ouvrage était réservé à son fils.

Victoires de David. — Malgré ses dernières victoires, Israël payait tribut aux Philistins. David affranchit son peuple de cette servitude. Les Philistins, battus dans la vallée de Réphaïm , furent refoulés , après une seconde affaire, jusqu'aux murs de Gazer. Plus tard ils perdirent même le territoire de Gath. David défit aussi les Moabites et extermina la moitié de cette race; l'autre lui paya tribut. Entre les Philistins et les Moabites habitaient deux autres peuples, les Amalécites et les Iduméens; il les soumit.

Mais son plus redoutable adversaire fut le Syrien Adraazar, roi de Soba. David tailla en pièce ses armées, non loin de l'Euphrate, tua 22 000 hommes aux gens de Damas venus à son secours et assujettit la Syrie damascéenne, où il laissa des garnisons, Thoü, roi de Hamath et ennemi du roi de Soba , apprenant sa défaite et celle de ses alliés, envoya son fils au vainqueur avec de riches présents. Ces dons ainsi que les plus belles dépouilles furent consacrés au Seigneur.

Après ces grands coups frappés au nord de son royaume, David alla appesantir le joug d'Israël sur les peuples du sud; il tua 18 000 Iduméens dans la vallée des Salines, et mit des garnisons dans tous leurs pays, afin de s'assurer des routes qui conduisaient à la mer Rouge.

A l'est d'Israël, un peuple puissant restait encore indépendant, les Ammonites; leur roi Hannon leva une armée puissante à laquelle se joignirent 33 000 Syriens. Une double victoire de Joab et d'Abisaï, son frère, généraux de David, rompit cette ligue; mais les Syriens formèrent une coalition puissante qui embrassa tous les peuples établis du Jourdain à l'Euphrate. Il vint même des troupes des pays situés au delà de ce fleuve dans la Syrie des rivières.

David voulut cette fois commander lui-même. Il passa le Jourdain et tailla en pièces à Hélam 700 chariots,

40 000 cavaliers, blessa à mort le général ennemi, et, par sa victoire, resta maître de ces immenses contrées, dont tous les princes reconnurent son empire.

Libre alors de tourner ses forces contre les Ammonites, il envoya Joab avec ses officiers et toutes les troupes d'Israël pour assiéger Rabbath, leur capitale. Quand la ville fut sur le point de céder, David arriva et elle fut enlevée sous ses yeux. Tous les habitants périrent au milieu d'affreuses tortures. Ces victoires portèrent la domination de David, au nord, jusqu'à l'Euphrate, au sud, jusqu'à la mer Rouge.

Absalon. — Mais ses derniers jours furent attristés par des révoltes : Absalon, son fils, s'arma contre lui. David dut s'enfuir suivi de quelques serviteurs fidèles. Sur la route, Séméi, de la race de Saül, lui jeta des pierres et le maudit en disant : « Sors, sors, homme de sang, homme de Bélial; le Seigneur fait retomber sur toi le sang de la maison de Saül. » Abisaï voulait tuer Séméi, David le retint et dit : « Laissez-le maudire; peut-être le Seigneur regardera mon affliction et me rendra quelque bien pour ces malédictions que je reçois aujourd'hui.

Cependant Absalon était entré dans Jérusalem ; mais il ne poursuivit pas son père, alors qu'il eût pu l'accabler. Quand il franchit enfin le Jourdain, il était trop tard; David avait eu le temps de réunir une nombreuse armée. La bataille se donna dans la forêt d'Éphraïm. 20 000 hommes des troupes d'Absalon restèrent sur la place; lui-même fuyait sur sa mule, lorsqu'en passant sous un chêne touffu sa longue chevelure s'embarrassa dans les branches, et il resta suspendu entre le ciel et la terre. Joab, averti par un soldat, accourut aussitôt, et, malgré l'expresse défense du roi, le perça de trois dards. En apprenant la mort du rebelle qu'il ne pouvait s'empêcher d'aimer, David fondit en larmes, et on l'entendit répéter sans cesse : « Mon fils, mon fils, que ne puis-je donner ma vie pour la tienne! »

Dernières années de David; sa mort (1016).—Tout

Israël s'était de nouveau rangé sous ses lois, quand, au bord du Jourdain , une querelle s'éleva entre les tribus qui se disputaient l'honneur de faire passer le fleuve au au roi. Un homme de Benjamen , Séba , sonna de la trompette et s'écria : « Nous n'attendons rien du fils d'Isaï; à tes tentes, Israël; » et beaucoup le suivirent. David se hâta de rentrer dans Jérusalem, et envoya aussitôt des troupes pour étouffer cette dangereuse révolte dans laquelle se montrait déjà cette jalousie fatale de Juda et des autres tribus. Les habitants de la ville où Séba s'était retiré jetèrent sa tête par-dessus les murailles.

Les Philistins avaient repris les armes; quatre fois David dut marcher contre eux; mais Israël sortit victorieux de cette lutte contre son éternel ennemi.

Des pensées d'orgueil s'élevèrent alors dans le cœur du roi, vainqueur des rebelles et des ennemis du dehors. Il osa, sans l'ordre exprès du Seigneur, faire le dénombrement d'Israël. Il se trouva 500 000 hommes en état de combattre, dans Juda, et 800 000 dans les autres tribus. Mais aussitôt le prophète Gad vint lui ordonner de choisir entre trois fléaux, ou une famine de sept ans, ou une guerre de trois mois, ou une peste de trois jours « Il vaut mieux, répondit David, tomber entre les mains d'un Dieu plein de miséricorde qu'entre celles des hommes; » et il préféra la peste, qui fit périr 70 000 Israélites. Mais, à la vue de tant de malheurs, il s'écriait : « Seigneur, seul j'ai péché, seul je suis coupable ; épargnez ce peuple innocent, et que votre colère s'appesantisse sur moi. »

Un autre chagrin troubla David dans ses vieux jours : Adonias, l'aîné de ses enfants, aspira au trône avec l'appui de Joab et d'Abiathar, souverain sacrificateur. Mais Salomon, le second fils de Bethsabée, était marqué d'en haut pour régner. David, averti de la conspiration, y répondit en ordonnant de sacrer Salomon en présence du peuple.

Cependant David sentait arriver sa fin prochaine. Une

plainte douce et triste s'échappa de ses lèvres mourantes : « Seigneur, écoutez ma prière ! — Mes jours se sont évanouis comme la fumée que le vent dissipe, je suis comme l'herbe des champs que le soleil a fanée. — Le pélican vit dans la solitude, l'oiseau des nuits habite les ruines, ainsi qu'eux j'ai vieilli dans la tristesse. — Mon pain était la cendre, et j'ai bu mes larmes, parce qu'après m'avoir élevé, Seigneur, vous m'avez brisé. — Mes jours ont passé comme l'ombre ; je me dessèche comme l'herbe flétrie ; mais vous, Seigneur, vous régnez éternellement. »

Peu de temps après il s'endormit avec ses pères. Il avait régné 7 ans à l'Hébron, 33 ans à Jérusalem, et il était âgé de 70 ans lorsqu'il mourut. Il fut enterré à Jérusalem, où l'on montrait encore son tombeau du temps de saint Jérôme. L'Église chante toujours ses Psaumes sublimes.

Sévérité et justice de Salomon. — Salomon avait alors 20 ans. Une coalition s'était formée contre lui entre son frère Adonias, le grand prêtre Abiathar et Joab, le général des armées. Il la déjoua. Adonias et Joab furent mis à mort, et Abiathar envoyé en exil.

Le nouveau roi venait d'affermir son règne par des supplices ; pour l'appuyer sur des alliances, il épousa la fille du pharaon d'Égypte ; pour le consacrer par la religion, il se rendit à Gabaon, le plus considérable des hauts lieux sur lesquels on avait jusqu'alors sacrifié dans Israël, et il y offrit au Seigneur un holocauste de 1000 victimes. Pendant la nuit, l'Éternel lui apparut en songe et lui dit : « Demande ce que tu veux, et je te le donnerai. » Salomon demanda la sagesse, le Seigneur y joignit la puissance.

Puissance et richesses de Salomon. — Depuis l'Euphrate jusqu'au torrent d'Égypte, le nom de Salomon était craint et respecté. Les présents et les tribus de toutes les nations soumises lui permettaient de déployer une magnificence jusqu'alors inconnue dans Israël, sans que le peuple en fût foulé ; car un ordre sévère était établi dans tout le pays, divisé en douze provinces, dont chacune fournissait tour à tour, pendant un mois, les choses nécessaires à la table royale. Sous ce gouvernement sage et doux, « chacun dans Israël et Juda, de Dan à Bersabée, vivait dans l'abondance et la joie, à l'ombre de sa vigne et de son figuier. » Aux ports d'Élath et d'Asiongaber qu'il possédait à l'extrémité de l'Idumée, sur la mer Rouge, Salomon fit construire une flotte qui, sous la direction de pilotes tyriens, alla chercher à Ophir la poudre d'or, les parfums, des bois rares et des pierres précieuses. Le roi, au nom de qui se faisaient ces voyages, amassa ainsi de tels trésors, qu'en « ce temps-là, dit l'Écriture, à Jérusalem l'or et l'argent étaient devenus aussi communs que les pierres, et les cèdres du Liban autant que les arbres des champs. »

Construction du temple (1012).—Ces richesses permirent à Salomon de construire enfin le temple. Hiram, l'ami du fils comme il avait été celui du père, reçut chaque année 20 000 mesures de froment et 20 000 mesures d'huile pure; en échange il fournit des ouvriers habiles avec les bois et les matériaux nécessaires. Telle était la grandeur de l'ouvrage, qu'il y eut au Liban jusqu'à 70 000 hommes pour porter les fardeaux et 80 000 pour tailler les pierres sur la montagne; 3600 surveillants dirigeaient les travailleurs.

Le second jour du second mois de la quatrième année de son règne, 480 ans après la sortie d'Égypte, Salomon jeta les fondements du temple sur la colline de Moria, et, après sept ans et six mois de travaux persévérants, il put en faire solennellement la dédicace. La fête dura sept jours au milieu d'un immense concours de peuple accouru de toutes les parties du royaume.

Après cette solennité, l'Éternel apparut une seconde fois à Salomon et lui dit : « J'ai sanctifié cette maison que tu as bâtie pour y établir mon nom à jamais; si tu gardes mes commandements comme David ton père, je conserverai ta race pour régner sur Israël; mais si toi ou tes enfants vous adorez des dieux étrangers, je chasserai Israël de cette terre, et il deviendra la moquerie des nations. Je rejetterai loin de moi ce temple élevé en mon nom, et quiconque passera devant ses ruines s'arrêtera étonné et dira : « Pourquoi le Seigneur a-t-il ainsi frappé « ce peuple et cette maison ? — Parce qu'ils ont aban- « donné, lui répondra-t-on, les voies de leur Dieu pour « celles des divinités étrangères. »

Après avoir élevé la maison de Dieu, Salomon se bâtit à lui-même un palais où il plaça un trône d'ivoire recouvert d'or et 500 boucliers de même métal qu'on portait devant lui ; puis il entoura Jérusalem de murailles, bâtit Héser, Mageddo, Gazer, que le roi d'Egypte avait brûlé, la ville de Bethoron d'en bas, Mello, Balath et Palmyre dans le désert. Il fortifia tous les bourgs qui n'avaient point de murailles, les villes qui fournissaient les chariots de guerre et celles qui envoyaient les cavaliers.

La reine de Saba. — Attirée par sa renommée, la reine de Saba vint de l'Arabie Heureuse avec des chameaux chargés d'or, de pierres précieuses, de diverses sortes d'aromates et de parfums. Cette reine, célèbre dans tout l'Orient, voulait visiter Salomon et éprouver sa sagesse par des questions obscures ; elle fut frappée de sa pénétration profonde, de la splendenr de sa cour, et partit en disant : « Ta sagesse passe tout ce que la renommée m'avait appris sur toi ; heureux tes serviteurs, qui jouissent toujours de ta présence ! »

Fautes de Salomon. — Mais bientôt Salomon ne marcha plus dans les voies de l'Éternel : il laissa son cœur se corrompre et adora les idoles. Dieu lui apparut alors pour la troisième fois : « Puisque tu n'as pas gardé mon alliance, je diviserai ton royaume et je le donnerai à l'un de tes serviteurs. Cependant, à cause de David ton père, j'attendrai que le sceptre soit entre les mains de ton fils, et je ne le lui ôterai pas tout entier ; il gardera deux tribus. »

Révoltes contre Salomon. — Depuis ce jour tout présagea des malheurs. D'abord les nations vaincues se relevèrent : Ader, de la race royale d'Édom, revint en Idumée et disputa au roi d'Israël la possession de ce pays, d'où il ne fut point chassé. Rhazon se fit reconnaître roi à Damas, et au cœur même d'Israël une révolte éclata. Le prophète Ahias, rencontrant un jour Jéroboam, un des intendants du roi, détacha son manteau, le coupa en douze morceaux, et lui dit : « Prends pour toi dix parts de mon manteau, car le Seigneur a dit : Je diviserai le royaume, je t'en donnerai dix tribus, et, si tu marches dans mes voies, je te ferai une maison stable comme celle de David. »

Salomon voulut alors faire périr Jéroboam ; mais il s'enfuit auprès de Sésac, roi d'Égypte, et y demeura jusqu'à la mort de Salomon, qui arriva peu de temps après. Ce prince avait alors 60 ans, et il en avait régné 40.

Salomon ne fut pas seulement un roi magnifique ; le repos dont il jouit durant son long règne lui permit de se livrer à des travaux pacifiques qui ont immortalisé son nom. Il composa, dit l'Écriture, 3000 paraboles et 5000 cantiques ; il traita aussi de tous les arbres, depuis le cèdre du Liban jusqu'à l'hysope qui croît entre les pierres ; il décrivit les quadrupèdes, les reptiles, les oiseaux et les poissons. Tout cela est perdu, et il ne reste sous son nom que les *Proverbes*, ou recueil de maximes dont quelques-unes sont devenues des adages ; l'*Ecclésiaste*, c'est-à-dire le prédicateur, et le *Cantique des cantiques*.

Le schisme (976) : royaumes de Juda et d'Israël. — Roboam, fils de Salomon, ayant refusé de diminuer les lourds impôts établis par son père, dix tribus se séparèrent de lui et prirent pour roi Jéroboam ; Juda et Benjamin restèrent seuls fidèles à la maison de David (976). Dès lors, il y eut deux peuples, deux royaumes : Israël et Juda ; Israël, plus peuplé, plus étendu ; Juda, plus riche et plus respecté, parce qu'il possédait l'arche d'alliance. Chaque année tous les Juifs devaient apporter leurs offrandes au temple de Jérusalem. Pour empêcher ses nouveaux sujets d'aller s'établir dans le royaume de Juda, qui renfermait le sanctuaire national, Jéroboam fit élever à Béthel et à Dan deux veaux d'or, et dressa sur les hauts lieux des autels où il força son peuple de venir sacrifier. Cette infraction à la loi religieuse prépara dens Israël l'introduction de l'idolâtrie, dont l'établissement fut d'ailleurs favorisé par les relations continuelles de ses rois avec les Syriens. Juda respecta mieux la loi mosaïque. Là aussi cependant l'idolâtrie pénétra, et il fallut plus d'une fois, pour la chasser, que les prophètes menaçassent le peuple et les rois, leur promettant, pour prix de leur obéissance, un brillant avenir et la venue d'un Messie qui soumettrait le monde à la loi de Moïse.

La séparation du peuple hébreu en deux royaumes ruina sa puissance. Au temps de David, il avait dominé jusqu'à l'Euphrate ; depuis le schisme, il ne posséda plus que la Palestine. Entourés d'ennemis, les Hébreux se firent encore entre eux des guerres sanglantes, et succombèrent sous les coups des Babyloniens, après une déplorable anarchie. Le royaume d'Israël tomba au bout de 255 ans, celui de Juda subsista 389 années.

CHAPITRE V.

ÉGYPTE ; PRINCIPAUX ROIS.

Limites de l'Égypte; le désert, le Nil et le Delta. — Inondations périodiques. — Les bouches du Nil. — Aspects divers de l'Égypte. — Méroë. — Les premiers Pharaons. — Les Hicsos (2080-1800?). — Grands rois de la xviii⁰ dynastie. — Les Impurs. — Sésostris (xvii⁰ siècle). — Ses conquêtes en Afrique, en Asie et jusque dans la Thrace. — Ses travaux; l'obélisque de Louqsor. — Obscurité de l'histoire égyptienne après Sésostris. — Rhampsinit. — Décadence de l'Égypte; rois éthiopiens. — Le prêtre Séthos et l'armée assyrienne de Sennachérib. — Les douze rois. — Psammétichus avec les hommes d'airain renverse ses onze collègues (650-616).— Premier établissement des Grecs en Égypte (650). — Néchao (616-600); canal du Nil à la mer Rouge. — Voyage autour de l'Afrique. — Psammis et Apriès (600-569) ; révolte d'Amasis. — Amasis (569-526); le vase d'or. — Prospérité de l'Égypte sous Amasis. — Faveurs accordées par Amasis aux Grecs. — Le roi de Perse Cyrus demande un médecin à Amasis. — Conquête de l'Égypte par les Perses (525).

Limites de l'Égypte : le désert, le Nil et le Delta. — L'Égypte est une vallée de 880 kilomètres de longueur, resserrée au sud entre deux chaînes de montagnes granitiques qui ne laissent parfois que quelques centaines de mètres entre leur pied et le bord du fleuve, mais qui s'écartent et finissent par disparaître en avançant vers le nord. De ce côté, l'Égypte est bornée par la Méditerranée; au sud, ses limites étaient peu certaines. Ce ne fut sans doute qu'après de longues guerres entre les rois d'Égypte et d'Éthiopie, que la frontière fut décidément fixée aux cataractes de Syène. A cet endroit, des rochers embarrassent le lit du fleuve et marquent comme une limite à la navigation. A droite et à gauche de cette longue vallée s'étendent d'arides solitudes, couvertes de sables mobiles que la tempête agite comme une mer. Sur cet océan du désert, il y a aussi des naufrages. Soulevés par les vents et amoncelés par eux contre les obstacles qu'ils rencontrent, les sables ont souvent englouti des caravanes entières. Ils menacent perpétuellement l'existence de l'Égypte.

L'Égypte, dit Hérodote, est un don du Nil. Il semble, en effet, que la mer ait pénétré autrefois assez avant dans cette longue vallée; mais le Nil, apportant dans son cours un épais limon, exhaussa le sol sur lequel il le déposait, de sorte que ses alluvions comblèrent peu à peu le golfe que la Méditerranée formait à la place du Delta actuel. On nomme ainsi la partie inférieure de l'Égypte qui, fermée au nord par la mer, et enveloppée à l'est et à l'ouest par deux bras du fleuve, présente la forme de la lettre grecque, appelée Delta, ou, si l'on aime mieux, celle d'un triangle, dont la Méditerranée serait la base, et le point où le Nil se bifurque le sommet.

Inondations périodiques du Nil. — Chaque année, presque à jour fixe, du 20 juin au 1er juillet, ce fleuve grossit peu à peu durant cent jours, franchit ses rives dans la moyenne Égypte et dans le Delta, et se répand sur tout le pays, jusqu'à la fin de septembre, imbibant les terres d'une quantité d'eau, qui, avec les rosées abondantes des nuits, suffit pour nourrir les plantes le reste de l'année. A partir du commencement d'octobre, il baisse, se retire et rentre enfin au solstice d'hiver dans son lit, laissant sur les terres qu'il a recouvertes un limon gras et léger, qui sert d'engrais. Il continue à décroître jusqu'à la fin de mai. Il faut que la crue soit de sept mètres à sept mètres et demi pour que l'inondation recouvre tout le sol labourable et que la récolte soit abondante. S'il monte moins haut, une partie seulement des terres est arrosée et peut être ensemencée. Au-dessus de huit mètres, la crue devient nuisible, parce que les eaux séjournent trop longtemps sur les terres; passé huit mètres et demi la famine est certaine, car on ne peut faire les semailles dans un sol marécageux, et il y a danger de peste. Dans la haute Égypte, le fleuve étant encaissé entre des rives élevées, l'inondation est artificielle. On a calculé que l'exhaussement du sol de l'Égypte, dû aux dépôts du Nil, était de 0,126 mm. par siècle.

Ce phénomène, qui semblait jadis merveilleux et inexplicable, est fort simple et non particulier au Nil. Tous les fleuves dont les sources sont dans la zone torride ont aussi des crues régulières dues aux pluies périodiques qui tombent dans cette région. Les montagnes de l'Abyssinie d'où le Nil descend étant situées au sud du tropique, elles reçoivent chaque année, à l'époque de la mousson du sud-ouest, c'est-à-dire dans la saison des pluies, d'énormes masses d'eau qui s'écoulent vers le Nil, et que ce fleuve porte, avec le limon qu'elles entraînent des hautes terres, dans sa vallée inférieure. Sans lui l'Égypte eût été recouverte par les sables, et le désert, dans toute son aridité, se fût étendu jusqu'à la mer Rouge. Que serait-il arrivé s'il en avait été ainsi? Supposez un pli de terrain arrêtant le cours du Nil vers la Méditerranée, et le rejetant dans la mer Rouge; l'Égypte, telle que nous la connaissons, c'est-à-dire un des foyers de la civilisation du monde et le lien de l'Europe, de l'Afrique et de l'Asie, était supprimée. La Grèce ne pouvait rien tirer d'elle; Alexandre n'y venait point; l'Afrique restait un monde à part, à jamais solitaire; et une infranchissable barrière s'élevait entre l'Europe et l'Inde, dont la vallée du Nil a été comme le grand chemin [1].

Les bouches du Nil. — Comme, en Égypte, le Nil ne reçoit aucun affluent et qu'il alimente de nombreux canaux de dérivation, il diminue à mesure qu'il approche de la mer. A son entrée en Égypte, il passe au travers de rochers qui, dans les basses eaux, montrent leur crête au-dessus de la surface du fleuve et produisent les cata-

1. Les sources du Nil sont, suivant M. d'Abbadie, au sud du Darfour, dans les monts Al-Kamar par 7° 49' de latitude nord et 34° 38' de long. orientale. MM. Beke et Jomard les placent plus loin, à quelques degrés au sud de l'équateur, non loin de ces régions où l'on vient de découvrir une mer intérieure, vaste comme l'Euxin. Le Nil porte d'abord le nom de Bahr-el-Abiad ou fleuve Blanc, reçoit le Bahr-el-Azreck ou fleuve Bleu et le Tacazze (*Astaboras*).

ractes de Syène, si célèbres dans l'antiquité. Ces rochers à fleurs d'eau ne sont pourtant pas bien terribles ; ils gênent la navigation en produisant des rapides, mais ne l'interceptent pas. De là jusqu'à Memphis, le Nil coule dans un seul lit. A la pointe du Delta, il se sépare et va se jeter dans la mer par sept embouchures qu'on nommait : Canopique, Bolbitine, Sébentinique, Phatmétique, Mandésienne, Tanitique et Pélusienne. Les seules branches qui versent aujourd'hui leurs eaux à la mer sont celles de Rosette et de Damiette ; les autres ne sont plus que des canaux. Comme le fleuve répand librement ses eaux sur ses rives, son Delta avance peu, de 3 à 4 mètres seulement par année moyenne, tandis que le Pô qui est endigué fait chaque année reculer la mer, par les sables et le gravier qu'il apporte, de 25 mètres.

Aspects divers de l'Égypte. — « Les champs du Delta offrent trois tableaux différents, selon les trois saisons de l'année égyptienne. Dès le milieu du printemps, les récoltes déjà enlevées ne laissent voir qu'une terre grise et poudreuse, si profondément crevassée qu'on ose à peine la parcourir[1]. A l'équinoxe d'automne, c'est une immense nappe d'eau rouge et saumâtre, du sein de laquelle sortent des palmiers, des villages et des digues étroites qui servent de communications. Après la retraite des eaux, on n'aperçoit plus, jusqu'à la fin de la saison, qu'un sol noir et fangeux. C'est pendant l'hiver que la nature déploie toute sa magnificence ; alors la fraîcheur, la force de la végétation nouvelle, l'abondance des productions qui couvrent la terre surpassent tout ce que l'on admire dans les pays les plus vantés. Durant cette heureuse saison, l'Égypte n'est, d'un bout à l'autre, qu'une magnifique prairie, un champ de fleurs ou un océan d'épis ; fertilité que relève le contraste de l'aridité absolue qui l'environne.

« ... Sous ce climat heureux, où l'eau n'est jamais gla-

---

1. Il pleut très-rarement en Égypte. A Alexandrie, du mois de novembre 1798 au mois d'août 1799, Marmont ne vit pleuvoir qu'une seule fois, durant une demi-heure.

cée, où la neige est un objet inconnu, où les arbres ne quittent leurs feuilles que pour en produire de nouvelles, la végétation n'est jamais suspendue; et le laboureur, comblé dans ses vœux, ne compterait qu'une saison constamment productive, si les circonstances du débordement du Nil ne limitaient la culture à une partie de l'année. Aussi, quand les travaux des hommes suppléent aux inondations, la terre peut donner jusqu'à deux ou trois récoltes dans un an. Aux avantages qu'elle tient de la nature, son antique civilisation ajoute pour le voyageur éclairé un charme particulier. La Thébaïde, riche surtout en monuments et en souvenirs anciens, semble vraiment un pays enchanté; c'est l'impression qu'elle produit jusque sur les esprits les moins cultivés. Vingt cités et beaucoup de lieux inhabités offrent au voyageur toujours surpris ces grands édifices antiques, chefs-d'œuvre de l'architecture, non-seulement par leur masse imposante, leur caractère grave et religieux, mais par leur belle et simple ordonnance, par l'élégante et sage disposition des sculptures emblématiques qui les décorent, et par la richesse inconcevable de leurs ornements, qui ne sont jamais insignifiants.

« Thèbes, bouleversée par tant de révolutions; Thèbes, maintenant déserte, remplit encore d'étonnement ceux qui ont vu les antiques merveilles de Rome et d'Athènes; Thèbes, à l'aspect de laquelle nos armées victorieuses s'arrêtèrent spontanément, en poussant un cri unanime de surprise et d'admiration; Thèbes, célébrée par Homère, et de son temps la plus belle ville du monde, après vingt-quatre siècles de dévastation en est encore la plus étonnante. On se croit dans un songe quand on contemple l'immensité de ses ruines, la grandeur, la majesté de ses édifices et les restes innombrables de sa magnificence[1].... »

Méroë. — Au sud de l'Égypte, dans la contrée impro-

---

1. De Rozières, ingénieur en chef des mines et membre de la commission d'Égypte.

prement appelée l'île de Méroë, entre le Nil et l'Astaboras, exista autrefois un État puissant, dont les colonies, conduites par les prêtres d'Osiris, descendant le cours du fleuve, fondèrent Thèbes, bâtirent des temples à This et à Éléphantine, rassemblèrent en petits États les pâtres et les laboureurs des bords du Nil, et peuplèrent progressivement la moyenne Égypte, où s'éleva Memphis, puis le Delta, où l'on vit paraître plus tard les États de Tanis, de Bubaste, de Mendès, etc.

Gouvernement sacerdotal. — Tel fut le berceau de la civilisation égyptienne. Son histoire primitive nous est à peu près inconnue. Les prêtres contèrent à Hérodote que les dieux avaient d'abord gouverné l'Égypte pendant une période assez longue. Ils voulaient dire que la caste sacerdotale avait été longtemps la seule maîtresse du pays. Thèbes était le centre de sa domination. La nécessité de se défendre contre les invasions des tribus nomades du désert donna naissance à la caste militaire. Au bout de quelques générations, les guerriers usèrent de leur force pour obliger les prêtres à partager avec eux le pouvoir et à reconnaître pour roi un des chefs militaires.

Les premiers Pharaons. — Menès, chef des guerriers et originaire de la ville de This, fut le premier des rois égyptiens. Il jeta les fondements de Memphis qui enleva à Thèbes la prépondérance politique. Après lui vient une longue série de rois qui ne laissent pour souvenir de leur problématique existence que d'incomplètes légendes et des monuments, des pyramides qui aujourd'hui encore nous étonnent. Seize dynasties royales se succèdent ainsi ; les inscriptions nous révéleront peut-être un jour leur histoire.

Les Hycsos (2080-1800?). — L'Égypte comptait déjà une bien longue existence comme nation, lorsque, sous le roi Timaos, une horde de pasteurs nomades, connus sous le nom d'Hycsos, pénétra par l'isthme de Suez dans la vallée du Nil, et fit la conquête du Delta et de la moyenne Égypte (2080). Leurs rois, dont le premier fut Salatis, se fixèrent à Memphis. Ils fortifièrent l'entrée du

Delta, du côté du désert d'Arabie, et défendirent, par une garnison de 240 000 hommes, la place d'Avaris (Péluse) pour empêcher que d'autres nomades ne suivissent leurs traces. Ces étrangers arrêtèrent le développement de la civilisation égyptienne et faillirent la détruire, car ils firent aux Égyptiens et à leurs monuments une guerre d'extermination. Il paraît que ce fut un de ces rois, nommé Apophis, qui prit Joseph pour ministre.

Guerre des Pharaons de la Thébaïde contre les Hycsos; Expulsion des Étrangers. — Les Hycsos dominèrent pendant plus de deux siècles et demi dans la moyenne et dans la basse Égypte. Les Pharaons indigènes formèrent en même temps une autre série de souverains dans la Thébaïde. Ils y conservèrent le précieux dépôt des traditions de la civilisation nationale, et y organisèrent la résistance contre la domination étrangère. Il y eut de longues guerres entre les anciens et les nouveaux maîtres du pays; ceux-ci furent vaincus par les rois de Thèbes, et peu à peu repoussés jusqu'aux murs d'Avaris, où Amosis les enferma. Thouthmosis parvint à les chasser de cette place et délivra l'Égypte de ces pasteurs qui lui étaient odieux à tant de titres. Cet événement, le plus important de ceux dont on a gardé le souvenir pour ces temps reculés, peut se placer vers l'an 1800. Les Égyptiens se plurent à en retracer sur leurs monuments les divers incidents.

Grands rois de la XVIIIe dynastie; Mœris et son lac; Memnon et sa statue; Osymandias et son tombeau. — De l'expulsion des rois pasteurs date pour l'Égypte une prospérité qui dura plus de 1000 ans. Protégée par les déserts qui l'entourent et par sa forte organisation politique, elle put développer sans obstacle cette civilisation que les plus grands hommes de la Grèce vinrent étudier. Cette époque commence avec les princes de la XVIIIe dynastie, dont le plus célèbre, après Touthmosis, le vainqueur des Hycsos, fut Mœris, qui creusa ou agrandit le lac qui porte son nom, immense réservoir destiné à recevoir les eaux du Nil, et à y suppléer quand l'inondation était trop faible (voy. ci-dessous, p. 106). Quelques générations après Mœris, régna Aménophis II, le Memnon des Grecs, le roi à la statue parlante [1], un de ceux qui fit les guerres les plus heureuses contre les Éthiopiens et les peuples nomades qui couvraient les frontières de l'Égypte supérieure.

A cette époque appartient aussi le roi Osymandias dont l'antiquité célébrait les fabuleux exploits et le merveilleux tombeau. On lui faisait porter ses armes jusque dans la Bactriane, et l'on disait qu'au retour il avait bâti un immense édifice dont les peintures retraçaient ses hauts faits, une bibliothèque sur la porte de laquelle étaient gravés ces mots : « remèdes de l'âme ; » enfin un tombeau qui était surmonté d'un cercle d'or de 365 coudées.

Ces merveilles sont très-problématiques, mais ce qui ne l'est pas c'est la vanité des prêtres égyptiens que les princes guerriers de la XVIIIe dynastie, dont plusieurs portèrent le nom de Rhamsès, étendirent au loin la puissance de l'Égypte. A l'intérieur, ils fortifièrent leur pouvoir, en chassant du pays ceux que les Égyptiens désignaient sous le nom d'*Impurs*.

Les Impurs. — C'étaient des tribus, restes de l'ancienne invasion des pasteurs, qui s'étaient cantonnés dans la basse Égypte, et qui étaient en hostilité continuelle avec les villes de population égyptienne. Aménophis, pour en délivrer ses États, les relégua dans les carrières, à l'orient du Nil, et Avaris, l'ancienne forteresse des rois pasteurs, leur fut assignée comme principale retraite. Mais réunis en ce lieu, ils se constituèrent en corps de nation, sous le commandement d'un prêtre d'Héliopolis, nommé Osarseph, qui leur donna des lois

1. L'antiquité croyait que la statue qui représentait ce Pharaon rendait des sons quand elle était touchée par les premiers rayons du soleil levant. Elle était, en effet, formée d'une pierre sur laquelle la chaleur d'un soleil africain, succédant à des nuits relativement froides et humides, produisait, par l'éclat soudain de quelques grains ou plaques de la surface, des crépitations qu'on prenait pour la voix de la statue même.

religieuses et civiles entièrement opposées à celles des Égyptiens. Ensuite ayant relevé les fortifications d'Avaris, ils envahirent l'Égypte au nombre de 200 000 hommes. Aménophis se rappela une ancienne prédiction qui annonçait que l'Égypte tomberait pour 13 ans au pouvoir des *Impurs*. Frappé d'épouvante, il s'enfuit en Éthiopie avec son armée et une multitude d'Égyptiens. Pendant les 13 années que dura cette retraite, l'Égypte essuya les plus affreux ravages. Enfin le jour de la vengeance arriva : Aménophis et son fils Rhamsès, que l'on croit avoir été le grand Sésostris, rentrèrent en Égypte, défirent les *Impurs* et les repoussèrent dans le désert.

Sésostris (**XVIIe siècle**). — Alors commença pour l'Égypte une période de brillantes conquêtes. L'esprit belliqueux qu'avait développé au sein de la nation cette longue guerre de l'indépendance contre les Hycsos et contre les Impurs, fut dirigé par un prince actif, entreprenant, ambitieux ; et tels furent les exploits de Sésostris ou Rhamsès le Grand, qu'ils finirent par absorber, aux yeux de la postérité, tous ceux des princes qui l'avaient précédé ou qui lui succédèrent.

Suivant un ancien écrivain, Diodore de Sicile, Sésostris avait été merveilleusement préparé par son éducation au rôle de conquérant. Entouré dès sa naissance, par son père Aménophis, des enfants nés le même jour que lui, il avait fait avec eux l'apprentissage de la guerre par de rudes exercices, de longues courses et des luttes continuelles contre les animaux du désert ou contre ses sauvages habitants.

Ses conquêtes en Afrique, en Asie et jusque dans la Thrace. — A la mort de son père, Sésostris rêva d'autres exploits. Il choisit 600 000 fantassins parmi les hommes les plus braves et les plus robustes de toute l'Égypte, réunit 24 000 cavaliers et 26 000 chars de guerre. A la tête de cette armée formidable furent placés les compagnons de son enfance, dont il avait pu apprécier le courage et l'habileté. Il soumit d'abord l'Éthiopie, lui imposa un tribut en ébène, en or et en dents d'éléphant, et tandis qu'une flotte de 400 vaisseaux longs, équipée sur le golfe Arabique, subjuguait les rivages et les îles de la mer Rouge et de l'océan Indien, il dompta l'Asie occidentale et s'avança jusqu'au Gange. Remontant alors vers le nord, il soumit les tribus scythiques jusqu'au Tanaïs, laissa une colonie dans l'isthme qui sépare la mer Noire de la mer Caspienne, et pénétra par l'Asie Mineure dans la Thrace, où la disette, la rigueur du climat et la difficulté des lieux mirent un terme à ses triomphes.

Ses travaux; l'obélisque de Louqsor. — Au bout de neuf ans, Sésostris revint dans ses États, traînant d'immenses dépouilles et une foule de captifs qu'il fit travailler à l'assainissement et à l'embellissement de l'Égypte. Il bâtit des villes, éleva des chaussées pour que les habitants pussent communiquer entre eux pendant l'inondation. Il divisa le pays en 36 districts appelés *nomes*, à chacun desquels il préposa un nomarque chargé du recouvrement des impôts et des autres fonctions administratives.

Les monuments qu'il construisit sont en grand nombre. Il éleva où acheva le Ramesséum à Thèbes, les magnifiques constructions qu'on voit encore à Karnak, le temple, les colosses, les obélisques de Louqsor, dont l'un s'élève aujourd'hui sur la plus belle de nos places (voy. ci-dessous p. 103). C'est sous ce prince que quelques écrivains placent, en 1625, la sortie d'Égypte des Israélites.

Obscurité de l'histoire égyptienne après Sésostris. — Après ce règne brillant, l'Égypte retombe dans une obscurité qu'il est impossible de percer. D'après un passage du prêtre égyptien Manéthon[1], Séthos, premier roi de la XIXe dynastie, aurait fait aussi de lointaines conquêtes, laissant en Égypte, pour la gouverner, son frère Armaïs (Danaüs). Mais celui-ci se révolta; Séthos ac-

---

1. Manéthon, sacrificateur et garde des archives sacrées dans le temple d'Héliopolis vers l'an 263 avant notre ère, composa pour le roi Ptolémée Philadelphe une histoire universelle de l'Égypte. Ce livre est malheureusement perdu. Il n'en subsiste que des fragments.

courut, et Danaüs se serait enfui jusqu'en Grèce. De nombreux monuments attestent encore la gloire de ce Pharaon, dont le véritable nom était Rhamsès Méiamoun, ou Rhamsès aimant le dieu Amon. Ce fut lui qui éleva à Thèbes le gigantesque palais de Médinet-Abou.

Rhamsinit. — A partir de ce prince, la splendeur des Pharaons décline; l'obscurité augmente, et les prêtres plaçaient dans ces ténèbres, à défaut d'histoire réelle, des légendes qu'ils contèrent à Hérodote, sans le persuader tout à fait de leur véracité.

Le premier roi de la xxe dynastie, lui dirent-ils, fut Rhamsinit. Il avait de. très-grandes richesses; pour les mettre en sûreté, il fit élever un édifice en pierre, dont un des murs était hors de l'enceinte du palais. L'architecte, qui avait de mauvais desseins, arrangea une des pierres avec tant d'art, que deux hommes ou même un seul pouvaient facilement l'ôter. L'édifice achevé, Rhamsinit y fit porter ses trésors. Quelque temps après, l'architecte, sentant approcher sa fin, manda ses deux fils et leur dit qu'en faisant le bâtiment où étaient les trésors du roi, il avait usé d'artifice, afin de leur procurer le moyen de vivre dans l'abondance. Il leur expliqua clairement les dimensions de la pierre, la place où elle était, la manière de l'ôter sans qu'il y parût, et il ajouta que s'ils observaient exactement ce qu'il leur avait dit, ils se verraient les maîtres de l'argent du roi.

L'architecte mort, ses fils se mirent à l'ouvrage. Ils allèrent de nuit au palais, trouvèrent la pierre désignée, l'ôtèrent facilement et emportèrent de grosses sommes. Le roi étant un jour entré dans son trésor fut fort étonné, en visitant les vases où était son argent, de trouver qu'ils n'étaient plus remplis. Il ne savait qui en accuser, parce qu'il avait trouvé parfaitement intacts les sceaux qu'il avait fait apposer sur la porte. Il revint deux ou trois fois, et reconnut que l'argent avait encore diminué, car les voleurs ne cessaient point de piller. Il fit alors fabriquer des piéges qu'on plaça autour des vases où étaient les trésors. Une nuit, un des jeunes gens entra, alla droit aux vases, donna dans le piége et s'y prit. Quand il se vit dans cette fâcheuse situation, il appela son frère, le conjura d'entrer au plus vite et de lui couper la tête de crainte qu'on ne le reconnût et qu'il ne fût la cause de la perte de tous les siens. Le frère obéit, remit la pierre et s'en retourna chez lui.

Dès que le jour parut, le roi se rendit à son trésor. Quel fut son étonnement de voir ce corps sans tête, pris et arrêté dans le piége, et de ne trouver nulle dégradation dans l'édifice, nulle ouverture par où l'on avait pu s'introduire?

Pour arriver à pénétrer ce mystère, il fit pendre sur la muraille le cadavre, et plaça des gardes auprès avec ordre de lui amener celui qu'ils verraient pleurer à ce spectacle ou en montrer de l'émotion. Quand la mère du voleur sut où était le corps de son fils, elle ordonna à l'autre de mettre tout en œuvre pour le recouvrer et le lui apporter; elle le menaça, s'il ne lui donnait cette satisfaction, d'aller elle-même le dénoncer au roi. Le jeune homme n'étant pas parvenu à fléchir sa mère, quelque chose qu'il pût dire, et craignant ses menaces, imagina un artifice. Il chargea sur des ânes quelques outres remplies de vin, et chassa ces animaux devant lui. Lorsqu'il fut près de ceux qui gardaient le corps de son frère, il délia, sans qu'on le vît, le col de deux ou trois de ses outres, et, lorsque le vin se répandit à terre, il sé frappa la tête comme un homme au désespoir, et qui ne savait auquel de ses ânes il devait courir. Les gardiens accoururent pour recueillir le vin qui coulait en abondance, comptant que c'était autant de gagné pour eux. Le jeune homme feignit d'être en colère et leur dit beaucoup d'injures; mais il cessa peu à peu ses emportements, fit semblant de s'apaiser, et détourna ses ânes du chemin pour refermer plus aisément les outres. Il s'entretint ensuite avec les gardes; et, comme ils tâchaient de l'égayer en lui faisant des plaisanteries, il leur donna une de ses outres. Ils s'assirent aussitôt dans le lieu où ils se trouvaient, et, ne pensant plus qu'à boire, pressèrent le jeune homme de rester et de leur tenir compagnie. Il se laissa persuader, demeura avec eux, et leur donna encore une outre. Les gardes burent avec excès, s'enivrèrent, puis, vaincus par le sommeil, s'endormirent à l'endroit même où ils avaient bu. Dès que le jeune homme vit la nuit avancée, il leur rasa par dérision la joue droite, détacha le corps de son frère, le chargea sur un de ses ânes, et revint chez lui, ayant ainsi exécuté les ordres de sa mère.

Lorsque le roi apprit qu'on avait enlevé le corps du voleur, il entra dans une grande colère; mais, comme il voulait absolument savoir qui avait fait le coup, il chargea un de ses ministres de se rendre déguisé dans un endroit de la ville, et là de faire connaître qu'il donnerait une grande récompense à celui qui lui raconterait la plus belle histoire. Le voleur, l'ayant appris, reconnut le piége et voulut montrer qu'il était plus habile que le roi. Il coupa près de l'épaule le bras d'un homme nouvellement mort, le mit sous son manteau et alla trouver le ministre du roi. Celui-ci lui fit les questions qu'il adressait à tous les autres. Le voleur lui raconta ce qu'il avait fait. Il finissait à peine, que le ministre veut l'arrêter. Comme ils étaient dans un lieu obscur, le voleur lui tendit le bras du mort que l'autre saisit, et dans le même temps il s'échappa.

Le roi, informé de ce qui s'était passé, fut extrêmement surpris de la ruse et de la hardiesse de cet homme. Il fit publier dans toutes les villes de son obéissance qu'il lui accordait sa grâce, et que, s'il voulait se présenter devant lui, il le récompenserait magnifiquement. Le voleur se fia cette fois à la parole du roi et se rendit au palais. Rhamsinit conçut pour lui une si grande admiration, qu'il lui donna sa fille en mariage.

Voilà une histoire digne des *Mille et une Nuits*, quoiqu'elle soit bien vieille. Mais le goût du merveilleux a de tout temps existé dans l'Orient. Les prêtres faisaient descendre le même roi tout vivant aux enfers. Mais ils ne s'étaient pas mis en frais d'imagination pour raconter

une pareille entreprise. Ils ne dirent à Hérodote ni par
quels moyens Rhamsinit y alla, ni dans quel but. Il y
trouva Cérès, joua aux dés avec elle, tantôt gagna et
tantôt perdit. Au retour, la déesse lui fit présent d'une
serviette d'or. C'était bien peu pour un si grand voyage !
Quand les Grecs faisaient tenter la même aventure par
Hercule et Thésée, la chose au moins en valait la peine,
et, à défaut de raisons, ils trouvaient des prétextes :
l'un y arrachait Alceste des mains de la Mort, l'autre
voulait ravir Proserpine à Pluton.

Décadence de l'Égypte; rois éthiopiens. — Après
Rhamsinit, il y eut, dit un autre historien de l'antiquité,
Diodore de Sicile, pendant sept générations des rois fainéants uniquement occupés de leurs plaisirs. Aussi ne
voit-on plus de grandes entreprises. La haute Égypte
partageait la décadence de sa maison royale. Vers l'an
1100, une famille nouvelle s'éleva sur le trône ; elle était
originaire de Tanis, dans le Delta. Ainsi, la grande cité
de Thèbes cessait de fournir les rois. La XXIIe dynastie
sortit de Bubaste ; un de ses princes, Sésac, exerça une
grande influence sur les destinées politiques de la Judée
en donnant asile à Jéroboam, du vivant de Salomon,
puis en le soutenant contre Roboam avec des troupes
nombreuses qui pillèrent Jérusalem et son temple. La
XXIIIe dynastie fut originaire de Tanis, la XXIVe, sortie de
Saïs, n'eut qu'un prince, Bocchoris, qui, attaqué par
Sabacon, roi éthiopien de Méroë, fut fait prisonnier et
brûlé vif (741). Le vainqueur fonda la XXIVe dynastie,
qui ne compta que trois rois. La domination de ces
princes, tous Éthiopiens, paraît avoir été un véritable
bienfait pour l'Égypte. Sabacon, nommé aussi Sua, fut
appelé par Osée, roi d'Israël, contre Salmanasar, et Ta-
raka secourut Ézéchias contre Sennachérib. Une révolte
rejeta dans l'Ethiopie le troisième successeur de Sabacon.

**Le prêtre Séthos et l'armée assyrienne de Senna-
chérib.** — A la tête de ce mouvement, s'était placée une
famille originaire de Saïs, qui forma la XXVIe dynastie.
Ses trois premiers rois sont obscurs. Le quatrième est

Psammétichus, si connu par les récits d'Hérodote. Suivant cet historien, le dernier des rois éthiopiens, effrayé par un songe, aurait regagné ses États, en laissant le gouvernement du pays au prêtre Séthos. L'existence de ce prêtre de Vulcain est contestée. Hérodote n'en raconte pas moins les mythologiques légendes dont les prêtres avaient rempli son règne. Ainsi, une armée de Sennachérib aurait été mise hors de combat aux portes de Péluse, grâce aux prières de Séthos, par des rats qui rongèrent les cordes des arcs des Assyriens.

Les douze rois. — Il est probable qu'il y eut vers cette époque un véritable bouleversement dans la constitution politique du pays. Le pouvoir retourna pour un moment aux mains de la caste sacerdotale; puis, à la mort de Séthos, si toutefois Séthos exista, les chefs des guerriers s'emparèrent du gouvernement, qui fut confié à douze d'entre eux (670). Mais un des douze, Psammétichus, gouverneur de Saïs, rétablit l'unité en renversant ses collègues (650).

Psammétichus avec les hommes d'airain renverse ses onze collègues (650-616). — « Un oracle, dit Hérodote, avait annoncé que celui d'entre eux qui offrirait des libations à Vulcain, dans une coupe d'airain, serait seul roi. Or, un jour que les douze chefs sacrifiaient à ce dieu, le grand prêtre leur présenta les coupes d'or dont ils avaient l'habitude de se servir en cette occasion, mais il se trompa sur le nombre et n'en apporta que onze. Psammétichus était au dernier rang; comme il n'y avait pas de coupe pour lui, il prit son casque, qui était d'airain, et s'en servit pour faire les libations. Les autres rois se souvinrent à ce moment de l'oracle et voulurent tuer Psammétichus. Ils reconnurent cependant qu'il avait agi sans préméditation. Ils se contentèrent de le dépouiller de ses domaines et ils le reléguèrent dans les marais du Delta, avec défense d'en sortir et d'entretenir aucune correspondance dans le reste du pays.

« Psammétichus ne se résignait pas à cette déchéance. Il envoya à Buto consulter l'oracle de Latone, le plus véridique des oracles d'Égypte. Il lui fut répondu qu'il serait vengé par des hommes d'airain sortis de la mer. Il ne comprenait pas comment cela pourrait arriver. Mais, peu de temps après, des Ioniens et des Cariens, qui s'étaient mis en mer pour pirater, furent poussés par la tempête sur la côte d'Égypte, et descendirent à terre revêtus d'armes d'airain. Un Égyptien courut porter cette nouvelle à Psammétichus, et, comme il n'avait jamais vu d'hommes armés de la sorte, il dit au prince que des hommes d'airain sortis de la mer pillaient les campagnes. L'oracle était accompli. Le roi fit alliance avec ces Ioniens et ces Cariens, et, par de grandes promesses, les décida à combattre pour lui. Avec ces auxiliaires et les Égyptiens qui lui étaient restés fidèles, il détrôna les onze rois. »

Premier établissement des Grecs en Égypte (650). — Cette révolution ouvrit pour l'Égypte une nouvelle période qui ne fut pas sans gloire. L'esprit de conquête se ranima, les entreprises maritimes recommencèrent, et les guerres avec l'Assyrie rétablirent momentanément l'ancienne influence de l'Égypte au dehors.

Devenu seul roi avec le secours des étrangers, Psammétichus (650-616) s'appuya sur eux et appela un grand nombre de Grecs auprès de lui, en leur donnant des terres près de Bubaste. Il leur confia même des enfants égyptiens auxquels ils enseignèrent le grec, de sorte que, depuis ce temps, il y eut en Égypte une classe d'interprètes. Une partie des guerriers, mécontents de la faveur dont les nouveaux venus étaient l'objet, émigrèrent au nombre de 240 000 à Méroë.

Mais Psammétichus se ménagea l'alliance de la caste sacerdotale en construisant, à Memphis, les propylées du temple de Vulcain, et en bâtissant le temple où le bœuf Apis était nourri. La défection de la caste militaire ne l'empêcha pas de recommencer les guerres de ses prédécesseurs contre les peuples de la Palestine, et pendant vingt-huit ans il assiégea Azoth, dont il finit par s'emparer. Des soins donnés à l'administration de l'État, les revenus augmentés par la protection accordée au commerce extérieur et des relations avec la Grèce et la Phénicie, qui firent sortir l'Égypte de l'isolement dans lequel l'avait renfermée la vieille politique sacerdotale, signalent encore le règne de Psammétichus.

Néchao (616-600). Canal du Nil à la mer Rouge. — Néchao, son fils, porta comme lui ses armes en Palestine, battit et tua, à Mageddo, le roi de Juda, Josias, et donna la couronne à Joachim, dont il fit son tributaire (609). Il voulut aller plus loin et entamer la grande monarchie babylonienne : il s'avança jusqu'à l'Euphrate et prit Circésium (Charchemis); mais une seule défaite que lui fit éprouver Nabuchodonosor lui enleva toutes ses conquêtes et le rejeta en Égypte (606).

Ce n'est pas dans ces guerres qu'est la gloire de Néchao. Les communications, devenues plus fréquentes avec les étrangers et rendues plus faciles par l'institution de la nouvelle corporation des interprètes, le firent songer à joindre la mer Rouge avec le Nil, au moyen d'un canal qui devait être d'une longueur de quatre journées de navigation, et avoir assez de largeur pour que deux trirèmes pussent y naviguer de front. Il commençait un peu au-dessus de Bubaste et aboutissait à la mer Rouge. Au rapport d'Hérodote, 120 000 hommes périrent en le creusant. Néchao fit suspendre les travaux, sur la réponse d'un oracle qu'il l'avertit qui travaillait pour un barbare. Cele veut dire sans doute que les prêtres égyptiens ne voyaient pas de bon œil une opération si nouvelle, qui avait le tort, à leurs yeux, d'être le résultat d'une inspiration étrangère et qui ouvrait davantage l'Égypte aux influences du dehors.

Voyage autour de l'Afrique. — Si le canal était abandonné, les expéditions maritimes ne le furent pas. Néchao fit construire des flottes qui allèrent trafiquer sur les côtes de la Syrie et de la Palestine, et chargea les Phéniciens de faire le tour du continent africain, en partant du golfe Arabique et en revenant par le détroit des Colonnes d'Hercule. Ce voyage dura trois ans, car les Phéniciens s'arrêtèrent plusieurs fois en route. Ils abordaient où ils trouvaient la terre propice et semaient du blé pour renouveler leurs provisions. Ils attendaient jusqu'au temps de la moisson et, après la récolte, se remettaient en mer. Ayant ainsi voyagé pendant deux ans, ils doublèrent la troisième année les Colonnes d'Hercule et revinrent en Égypte. Ils racontèrent, à leur arrivée, qu'en faisant voile autour de la Libye ils avaient vu le soleil se lever derrière eux. « Le fait ne me paraît nullement croyable, » ajoute Hérodote. Il est au contraire la preuve de l'authenticité du voyage, car les Phéniciens n'auraient pu imaginer cette position du soleil dont ils furent témoins du moment qu'ils eurent dépassé la ligne équinoxiale.

Les connaissances que ce voyage procura furent malheureusement très-vite oubliées. Cependant, après que les Perses se furent emparés de l'Égypte, leur roi Xerxès fit entreprendre une expédition semblable par un grand de sa cour qui pour un crime avait été condamné à mort. Le noble personnage eut moins de persévérance que les matelots phéniciens. Il s'embarqua en Égypte, sur la Méditerranée, longea les côtes de Cyrène, de Carthage, de la Numidie et franchit les Colonnes d'Hercule. Mais arrivé là il s'effraya de l'immensité des mers qui se déroulaient devant, et revint dire qu'il était allé jusqu'où son vaisseau avait pu le conduire. Xerxès le fit mettre en croix. Il pensait donc que la circumnavigation de l'Afrique n'était pas impossible. Le plus grand géographe de l'antiquité, Strabon, rapporte de son côté avoir vu des débris de navires espagnols à l'extrémité du golfe arabique, venus là en tournant l'Afrique. Il est singulier que l'antiquité ait laissé périr cette idée, au point que le géographe Ptolémée, au IIe siècle de notre ère, ait fait de la mer des Indes un grand lac enfermé au sud par une terre qui, selon lui, réunissait l'extrémité de l'Afrique à l'extrémité de la presqu'île actuelle de Malacca.

Psammis et Apriès (600-569); révolte d'Amasis. — Le successeur de Néchao, Psammis, ne régna que six ans et mourut au retour d'une expédition contre les Éthiopiens (594). Apriès, qui vint après lui, combattit les Sidoniens, les Tyriens et les Cypriotes. Il voulut soumettre aussi les Grecs de Cyrène. Mais cette expédition échoua. Les soldats crurent qu'il les avait envoyés là dans le dessein de les faire périr, et se révoltèrent contre lui. Il fit partir pour les apaiser un de ses officiers, Amasis. Tandis que ce chef les exhortait à rentrer dans le devoir, un Égyptien se glissa derrière lui et lui couvrit la tête d'un casque, en disant qu'ils le voulaient tous pour roi. Amasis se laissa faire cette violence et marcha contre Apriès. Ce prince crut qu'il suffirait d'un mot pour apaiser la révolte : il chargea un des hommes les plus distingués de sa cour, Patarbemis, d'aller prendre Amasis et de le lui amener vivant. Patarbemis se rendit dans le camp des rebelles et signifia à Amasis l'ordre de le suivre. « Va dire à celui qui t'envoie, répondit Amasis, qu'Apriès me verra arriver bientôt en nombreuse compagnie. » L'envoyé se hâta de rapporter ces mauvaises nouvelles. Apriès refusa de le croire, et le regardant comme un traître, lui fit couper le nez et les oreilles. Ce traitement injuste acheva de lui aliéner ceux qui lui étaient restés fidèles.

Il marcha cependant au-devant d'Amasis avec 30 000 hommes, et le rencontra près de Momemphis; mais il fut défait et pris. Amasis le traita avec bonté, et le laissa vivre dans le palais de la ville de Saïs, jusqu'à ce que les Égyptiens, lui reprochant de laisser vivre leur ennemi et le sien, l'obligèrent à leur livrer Apriès. Dès qu'ils l'eurent entre les mains, ils l'étranglèrent.

Amasis (569-526); le vase d'or. — Amasis était de basse condition, et à cause de cela peu considéré de quelques-uns des grands de sa cour. Il leur donna une leçon publique qui fit tomber ces préventions. Parmi les choses précieuses qui lui appartenaient, se trouvait un bassin d'or où lui et ceux qui mangeaient à sa table avaient coutume de se laver les pieds. Il ordonna qu'on le mît en pièces et qu'on en fît la statue d'un dieu, qu'il plaça dans l'endroit le plus apparent de son palais. Personne ne manqua d'aller adorer l'image divine. Alors Amasis les réunit et leur dit : « Ce dieu à qui vous montrez tant de respect était hier un bassin servant aux plus vils usages. Il en est ainsi de moi ; j'étais peu de chose d'abord, aujourd'hui je suis votre roi ; rendez-moi donc les hommages qui sont dus à la dignité royale. » Depuis ce jour, il fut respecté de tous ses sujets.

Prospérité de l'Égypte sous Amasis. — Il s'occupait activement des soins du gouvernement et on le voyait, depuis l'aurore jusqu'au milieu du jour, s'appliquer à juger les causes qui se présentaient ; mais il n'était pas ennemi des plaisirs honnêtes et d'un repos mérité. Comme quelque personnage austère lui en faisait reproche : « Ne savez-vous pas, lui répondit-il, qu'on ne bande un arc que lorsqu'on en a besoin, et qu'après qu'on s'en est servi, on le détend ? Si on le tenait toujours bandé, il se romprait et ne serait plus bon à rien, quand il faudrait s'en servir. Ainsi de l'homme ; il est nécessaire qu'il repose son esprit, trop longtemps tendu aux choses sérieuses. »

Amasis fut le dernier grand prince de la vieille Égypte. Sous lui, le pays fut aussi florissant qu'il l'avait jamais été. Vingt mille villes, disaient les prêtres, qui mettaient dans ce nombre les villages, les hameaux, et sans doute des maisons, couvraient les bords du Nil. Le commerce était actif, le peuple laborieux et les dieux honorés. Amasis avait ordonné que chaque année tout Égyptien déclarerait au magistrat quels étaient ses moyens d'existence. Celui qui ne pouvait prouver qu'il vivait par des moyens honnêtes était puni de mort. L'Athénien Solon emprunta cette loi à l'Égypte et la plaça dans sa constitution.

Faveurs accordées par Amasis aux Grecs. — Pour gagner l'affection du peuple et celle de la caste sacerdotale, il érigea plusieurs temples aux dieux nationaux et décora les autres de statues. En même temps, il montrait aux Grecs une bienveillance qui les attirait en Égypte. Il leur donna Naucratis pour leur résidence, et permit à ceux qui ne voulaient point rester à demeure et qui ne venaient en Égypte que pour leur commerce, d'élever des temples et des autels où ils pouvaient sacrifier à leurs dieux.

Ce même esprit libéral se retrouve dans sa politique étrangère. Il ne fit point de guerre, si ce n'est contre les Cypriotes qu'il obligea à lui payer tribut, mais il noua d'étroites relations avec les États voisins, avec les rois d'Assyrie et de Lydie, avec les Grecs de Cyrène, au milieu desquels il prit la reine Ladicée, fille d'un prince de ce pays; et lorsqu'un incendie eut détruit le temple de Delphes, il donna 1000 talents d'alun pour aider à sa reconstruction. D'autres villes grecques reçurent de lui d'autres présents.

Le roi de Perse Cyrus demande un médecin à Amasis. — Ces prévenances envers les Grecs n'étaient peut-être pas désintéressées. Amasis vit, en effet, se former l'orage qui, sous son successeur, fondit sur l'Égypte. Les maladies d'yeux ont été de tout temps fréquentes dans la vallée du Nil, à cause du sable fin et brûlant que le vent soulève incessamment. Les malades font les médecins, et si l'Égypte avait déjà un triste renom pour ces sortes de maux, elle avait aussi ceux qui les guérissaient le mieux. Cyrus, roi de Perse, fit un jour demander à Amasis, de lui envoyer le meilleur médecin qu'il y aurait, dans ses États, pour les ophthalmies. Amasis choisit l'homme le plus habile. Mais c'était un exil d'où il ne fallait pas songer à revenir. Le médecin ne revit plus jamais sa femme ni ses enfants, et il en garda une mortelle rancune contre son roi. Pour se venger, il poussa Cambyse à demander qu'Amasis lui donnât sa fille comme épouse, sachant bien que le prince égyptien haïssait les Perses autant qu'il les redoutait et qu'il ne voudrait pas livrer sa fille à ses ennemis. Cependant Amasis hésitait aussi à refuser. Il espéra tromper Cambyse et lui envoya sous le nom et le costume de sa fille, une fille d'Apriès. La ruse découverte, le roi de

Perse entra dans une grande colère, et ce fut là, disaient les Perses, la cause de son expédition contre l'Égypte.

Conquête de l'Égypte par les Perses (525). — Quand Amasis mourut, en 526, il avait déjà vu tomber sous les coups des Perses les rois des Mèdes, des Lydiens et des Assyriens : Astyage, Crésus et Balthasar, ses alliés ; le même sort était réservé à son fils Psamménit. Les nouveaux conquérants de l'Asie occidentale ne pouvaient laisser en dehors de leurs domaines un État si riche, et il n'y eut pas besoin de motifs puérils, comme ceux qu'Hérodote rapporte, pour décider le fils de Cyrus à mettre la main sur cette belle proie. Psamménit, vaincu à Memphis, fut mis à mort par Cambyse après un règne de six mois, et l'Égypte passa sous la domination étrangère (525). Dès lors elle ne s'appartint plus, bien qu'elle protestât fréquemment par des révoltes contre le joug de l'étranger. Province persique, elle fut conquise par Alexandre en 331. Ptolémée y fonda la dynastie des Lagides (323), que les Romains renversèrent trente ans avant notre ère, après la mort de Cléopâtre.

CHAPITRE VI.

MONUMENTS ET CIVILISATION DE L'ÉGYPTE.

Religion : fétichisme ou culte des animaux. — Le bœuf Apis. — Dieux à tête d'épervier, etc. — Doctrinès plus élevées des prêtres. — Embaumement des corps — Le jugement des morts. — La pesée des âmes. — Les prêtres — Les guerriers. — Autres classes. — Le roi. — Bonne police dans l'État. — Industrie. — Sciences, arts. — Monuments, temples. — Obélisques ; le labyrinthe, le lac Mœris, les pyramides. — Écriture hiéroglyphique.

Religion : fétichisme ou culte des animaux. — L'Égypte était renommée dans l'antiquité comme la mère de la superstition. Nul peuple en effet ne dégrada autant l'idée de la divinité. Non-seulement les Égyptiens avaient beaucoup de dieux, mais encore ils allaient les prendre bien bas, jusque parmi les animaux. L'ichneumon [1], l'ibis [2], l'épervier, le crocodile [3], le chat, le bœuf étaient regardés comme des êtres divins, « de sorte, dit Bossuet, qu'en Égypte tout était dieu, excepté Dieu lui-même. »

En outre, les dieux d'une ville n'étaient pas ceux d'une

1. Ichneumon, sorte de rat d'eau, long du museau à la queue de 50 centimètres, qui vit au bord des rivières et s'apprivoise aisément. On l'emploie à détruire les rats et les souris qui sont une des plaies de l'Égypte Les anciens croyaient à tort qu'il était très-friand des œufs de crocodile.

2. Ibis, oiseau de l'ordre des échassiers qui ressemble à la cigogne, mais est plus petit, n'ayant que la grosseur d'une poule. Il se nourrit de lézards, de serpents et de grenouilles. Il est migrateur. Son retour en Egypte concordait avec le débordement du Nil. Il était donc comme le messager de la bonne nouvelle, et, à cause de cette coïncidence, très-révéré.

3. Crocodile ; cet animal, très-vorace et très-carnassier, rappelle le lézard par ses formes, mais atteint jusqu'à 10 mètres de longeur Sa peau est à l'épreuve de la balle et sa vie doit être très-longue, car son accroissement est très-lent.

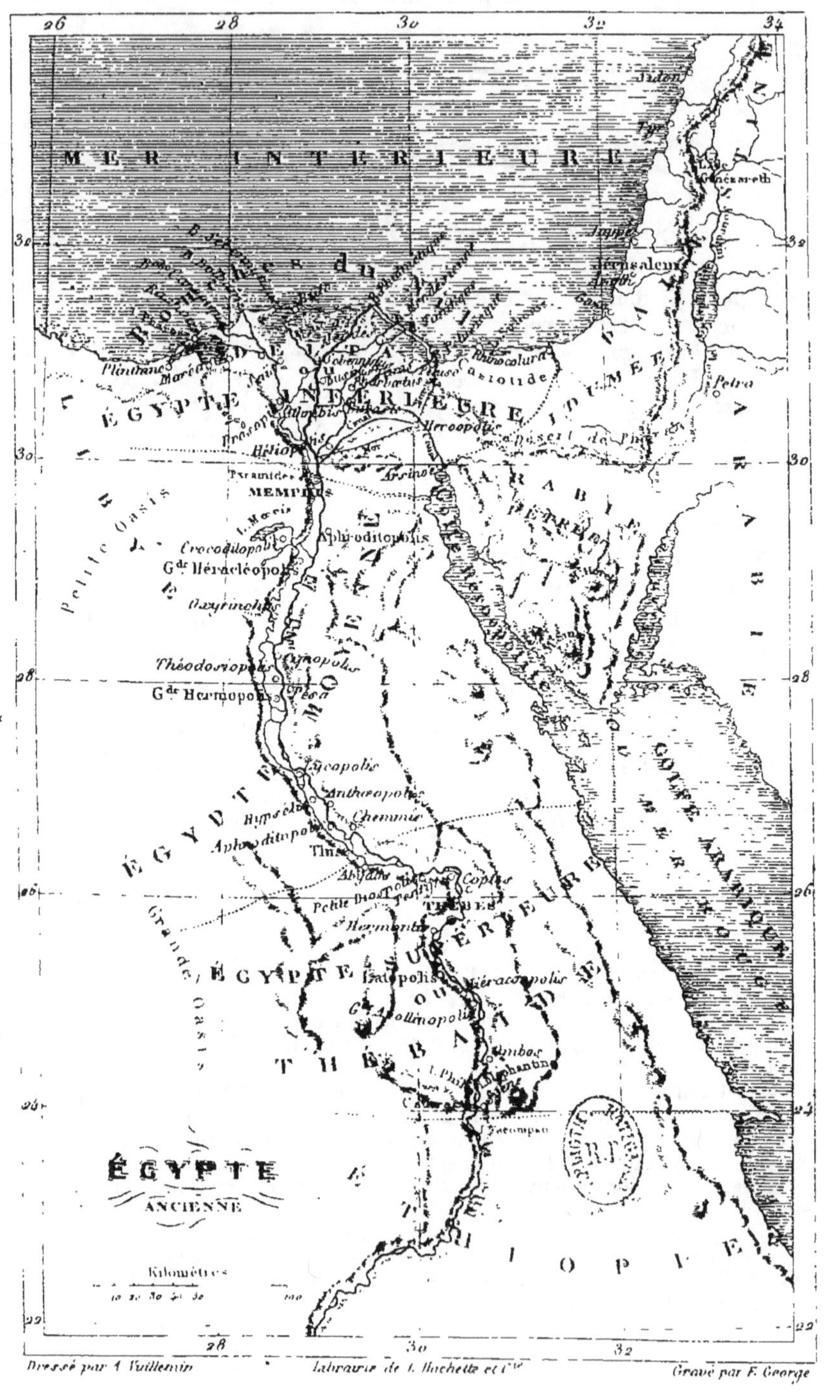

26 28 30 32 34
MER INTÉRIEURE
Sidon
Tyr
Lac de Gennesareth
Jaffa
Jérusalem
Branches du Nil
DELTA
ÉGYPTE INFÉRIEURE
Plinthine
Maréa
Rhinocolura
Pause
Cassiotide
Péluse
Petra
IDUMÉE
Héroopolis
Désert de Pharan
Héliopolis
Pyramides
MEMPHIS
Grand
ARABIE
L. Mœris
PÉTRÉE
Crocodilopolis
Aphroditopolis
Gde Héracléopolis
Petite Oasis
Oxyrinchus
GOLFE ARABIQUE
Théodosiopolis
Cynopolis
Gde Hermopolis
Pesa
ÉGYPTE MOYENNE
Lycopolis
Anthœopolis
Hypsèle
Chemmis
Aphroditopolis
Tins
Abydus
Coptos
Petite Dios
Tentyris
THÈBES
Hermonthis
ÉGYPTE SUPÉRIEURE
Latopolis
Hiéraconpolis
ou
Gde Apollinopolis
THÉBAÏDE
Ombos
I. Philæ Eléphantine
Grande Oasis
Syène
Hiéraconpao
ÉGYPTE
ANCIENNE
ÉTHIOPIE
Kilomètres
10 20 30 40 50 100

Dressé par A. Vuillemin
Librairie de L. Hachette et Cie
Gravé par F. George

autre ; de là des divisions et des guerres. Ainsi le crocodile était sacré pour les uns, les autres lui faisaient la guerre. A Thèbes et aux environs du lac Mœris, on choisissait un crocodile qu'on instruisait à se laisser toucher avec la main. On lui mettait des pendants d'oreilles d'or, et on lui attachait aux pieds de devant de petites chaînes ou bracelets. On le nourrissait avec la chair des victimes, et on lui donnait d'autres aliments prescrits par le rituel. Tant qu'il vivait, on en prenait le plus grand soin. Quand il mourait, on l'embaumait et on le mettait dans une caisse sacrée.

« Ceux d'Éléphantine et des environs, dit Hérodote, ne regardent point les crocodiles comme sacrés, et même ils ne se font aucun scrupule d'en manger. Pour les prendre, ils attachent un morceau de porc à un hameçon qu'ils laissent aller au milieu du fleuve. Puis, sur le bord de la rivière, ils prennent un cochon de lait qu'ils battent pour le faire crier. Le crocodile s'approche du côté où il entend ces cris ; et, rencontrant sur son chemin le morceau de porc, il l'avale. Le pêcheur le tire à lui, et la première chose qu'il fait après l'avoir mis à terre, c'est de lui couvrir les yeux de boue. Par ce moyen, il en vient facilement à bout ; autrement, il aurait beaucoup de peine. Les hippopotames[1] qu'on trouve dans le nome Paprémite sont sacrés ; mais dans le reste de l'Égypte, on n'a pas pour eux de tels égards. » Près de Thèbes, les serpents jouissaient de pareils honneurs. Ailleurs c'étaient les chats, vénérés sans doute pour les services qu'ils rendaient. Ils étaient après leur mort embaumés et solennellement enterrés à Bubaste ; les éperviers, à Buto ; les ibis, à Hermopolis.

« Si vous entrez dans un temple, dit saint Clément d'Alexandrie, un prêtre s'avance d'un air grave, en chan-

---

1. Hippopotame, énorme quadrupède de 4 mètres de long sur 1 mètre 60 centimètres de haut, et pesant parfois 2000 kilogrammes. Il se nourrit de végétaux et de poissons, et vit dans les rivière de la zone intertropicale. Il est d'un naturel doux, mais sa colère est dangereuse, car il est presque invulnérable.

tant un hymne sacré ; il soulève un peu le voile, comme pour vous montrer le dieu. Que voyez-vous alors? Un chat, un crocodile, un serpent ou quelque autre animal dangereux. Le dieu des Égyptiens paraît.... c'est une bête sauvage se vautrant sur un tapis de pourpre. »

La loi faisait un devoir de nourrir un certain nombre de ces animaux, et des fonctionnaires publics étaient attachés à leur service. Si on en tuait quelqu'un de dessein prémédité, on était puni de mort ; si la mort était le résultat d'un accident, on en était quitte pour l'amende qu'il plaisait aux prêtres de fixer. Mais pour un ibis ou un épervier, il n'y avait jamais de composition, le meurtrier ne pouvait éviter le dernier supplice. Sous les Ptolémées, un soldat romain tua par hasard un chat sacré ; il fut mis en pièces par la populace, malgré les prières du roi et le nom redouté de Rome.

Le bœuf Apis. — De tous ces dieux pris parmi les animaux, le plus fameux était le bœuf Apis. L'Égypte n'était pas assez heureuse pour en posséder toujours un, car Apis n'était pas un bœuf tout comme un autre. D'abord il fallait qu'il fût né d'un éclair qui, descendu du ciel, avait frappé une génisse. Comme on ne pouvait pas s'assurer facilement que cette condition avait été remplie, force était de s'en rapporter sur ce point aux prêtres. On interrogeait alors les autres signes auxquels se reconnaissait le bœuf divin. Il fallait que son poil fût noir : il y a des bœufs de cette robe ; qu'il portât sur le front une marque blanche triangulaire ; cela encore est fréquent. Mais voici qui était plus difficile : il devait avoir sur le dos la figure d'un aigle, sous la langue celle d'un scarabée et les poils de la queue doubles. Dès que les prêtres annonçaient que le bœuf miraculeux avait été découvert, l'Égypte entière était en liesse. On le menait au palais que Psammétichus lui avait fait construire, et depuis ce jour les prêtres le servaient avec toute la magnificence que comportait un tel hôte. Il ne lui était cependant pas permis de s'obstiner à vivre trop longtemps. S'il arrivait à sa vingt-cinquième année, ses adorateurs le noyaient dans le Nil avec la plus grande solennité, puis l'embaumaient, le pleuraient et lui cherchaient, au milieu du deuil universel, un successeur. Cette attente était pleine d'anxiété et un temps de péril pour le gouvernement. Sous l'empereur Adrien, une révolte fut sur le point d'éclater dans Alexandrie parce que Apis tardait à se manifester.

Dieux à tête d'épervier, etc. — Apis, pour la foule, était le dieu même; pour les prêtres, il était le symbole d'Osiris. Les autres animaux sacrés étaient aussi la représentation vivante de certains dieux. De là, dans le culte et dans la représentation des divinités, le rapprochement et le mélange du dieu et de son symbole; on voyait partout des dieux à tête de chat, d'épervier ou d'hippopotame, des sphinx à tête de femme et corps de lion, etc.

Doctrines plus élevées des prêtres. — La caste sacerdotal avait cependant des doctrines plus hautes que celles du peuple, et elle cherchait à se rendre compte des grandes questions que l'homme se pose toujours sur le monde et sur lui-même. Ainsi ils semblent avoir entrevu l'idée de l'unité divine. A Thèbes, on adorait un dieu « qui n'avait pas eu de commencement et qui ne devait pas avoir de fin, » et la statue d'Isis portait cette inscription : «.Je suis tout ce qui fut, est et sera. Aucun mortel n'a jamais soulevé le voile qui me couvre, » c'est-à-dire, personne n'a pénétré encore l'essence de la divinité.

Les prêtres paraissent avoir enseigné l'immortalité de l'âme et avoir eu la croyance à des récompenses et à des châtiments futurs. Le soin pris par les Égyptiens pour la conservation des cadavres qu'on a retrouvés en grand nombre dans leurs tombeaux et qui existent sous le nom de momies dans nos musées, prouve qu'ils comptaient sur une vie à venir. « Les Égyptiens, dit Hérodote, sont les premiers qui aient annoncé que l'âme de l'homme est immortelle; que quand le corps vient à périr, elle entre toujours dans celui de quelque animal, et qu'après avoir passé successivement dans toutes les espèces d'animaux terrestres, aquatiques et volatiles, elle rentre dans un corps d'homme. Ces diverses transmigrations des âmes se font dans l'espace de trois mille ans. » C'est la doctrine que partageaient l'Inde et une partie de l'antiquité, même en Grèce, où Pythagore l'enseigna et qu'on appelle la métempsycose.

Embaumement des corps. — On voit encore aujourd'hui sur les monuments dont l'Égypte est couverte ou sur les manuscrits qui ont été trouvés avec les momies, la représentation des scènes diverses de ce grand voyage. « Quant il meurt un homme de considération, dit Hérodote, toutes les femmes de sa maison se couvrent de boue la tête et même le visage ; elles se frappent la poitrine et parcourent la ville accompagnées de leurs parentes. Les hommes font de même de leur côté. Après cette cérémonie, on porte le corps aux embaumeurs. Il y a en Égypte certaines personnes que la loi a chargées des embaumements. Quand on leur apporte un corps, ils montrent aux porteurs des modèles de morts en bois peints au naturel. Le plus recherché représente, à ce qu'ils disent, celui dont je me fais scrupule de dire ici le nom (Hérodote veut parler d'un dieu). Ils en font voir un second qui est inférieur au premier, et qui ne coûte pas si cher ; ils en montrent un troisième qui est au plus bas prix. Ils demandent ensuite suivant lequel de ces trois modèles on désire que le mort soit embaumé. Après qu'on est convenu du prix, les parents se retirent ; les embaumeurs se mettent à l'œuvre, et voici comment ils procèdent à l'embaumement le plus précieux :

« D'abord ils tirent la cervelle par les narines, en partie avec un fer recourbé, en partie au moyen des drogues qu'ils introduisent dans la tête. Ils font ensuite une incision dans le ventre avec une pierre d'Éthiopie tranchante ; ils tirent par cette ouverture les intestins, les nettoient et les passent au vin de palmier ; ils les passent encore dans des aromates broyés ; ensuite, ils remplissent le ventre de myrrhe pure broyée, de cannelle et d'autres parfums, l'encens excepté ; puis ils le recousent.

Lorsque cela est fini, ils salent le corps en le couvrant de natron pendant 70 jours. Il n'est pas permis de le laisser séjourner plus longtemps dans le sel. Ces 70 jours écoulés, ils lavent le corps et l'enveloppent entièrement de bandes de toile de coton, enduite d'une certaine colle.

« Les parents retirent le corps, le placent dans un étui en bois, qu'ils mettent ensuite en une salle destinée à cet usage, dressé tout droit contre la muraille.

« Ceux qui veulent éviter la dépense choisissent une autre sorte d'embaumement. Avec une liqueur onctueuse qu'on a tirée du cèdre, on injecte le ventre du mort, sans y faire aucune incision et sans en tirer les intestins, en-suite on sale le corps pendant le temps prescrit. Le der-nier jour, on fait sortir du ventre la liqueur injectée. Le natron consume les chairs et il ne reste plus que la peau et les os. Cette opération finie, ils rendent le corps sans y faire autre chose.

« La troisième espèce d'embaumement n'est que pour les plus pauvres. On injecte le corps avec la liqueur nommée surmaïa ; on met le corps dans le natron pen-dant 70 jours, et on le rend ensuite à ceux qui l'ont ap-porté. »

Le jugement des morts. — Après l'embaumement avait lieu le jugement public. Diodore de Sicile qui visita l'Égypte, comme Hérodote, raconte ainsi cette cérémonie qui pouvait être d'un grand effet moral. « Lorsque le corps est prêt à être enseveli, les parents en préviennent les juges, les proches et les amis du défunt ; ils leur in-diquent le jour des funérailles par cette formule : « Un tel « doit passer le lac de la province où il est mort. » Aussitôt les juges, au nombre de plus de quarante, arrivent et s'asseyent dans un hémycicle placé au delà du lac. Avant de placer sur la barque qui doit la transporter la caisse qui contient le mort, chacun a le droit de porter contre lui des accusations. Si l'un des accusateurs parvient à prouver que le défunt a mené une mauvaise vie, les juges rendent un arrêt qui le prive de sépulture légale. Si l'ac-cusation est injuste, celui qui la porte est condamné à de fortes amendes. Si aucun accusateur ne se présente ou que l'accusation paraisse calomnieuse, les parents quittent le deuil, font l'éloge du mort, invoquent les dieux infernaux et les supplient de l'admettre dans la demeure réservée aux hommes pieux. La foule y joint ses acclamations accompagnées de vœux pour que le défunt jouisse aux enfers de la vie éternelle, dans la société des bons. » Le jugement des morts s'appliquait même aux rois. Quelques-uns furent ainsi privés de sépulture.

La pesée des âmes. — Cette scène était la représentation sur la terre de ce que les Égyptiens croyaient qu'il se passait dans le séjour des ombres, appelé par eux l'Amenthi. Là, devant Osiris, se faisait, disaient-ils, la pesée des âmes. Quarante-deux juges divins examinaient les motifs de toutes les actions, et ces actions mêmes étaient pesées par certains dieux. Celui qui représentait la sagesse divine, Toth, écrivait le résultat. Alors Osiris récompensait l'âme fidèle en l'appelant dans un monde meilleur ou la punissait de ses fautes en la renvoyant sur la terre dans le corps de quelque animal. Un manuscrit en papyrus représente une de ces âmes qui, après le jugement dans l'Amenthi, ayant été convaincue de gloutonnerie, est forcée d'entrer dans le corps d'une truie et de recommencer une nouvelle vie sous cette forme.

Les prêtres. — Les prêtres formaient en Égypte la corporation la plus puissante. Ils avaient eu longtemps seuls tout le pouvoir. Forcés de partager avec les guerriers et de laisser l'autorité royale à des familles habituellement prises en dehors de la caste sacerdotale, ils entourèrent la vie de ces rois de mille prescriptions religieuses qui retenaient les Pharaons dans leur dépendance. Ces prêtres ne se bornaient pas aux fonctions du culte ; ils remplissaient une foule d'autres charges dans l'État et possédaient la meilleure partie du sol avec le privilége de garder leurs terres exemptes d'impôt. Ces propriétés étaient affermées et les revenus qui en provenaient étaient employés au service des temples, aux dépenses des fêtes et à l'entretien des prêtres. Chacun de ceux-ci recevait tous les jours une portion des viandes sacrées et de la chair de bœuf et d'oie. On leur donnait aussi du vin, mais il ne leur était pas permis de manger de poisson. Ils étaient obligés à la plus extrême propreté sur eux et dans leur vêtement. « Ils se rasent le corps entier tous les trois jours, dit Hérodote. Ils ne portent qu'une robe de lin et des souliers de biblos. Il ne leur est pas permis d'avoir d'autre habit ni d'autre chaussure. Ils se lavent deux fois par jour dans l'eau froide et autant de fois toutes les nuits. »

Les guerriers. — La classe des guerriers était la seconde de l'État. Elle possédait de très-grands biens et pouvait fournir jusqu'à 400 000 hommes armés. Le fils succédait au père, de sorte que l'armée s'accroissait avec la population et que les habitudes militaires ne se perdaient point. Chaque guerrier avait 12 mesures de terre exemptes d'impôt. 2000 d'entre eux servaient pendant une année de gardes au roi, et alors ils recevaient chacun, par jour, en outre du revenu de leurs terres, 5 mines (2 kilog.) de pain, 2 mines de bœuf et 4 mesures de vin. Lorsque Psammétichus et ses successeurs ouvrirent l'Égypte aux Grecs et s'entourèrent de soldats mercenaires, la classe militaire du pays s'en montra froissée, et, sous Psammétichus, 240 000 guerriers émigrèrent en Éthiopie. Ce fut un malheur pour le pays, dont la vieille organisation militaire se trouva renversée au moment où il était menacé par l'ambition des monarques assyriens et des rois de Perse.

Autres classes. — Le reste du peuple était partagé en classes ou corporations sur le nombre desquelles les opinions varient. On pourrait les concilier en disant, ce que bon nombre de faits autorise à penser, que l'Égypte n'avait pas de castes véritables, c'est-à-dire des classes héréditaires et ne se recrutant jamais hors d'elles-mêmes, mais des corporations où le fils succédait habituellement à son père, où cependant un homme d'une autre classe pouvait entrer et d'où l'on pouvait aussi sortir. Ainsi

Amasis était d'une très-basse condition, ce qui ne l'empêcha pas de monter au premier rang.

Une remarque à faire, c'est que tout le sol de l'Égypte appartenait au roi, aux prêtres et aux guerriers, de sorte que les agriculteurs n'étaient que de simples fermiers, à peu près comme les serfs du moyen âge et comme les *fellahs*, de l'Égypte moderne qui exploitent le sol pour le compte du pacha, le propriétaire unique des terres.

Deux classes étaient profondément méprisées : l'une, celle des porchers, à cause de l'animal immonde qu'ils gardaient et qui était regardé comme impur par les Égyptiens aussi bien que par les Juifs; l'autre, celle des pasteurs nomades qui vivaient comme en dehors de la société égyptienne, loin des villes et des champs cultivés. Le souvenir des Hycsos et de leur terrible invasion faisait craindre ces hommes sans demeure fixe dont les mœurs étaient en opposition avec les habitudes sédentaires des Égyptiens.

Le roi. — « Les Égyptiens, dit Diodore, respectent et adorent leurs rois à l'égal des dieux. L'autorité souveraine, dont la Providence a revêtu le monarque, leur paraît être un caractère de la divinité, car, comme elle, les chefs du peuple répandent les bienfaits et les châtiments. » Les bas-reliefs et les inscriptions des monuments montraient le roi en continuelle relation avec les dieux, leur offrant ses pieux hommages, recevant leurs dons, c'est-à-dire la force, la puissance et la gloire, de sorte que les peuples devaient l'estimer comme le représentant des êtres divins et comme participant lui-même à leur divinité.

Bonne police dans l'État. — Les anciens vantaient la sagesse de l'Égypte, et Hérodote a fait venir des bords du Nil presque toute la civilisation grecque. Il y a une portion de vérité dans cette opinion. Ce grand État, un des plus anciennement organisés qui aient existé sur la terre, avait, au milieu de beaucoup d'erreurs, trouvé plusieurs vérités et quelques sages institutions. « L'Égypte, dit Bossuet, était la source de toute bonne police. »

En parlant ainsi il pensait aux lois suivantes que Diodore de Sicile rapporte :

« Le parjure était puni de mort, parceque c'est la réunion des deux plus grands crimes qu'on puisse commettre, l'un contre les dieux, l'autre contre les hommes.

« Celui qui voyait dans son chemin un homme aux prises avec un assassin ou subissant quelque violence, et ne le secourait pas lorsqu'il le pouvait, était condamné à mort. S'il était réellement dans l'impossibilité de porter du secours, il devait dénoncer les brigands et les traduire devant les tribunaux. S'il ne le faisait pas, il était condamné à recevoir un nombre déterminé de coups de verges, et à la privation de toute nourriture pendant trois jours.

« Ceux qui faisaient des accusations mensongères subissaient, lorsqu'ils étaient découverts, la peine infligée aux calomniateurs.

« Il était ordonné à tout Égyptien de déposer chez le magistrat un écrit indiquant ses moyens de subsistance ; celui qui faisait une déclaration fausse ou qui gagnait sa vie par des moyens illicites, était condamné à mort.

« Celui qui avait tué volontairement soit un homme libre, soit un esclave, était puni de mort ; car les lois voulaient frapper, non pas d'après les différences de fortune, mais d'après l'intention du malfaiteur ; en même temps par les ménagements dont on usait envers les esclaves, on les engageait à ne jamais offenser un homme libre.

« Les juges qui faisaient mourir un innocent étaient aussi coupables que s'ils avaient acquitté un meurtrier.

« Parmi les lois qui concernent les soldats, il y en avait une qui infligeait, non pas la mort, mais l'infamie à celui qui avait déserté les rangs, ou qui n'avait point exécuté l'ordre de ses chefs. Si plus tard il effaçait sa honte par quelque action d'éclat, il était rétabli dans son poste. Ainsi le législateur faisait du déshonneur une peine plus terrible que la mort, pour habituer les guerriers à regarder l'infamie comme le plus grand de tous les malheurs ; en même temps ceux qui avaient été punis de cette façon, pouvaient rendre de grands services pour recouvrer la confiance première, tandis que s'ils avaient été condamnés à mort, ils n'auraient plus été d'aucune utilité pour l'État.

« L'espion qui avait dénoncé aux ennemis des plans secrets, était condamné à avoir la langue coupée.

« Les faux monnayeurs, ceux qui falsifiaient les poids et les mesures, ou contrefaisaient les sceaux, ceux qui rédigeaient des écritures fausses ou altéraient les actes publics, étaient condamnés à avoir les deux mains coupées.

« Une dette était nulle si le débiteur affirmait, par un serment solennel, ne rien devoir au créancier qui n'était nanti d'aucun titre.

« Dans aucun compte, l'intérêt dû ne devait dépasser le capital.

« Les biens du débiteur étaient engagés pour ses dettes, mais non sa personne. Le législateur avait pensé que la personne du citoyen appartenait à l'État qui, à tout moment, peut le réclamer pour son service, soit dans la guerre, soit dans la paix.

« Un Égyptien pouvait emprunter, en donnant en gage la momie de son père. Celui qui ne payait pas sa dette était privé de la sépulture de sa famille. »

Hérodote raconte quelques autres coutumes de ce peuple. « Il n'y a, parmi les Grecs, que les Lacédémoniens qui s'accordent avec les Égyptiens dans le respect que les jeunes gens ont pour les vieillards. Si un jeune homme rencontre un vieillard, il lui cède le pas et se détourne ; et si un vieillard survient dans un endroit où se trouve un jeune homme, celui-ci se lève. Lorsque les Égyptiens se rencontrent, au lieu de se saluer de paroles, ils se font une profonde révérence en baissant la main jusqu'aux genoux.

« La médecine est si sagement distribuée en Égypte, qu'un médecin ne se mêle que d'une espèce de maladie, et non de plusieurs. Aussi y a-t-il un grand nombre de médecins. Les uns sont pour les yeux, les autres pour la tête, ceux-ci pour les dents, ceux-là pour les maux d'estomac, d'autres pour les maladies internes. »

Industrie. — Je ne sais pas si l'on partagera l'admiration d'Hérodote pour cette division de la médecine, mais on admirera certainement les progrès que ce peuple avait déjà fait faire à la civilisation. Un grand nombre d'ouvriers étaient employés au tissage et à la teinture de riches étoffes, et ils connaissaient l'art de travailler les métaux, de fabriquer la porcelaine et le verre, de préparer l'émail et le mastic pour les mosaïques.

Sciences, arts. — On a exagéré les connaissances des prêtres égyptiens. Il est certain cependant qu'ils cultivèrent avec succès la géométrie, on du moins les parties élémentaires de cette science relative à la mesure des terres et à la coupe des pierres. Ils étudièrent aussi l'astronomie, car ils avaient trouvé l'année de 365 jours, et savaient parfaitement orienter leurs monuments. Ainsi, on a fait la curieuse observation que la grande pyramide se trouve sous le 30ᵉ parallèle qui partage en deux parties égales l'hémisphère septentrional, d'où l'on a conclu que depuis 4000 ans les latitudes terrestres n'ont point sensiblement changé et que les Égyptiens savaient déjà les calculer. Mais leur mécanique n'employait que le levier, le plan incliné, et surtout la force des bras pour transporter les masses les plus énormes. C'est ainsi que 120 000 hommes furent employés, au témoignage de Pline, pour dresser un des obélisques de Thèbes.

Dans la peinture, ils ignoraient la perspective, et leur statuaire a de la roideur; les bras ne sont point détachés du corps ni les jambes séparées.

Monuments; temples. — Mais leur architecture a souvent l'aspect le plus grandiose, témoin tant de monuments qu'on voit encore dans la vallée du Nil, surtout dans la Thébaïde où ils forment deux groupes principaux; sur la rive droite du fleuve, ceux de Karnack et de Louqsor que réunissait une longue allée de sphinx de dimension colossale, et sur la rive gauche, ceux de Gournah et de Médinet-Abou. Le grand temple de l'île de Philé, au sud de Syène, dont nous reproduisons ici le portique, donnera une idée de la magnificence de ces antiques constructions.

La salle du palais de Karnak appelée salle des Colonnes, et que Sésostris acheva, est longue de 103 mètres, large de 50, et ornée de 134 colonnes, égales en grosseur à la colonne de la place Vendôme : quelques-unes, couvertes de bas-reliefs et d'hiéroglyphes, ont 23 mètres de hauteur sur 3 mètres et demi de diamètre, avec des chapitaux

Le Grand Temple de Philé.

de 21 mètres de circonférence. Dans le Rhamesséum, qu'on a souvent confondu avec le tombeau d'Osymandias, lequel n'a jamais existé tel que le décrit Diodore de Sicile, on voyait une suite de cours et de salles entourées de colonnes que couvraient d'innombrables hiéroglyphes, récits des glorieux exploits de Rhamsès le Grand. Il renferme aussi un colosse en granit de 17 mètres de haut, représentant ce prince assis sur son trône; c'est la plus grande ruine de statue qu'il soit possible de voir : le pied seul a près de 4 mètres de long. Près de là se trouve la fameuse statue de Memnon, colosse haut de 19 mètres, représentant Aménophis III, les mains étendues sur ses genoux, dans l'attitude du repos.

Obélisques, le labyrinthe, le lac Mœris, les pyramides. — Il faut citer encore les obélisques[1], dont un dressé

1. L'obélisque qui se trouve maintenant à Paris a été pris dans les ruines de Thèbes. C'est un seul morceau de granit rose, haut de 22ᵐ,83, large à sa base de 2ᵐ,44, pesant 220 528 kilogrammes. Les quatre faces de l'obélisque sont couvertes de caractères hiéroglyphiques au nombre de 1600, distribués sur chaque face en trois bandes longitudinales et parallèles, les caractères de la bande du milieu étant sculptés à 14 centimètres de profondeur, ceux des deux autres à une profondeur moitié moindre. Les inscriptions se divisent sur chaque face en trois parties : 1° immédiatement au-dessous du pyramydion, le *bas-relief des offrandes*, qui occupe toute la largeur de chaque face ; 2° en tête de chaque colonne d'hiéroglyphes, un encadrement surmonté de la figure de l'épervier symbolique avec la coiffure royale, et terminé en franges ; c'est la *bannière royale;* elle renferme les titres du prince nommé dans l'inscription ; 3° l'instruction proprement dite, dont les signes, divisés en trois colonnes parallèles, se lisent de haut en bas. Quelques groupes de signes sont enfermés dans un encadrement régulier. Ces encadrements, ou *cartouches*, contiennent les noms propres des rois ou des divinités. Les cartouches de l'obélisque de Paris rappellent les noms de Rhamsès II, qui en commença les sculptures, et ceux de Rhamsès III ou Sésostris, qui les acheva, il y a 3400 ans. Les inscriptions célèbrent la gloire des deux rois, leurs victoires, leur piété, et rappellent les monuments qu'ils ont élevés. Il suffira, pour avoir une idée de ces inscriptions, de connaître celle de l'une des faces. Nous prenons la face de l'ouest, où il n'est question que de Sésostris, et qui est reproduite dans notre gravure. Dans le *bas-relief des offrandes*, Sésostris, coiffé du pschent complet, symbole de son autorité

Obélisque de Louqsor.

par Sésostris est aujourd'hui à Paris ; le labyrinthe, les hypogées, ou constructions souterraines pour conserver les corps, le lac de Mœris, et les digues, les chaussées, les canaux pour contenir ou diriger les eaux du Nil ; enfin les pyramides, montagnes de pierre dont une, haute de 142 mètres sur 223 de longueur à la base, est le monument le plus élevé qui soit sur la terre. Cent

La grande pyramide et le Sphinx.

mille hommes, au dire d'Hérodote, furent employés à sa construction. La masse de pierres dont elle se compose

sur la haute et la basse Égypte, et surmonté du globe ailé du soleil, fait au grand dieu éponyme de Thèbes, Amon-ra, l'offrande du vin. Aux louanges d'usage, la colonne médiale ajoute que Sésostris est le fils préféré du roi des dieux, celui qui sur son trône domine le monde entier. On mentionne le palais qu'il a fait élever dans l'Ôph du midi (la partie méridionale de Thèbes). Le titre de bienfaisant lui est donné dans l'inscription de droite, qui ajoute : « Ton nom est aussi stable que le ciel ; la durée de ta vie est égale à la durée du disque solaire. » Sésostris porte, dans la *bannière* de l'inscription de gauche, le titre de chéri de la déesse de la vérité, l'engendré du roi des dieux pour prendre possession du monde entier. Les trois colonnes sont uniformément terminées par un *cartouche* contenant le nom propre du roi, le fils du soleil, le chéri d'Amon, Rhamsès.

est d'environ 75 millions de pieds cubes, et on pourrait
en faire un mur haut de 6 pieds et long de 1000 lieues.
Près de là est un sphinx colossal, portrait du roi Thout-
mosis IV et qui a 33 mètres de long sur 25 de haut. Sa
tête a près de 9 mètres du menton au sommet. Il a été
taillé dans le rocher sur lequel il repose.

Le labyrinthe dont il vient d'être parlé était un palais
ou plutôt une réunion de douze palais renfermant 12
cours et 3000 chambres. Hérodote qui le visita fut frappé
d'une admiration que l'on sent encore dans son récit.
« J'ai vu cet édifice et l'ai trouvé au-dessus de toute ex-
pression. Aucun ouvrage des Grecs ne peut lui être comparé, ni pour le travail ni pour la dépense. Les temples
d'Éphèse et de Samos méritent sans doute l'admiration,
mais les pyramides sont au-dessus de tout ce qu'on peut
dire, et chacune en particulier peut entrer en parallèle
avec plusieurs des plus grands édifices de la Grèce. Le
labyrinthe l'emporte même sur les pyramides. Il est com-
posé de 12 cours environnées de murs dont les portes sont
opposées les unes aux autres, 6 au nord et 6 au sud, toutes contiguës; une même enceinte les renferme. Les appartements sont doubles; il y en 1500 sous terre, 1500
au-dessus, 3000 en tout. J'ai visité les appartements d'en
haut; ainsi j'en parle avec certitude, et comme témoin
oculaire. Quant aux chambres souterraines, je ne sais
que ce qu'on m'en a dit, le gardien du palais n'ayant pas
permis qu'on me les montrât, parce qu'elles servaient,
me dit-on, de sépulture aux crocodiles sacrés et aux rois
qui ont fait bâtir cet édifice. Je ne pourrais donc parler
des chambres souterraines que sur des ouï-dire; mais
celles d'en haut, je les ai vues et je les regarde comme
ce que les hommes ont jamais fait de plus grand. On ne
peut, en effet, se lasser d'admirer la variété infinie des
passages et des chambres, dont le toit est fait de pierre,
ainsi que les murs, qui sont partout décorés de figures en
bas-relief. Autour de chaque cour règne une colonnade
de pierres blanches parfaitement jointes ensemble. A un
des angles du palais s'élève une pyramide sur laquelle on

a sculpté en grand des figures d'animaux. On s'y rend par un souterrain.

« Quelque magnifique que soit ce labyrinthe, le lac Mœris, près duquel il est situé, est encore plus admirable. Il a 3600 stades de tour[1], c'est-à-dire autant de circuit que la côte maritime d'Égypte a d'étendue. Ce lac a été creusé de main d'homme, car on voit, presque au milieu, deux pyramides qui ont chacune 50 orgyies de hauteur au-dessus de l'eau et autant en dessous. Sur l'une et sur l'autre est un colosse de pierre assis sur un trône. Les pyramides ont par conséquent chacune 100 orgyies[2].

« Les eaux du lac Mœris ne viennent pas de source. Le terrain qu'il occupe est extrêmement sec et aride ; il les tire du Nil par un canal de communication. Pendant six mois elles coulent du Nil dans le lac, et pendant les six autres mois, du lac dans le fleuve. Pendant les six mois que l'eau se retire, la pêche du lac rend au trésor royal un talent d'argent par jour, mais pendant les six autres mois que l'eau coule du Nil dans le lac, elle ne produit que 20 mines. »

Quant aux pyramides, ces montagnes de pierre n'étaient que de fastueux tombeaux. Quant on est parvenu à pénétrer dans leur intérieur, après des peines infinies, on a découvert au centre du monument une chambre sépulcrale où se trouvaient le sarcophage et la momie du roi. Tant de travaux et de misères infligés à leur peuple n'avaient d'autre but que d'assurer à leur dépouille un asile inviolable et à leur nom une durée sans fin

Écriture hiéroglyphique. — Mentionnons encore un art célèbre entre ceux que l'Égypte vit naître, l'écriture hiéroglyphique, dont les caractères furent d'abord la re-

---

1. Ce lac existe encore dans le Fayoum, c'est le Birk-el-Keroun. Hérodote se trompe en disant qu'il a été creusé de main d'homme. On ne voit nulle part la trace des onze cents milliards de mètres cubes qu'il aurait fallu enlever pour le creuser. Il y avait là des bas-fonds, un marais que Mœris a changé en un lac de 40 lieues de tour, en y amenant par un canal l'eau du Nil.

2. Une orgyie vaut 1m,85.

présentation figurée des objets, ou des idées que ces objets suscitent. Plus tard il s'y mêla des caractères représentant des sons, et qui, par conséquent, étaient de véritables lettres. Dans le tableau que nous plaçons ici[1],

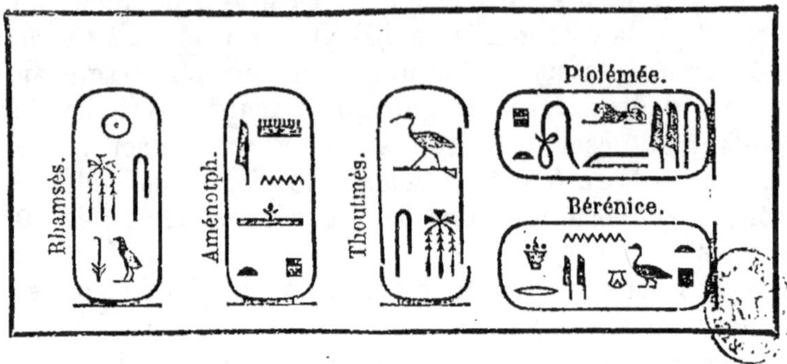

on trouvera quelques hiéroglyphes ayant une valeur idéographique ou représentant des idées, et d'autres qui étaient employés d'une manière phonétique ou représentant des sons. Nous reproduisons d'abord cinq cartouches royaux qu'on pourra lire à l'aide des signes du tableau.

1. Nous empruntons ce tableau à l'*Encyclopédie moderne*, t. XIII, p. 405, article *Écriture*, de M. Léon Vaïsse. Sésostris, si célèbre chez les Grecs, est inconnu à l'Egyptien Manéthon. M. de Rougé vient, il semble, de résoudre cette difficulté, après une comparaison attentive des papyrus et des inscriptions. Le nom de Rhamsès Méiamoun s'écrit souvent par abréviation *Ses* ou Sesou (pour Rhamsès), avec le surnom Méiamoun, ou Aimant Amon; de *Sesou* vint le *Sésoosis* de Diodore et le *Sésostris* d'Hérodote, qui serait par conséquent le même personnage que Rhamsès Méiamoun.

le soleil		homme		a
la lune		femme		e, i
le monde		enfant		o, ou
la vie		roi		b
la vigilance		reine		k
année		dieu		t
mois		Ammon		r, l
nuit		Set		m
quadrupède		Thot		n
plante		panégyrie		p
fleur		approuver		s
métal		action de force		ch
fluide		verbe de mouvement		f, ph
pierre de taille		genre féminin		v
habitation		nombre pluriel		h

CHAPITRE VII.

EMPIRE D'ASSYRIE.

La Mésopotamie. — Fondation du premier empire assyrien. — Ninus et Ninive. — Conquête de la Bactriane. — Sémiramis. — Babylone. — Le temple de Bel. — Conquêtes et travaux de Sémiramis. — Ninyas; décadence du premier empire assyrien. — Sardanapale; ruine du premier empire assyrien (759). — Jonas à Ninive.

La Mésopotamie. — Des montagnes de l'Arménie descendent deux fleuves dont les sources sont voisines et qui vont, après avoir réuni leurs eaux, se jeter dans le golfe Persique : ce sont le Tigre et l'Euphrate. Ces deux fleuves embrassent entre leurs cours un vaste pays, montagneux au nord, plat et sablonneux au centre et au sud, c'est la Mésopotamie, ou, comme les Juifs la nommaient, la Syrie des Rivières. Là s'élevèrent deux grandes villes, Babylone sur l'Euphrate, et Ninive sur le Tigre. Le territoire qui entourait l'une s'appelait la Babylonie, celui qui enveloppait l'autre était le pays d'Assur ou Assyrie. Toutes deux donnèrent naissance à deux royaumes, et furent tour à tour les capitales de deux puissants empires.

Fondation du premier empire assyrien. — Rien n'est célèbre dans l'antiquité comme Babylone, qu'enveloppait une double enceinte dont la plus grande avait un circuit de 92 kilomètres[1]. Les prêtres chaldéens lui donnaient une antiquité de 432 000 ans. Mais la Genèse fait rentrer sa fondation dans l'époque historique où elle place elle-même l'origine du peuple hébreu. C'est

---

1. D'après la triangulation faite en 1854 par M. Oppert, membre de l'expédition française de Mésopotamie, Babylone formait un carré de 23 kilomètres de côté, où se trouvaient de vastes champs cultivés et un savant système d'irrigation. La ville proprement dite n'avait qu'une superficie de 14 kilomètres carrés, ou environ de la moitié de Paris.

Nemrod le fort chasseur, dit-elle, qui fonda Babylone. Ses descendants y régnèrent jusqu'à ce que les Arabes fissent une invasion semblable à celle des Hycsos en Égypte. Au bout de quelques générations, ces conquérants éprouvèrent le même sort que les Hycsos; un roi de Ninive, resté indépendant comme les rois de la Thébaïde, Bélus attaqua les Arabes, reconquit Babylone, et fonda, à proprement parler, par la réunion de Babylone et de Ninive, le premier empire assyrien, ainsi nommé d'un ancien chef, Assur, qui fut, selon la Bible, fils de Sem.

Ninus et Ninive. — Ninus, que les uns disent fils de Bélus, que d'autres font régner plusieurs siècles après lui, ceux-là 2149 ans avant notre ère, ceux-ci en 1237, conquit en 17 années tous les pays situés entre l'Indus et la Méditerranée, à l'exception de la Bactriane. Au retour de ces expéditions, pour donner à ses Etats une capitale digne de lui, il reconstruisit la ville qui porta depuis son nom et que nous avons déjà appelée Ninive. Elle eut la forme d'un quadrilatère oblong; ses plus grands côtés avaient, dit-on, 150 stades de long, et les plus courts 90, de telle sorte que la totalité de l'enceinte était de 480 stades, ou de 89 kilomètres. Ses murs avaient 33 mètres de haut et étaient assez larges au sommet pour que trois chariots pussent y marcher de front. Les tours qui les défendaient, au nombre de 1500, avaient chacune 66 mètres d'élévation. Pour peupler cette immense cité, Ninus y admit un grand nombre d'étrangers, et en peu d'années Ninive devint la plus florissante ville du monde.

Conquête de la Bactriane. — Après ces travaux, Ninus recommença ses expéditions guerrières; il entreprit la conquête de la Bactriane, qu'il avait déjà vainement tentée. Il réunit, s'il en faut croire Ctésias [1], une armée de 1 700 000 hommes de pied, 210 000 cavaliers et 10 600 chars armés de faux. Son avant-garde perdit une pre-

---

1. Ctésias, médecin grec, qui résida 17 ans en Perse auprès d'Artaxerxès Mnémon de 416 à 400 avant J. C. Il écrivit une histoire de la Perse et de l'Inde dont il ne subsiste que des fragments. Il est rarement d'accord avec Hérodote, qui mérite bien plus de confiance que lui.

mière bataille contre le roi des Bactriens. Mais ce prince, effrayé de la multitude de ses ennemis, s'enferma dans Bactres sa capitale. Son courage, la force des murailles arrêtèrent longtemps tous les efforts des Assyriens. Ninus désespérait de s'emparer d'une place si bien défendue, quand le courage d'une femme la lui livra.

Sémiramis. — Voici ce que les Assyriens contaient sur l'origine de cette reine fameuse. Elle était fille d'une déesse syrienne, Dercéto, qui, le jour de sa naissance, l'exposa sur les rochers du Liban et se précipita elle-même dans le lac d'Ascalon, où elle fut changée en poisson. Durant une année entière l'enfant fut miraculeusement nourrie par des colombes. Recueillie par un pâtre et élevée par lui, elle grandit, devint fort belle, et fut épousée par un seigneur de la cour de Ninive, nommé Ménonès, que Ninus emmena dans son expédition de Bactriane. Ennuyé de la longueur du siége, Ménonès appela auprès de lui Sémiramis. Dans les rochers du Liban où elle avait longtemps vécu, elle avait pris l'habitude de gravir jusque sur la cime des monts et de courir au milieu des précipices. La citadelle de Bactres était en un lieu semblable. Personne n'avait osé y monter. Sémiramis l'escalada avec quelques hommes aussi habiles et aussi courageux qu'elle-même. La citadelle prise, Bactres ouvrit ses portes, et Ninus, charmé de cet héroïsme, épousa la vaillante guerrière. Il mourut après l'avoir fait reine, et Sémiramis lui succéda, son fils Ninyas étant encore au berceau.

Babylone. — Ce que Ninus avait fait à Ninive, Sémiramis voulut l'exécuter à Babylone, dont l'emplacement sur un grand fleuve navigable, à portée du golfe Persique, était bien plus favorable que celui de Ninive sur un cours d'eau profondément encaissé, rapide et ayant au-dessus de la ville un cours peu étendu. D'ailleurs les Chaldéens qui habitaient à Babylone, récemment soumis, n'étaient pas encore façonnés au joug. Elle vint donc s'établir dans cette ville pour les y habituer, et, à en croire Diodore et Ctésias, elle y accomplit les travaux suivants : l'enceinte

de la ville fut formée par un mur de 360 stades[1] de longueur
(67 000 mètres); flanqué de beaucoup de tours; l'Euphrate
passait au milieu : telle fut la magnificence de l'ouvrage,
que la largeur des murs suffisait au passage de six chars
de front. Quant à la hauteur, Ctésias la porte à 86 mètres,
des auteurs plus récents à 25 seulement, ajoutant que
leur largeur ne fut que celle de deux chars de front.
Ces auteurs disent que le circuit fut de 365 stades, par
la raison que Sémiramis voulut imiter le nombre des
jours de l'année. Ces murs furent faits de briques crues
enduites d'asphalte. Les tours, d'une hauteur et d'une
largeur proportionnées, ne furent qu'au nombre de 250.
Le premier travail étant fini, elle choisit l'endroit où
l'Euphrate était le plus étroit, et y jeta un pont dont la
longueur fut de 5 stades. Par des moyens ingénieux, on
fonda dans le lit du fleuve des piles espacées de 12 pieds,
dont les pierres furent jointes avec de fortes agrafes de fer,
scellées elles-mêmes par du plomb fondu qui fut coulé dans
leurs mortaises. L'avant-bec de ces piles eut la forme
d'un angle qui, divisant l'eau, la fit glisser plus douce-
ment sur ses flancs obliques, et modérait ainsi l'effort du
courant contre l'épaisseur des massifs. Sur ces piles on
étendit des poutres de cèdre et de cyprès, avec de très-
grands troncs de palmier, ce qui produisit un pont de
30 pieds de large.... Cette reine fit ensuite construire à
grands frais, sur chaque rive du fleuve, un quai dont le
mur eut la même largeur que celui de la ville sur une
longueur de 160 stades (près de 30 kilomètres). En face
de ces deux entrées du pont, elle fit élever deux châteaux
flanqués de tours et enveloppés d'une triple enceinte de
murailles. Sur les briques qui servirent à ces constructions, on avait moulé des figures d'animaux de toute
espèce, coloriées de manière à représenter la nature
vivante, et on avait soumis ces briques à la cuisson.

Sémiramis, continue Diodore, exécuta un autre ouvrage prodigieux : elle creusa un immense bassin où on

1. Hérodote, qui visita Babylone, dit 480 stades.

dériva le fleuve ; pendant qu'il y coulait, on se hâta de construire dans son lit, mis à sec, une galerie couverte qui s'étendit de l'un à l'autre château. Cette construction fut achevée en sept jours, au bout desquels le fleuve étant ramené dans son lit, Sémiramis put passer à pied sec de l'un à l'autre de ses châteaux. Elle fit poser aux deux murs de cette galerie deux portes d'airain qui ont subsisté jusqu'au temps des rois de Perse.

Le Temple de Bel. — Enfin elle bâtit au milieu de la ville le temple de Bel[1], dont Hérodote qui le visita nous a laissé la description ; on en voit encore aujourd'hui les ruines immenses. « C'est, dit-il, un carré régulier qui a 2 stades en tous sens (ou en kilomètres, 0,27). On voit au milieu une tour massive, qui a 1 stade tant en longueur qu'en largeur (en kilomètres 9,135) ; sur cette tour s'en élève une autre, et sur cette seconde encore une autre, et ainsi de suite ; de sorte que l'on en compte jusqu'à huit. Dans la dernière tour est une chapelle, et dans cette chapelle une table d'or. En bas il y a une autre chapelle où l'on voit une grande statue d'or, qui représente Jupiter assis. Près de cette statue est encore une table d'or. Le tronc et le marchepied sont du même métal. Le tout vaut 800 talents d'or (environ 60 millions de francs). On voit hors de cette chapelle deux autels, l'un tout d'or sur lequel on immole des victimes à la mamelle, l'autre trèsgrand, où l'on sacrifie des victimes ordinaires, et où l'on brûle tous les ans, à la fête du dieu, mille talents pesant d'encens. »

Conquêtes et travaux de Sémiramis. — La Babylonie ainsi embellie, et un immense asile assuré à ses populations en cas d'attaque soudaine, Sémiramis alla soumettre les Mèdes révoltés, et fonder, si l'on en croit

---

1. Il faut dire cependant que la plupart des briques que la récente mission de Babylonie a trouvées à Babylone et dans toute la contrée environnante portent l'estampille de Nabuchodonosor, ce qui forcerait d'attribuer à ce prince les travaux accomplis, suivant les historiens, par Sémiramis. Daniel (ch. IV, v. 27) fait dire à Nabuchodonosor : « N'est-ce pas là cette grande Babylone que j'ai bâtie?... » C'est aussi le témoignage de Bérose.

Diodore, la ville d'Ecbatane, qu'elle approvisionna d'eau en creusant dans le mont Oronte un canal de trois mètres de largeur sur treize de profondeur, qui communiquait avec un lac situé de l'autre côté de la montagne. De là elle passa en Perse, puis en Arménie, où elle éleva une ville près du lac de Van (Arcissa[1]), et soumit, d'après les traditions, l'Égypte et l'Éthiopie ; mais elle fut battue sur les bords de l'Indus par le roi Stratobatis, dont les éléphants détruisirent les deux tiers de l'armée assyrienne. De retour dans ses États, elle abdiqua devant les intrigues de son fils Ninyas, et disparut mystérieusement après un règne de 42 ans (1179). Les Assyriens crurent qu'elle avait été changée en colombe, et s'était envolée avec une troupe de ces oiseaux qui l'avaient nourrie dans son enfance, et qui étaient venus s'abattre sur son palais et la chercher au moment de sa mort comme femme et comme reine. Telle fut la renommée qu'elle laissa que les peuples oublièrent les noms de ses obscurs successeurs pour ne se souvenir que du sien, et tout grand ouvrage, en Asie, fut un ouvrage de Sémiramis. Alexandre trouva son nom jusque sur les frontières de la Scythie qu'on regardait alors comme la borne du monde habitable, et y lut l'inscription suivante que Polyen nous a transmise :

« La nature m'a donné le corps d'une femme ; mais mes actions m'ont égalée au plus vaillant des hommes. J'ai régi l'empire de Ninus qui vers l'orient touche au fleuve Hinaman (Indus), vers le sud au pays de l'encens et de la myrrhe (l'Arabie heureuse), vers le nord aux Sakas et aux Sogdiens. Avant moi, aucun Assyrien n'avait vu de mers ; j'en ai vu quatre, que personne n'abordait, tant elles étaient éloignées. J'ai contraint les fleuves de

____

1 Van, appelé par les Arméniens Semiramocerta, est aujourd'hui la résidence d'un pacha turc. On y voit une colline longue d'une heure de chemin et formée d'énormes quartiers de rochers qui supportent la citadelle actuelle. L'intérieur renferme de grandes salles voûtées, et d'immenses inscriptions cunéiformes couvrent l'entrée et les flancs de cette montagne artificielle.

couler où je voulais, et je ne l'ai voulu qu'aux lieux où ils étaient utiles : j'ai rendu féconde la terre stérile en l'arrosant de mes fleuves. J'ai élevé des forteresses inexpugnables ; j'ai percé avec le fer des routes à travers des rochers impraticables. J'ai frayé à mes chariots des chemins que les bêtes féroces elles-mêmes n'avaient pas parcourus. Et au* milieu de ces occupations, j'ai trouvé du temps pour mes plaisirs et pour mes amis. »

Ninyas ; décadence du premier empire assyrien. — Ninyas commença la longue liste de ces rois assyriens qui passèrent successivement sur le trône sans laisser d'eux aucun souvenir, et dont la mollesse et l'incapacité relâchèrent les liens de l'empire. Ces rois fainéants ne surent pas empêcher les rois de Jérusalem, David et Salomon, d'étendre leur domination jusqu'à l'Euphrate. Ce que les Juifs firent alors, d'autres peuples devaient naturellement essayer de le faire. Le sentiment de l'indépendance se réveilla chez les nations soumises, et, au temps de Sardanapale, le plus efféminé de ces rois dégénérés, éclata la révolution qui bouleversa l'empire assyrien.

Sardanapale ; ruine du premier empire assyrien (759). — C'était la coutume des rois assyriens, pour assurer la sécurité de leur empire et maintenir leurs sujets dans l'obéissance, de tenir sur pied une armée nombreuse levée annuellement dans toutes les provinces. Ils rassemblaient ces troupes près de Ninive, donnaient·à chaque nation un gouverneur sur lequel ils croyaient pouvoir compter, puis, à la fin de l'année, congédiaient les soldats, que d'autres, en nombre égal, venaient remplacer. Le renouvellement annuel de ces troupes empêchait qu'il ne se formât des relations trop intimes entre les chefs et les soldats, et prévenait tout complot contre le souverain. D'un autre côté, en se rendant invisibles, ils voilaient à tous les regards leur vie honteuse. En 761, deux chefs du contingent annuel s'entendirent pour renverser cette royauté oisive : Arbacès, commandant des troupes de Médie, et Bélésis, le chef des Babyloniens, qui était en même temps un des membres les plus distingués de la caste des Chaldéens. Ils se concertèrent avec d'autres chefs ; Arbacès s'engagea à soulever les Perses et les Mèdes ; Bélésis, Babylone et les Arabes. Ils réunirent en effet 40 000 hommes et attaquèrent Ninive. Sardanapale montra une énergie qu'on n'attendait pas de lui ; il se mit à la tête de ce qui lui restait de soldats et battit les rebelles dans trois rencontres. Les conjurés commençaient à désespérer, lorsque Bélésis leur déclara que les astres étaient pour eux, et que, s'ils voulaient tenir encore cinq jours, ils auraient infailliblement la victoire.

Bélésis était bien renseigné et prophétisait à coup sûr. Quelques jours après, un puissant renfort qui arrivait de la Bactriane au secours du roi prit parti pour les rebelles. Sardanapale fut obligé de se renfermer dans Ninive. Il s'y défendit deux ans. Ses prêtres lui avaient dit qu'il n'aurait rien à craindre tant que le fleuve ne serait pas devenu son ennemi. La troisième année il tomba des pluies si abondantes que les eaux du Tigre inondèrent une partie de la ville et renversèrent le mur dans une étendue de 20 stades. Alors le roi, persuadé que l'oracle était accompli, aima mieux mourir que de tomber vivant entre les mains de ses anciens sujets ; il fit dresser dans son palais un immense bûcher sur lequel il porta son or, son argent, ses vêtements royaux, s'y plaça avec ses femmes et ses eunuques et y fit mettre le feu.

Jonas à Ninive. — Le bruit de cette grande chute retentit au loin. Les Juifs, qui n'allaient être que trop mêlés à l'histoire des Assyriens, croyaient qu'un de leurs prophètes, Jonas, était allé annoncer à Ninive elle-même sa ruine prochaine. Voici le récit de l'Écriture : « En ce temps-là, Dieu parla à Jonas, fils d'Amathi : « Lève-toi « et va dans Ninive la grande ; fais-lui entendre mes « menaces ; le cri de ses iniquités est monté jusqu'à « moi. » Jonas, effrayé des périls de cette mission, essaya de s'y soustraire en fuyant. Il descendit à Joppé et s'embarqua sur un vaisseau phénicien prêt à partir pour Tarsis ; mais le Seigneur envoya sur la mer un vent fu-

rieux qui mit le navire en danger de périr. Les matelots
jetèrent le sort, pour savoir qui attirait sur leur tête la
colère du ciel. Le sort tomba sur Jonas. Reconnaissant
lui-même la main du Seigneur, il se soumit. A peine, en
effet, l'eut-on jeté à la mer, que la tempête se calma.

« Mais un monstre marin, dit l'Écriture, suivait le
vaisseau et dévora le prophète. Dieu lui conserva la vie,
et au bout de trois jours le poisson vomit Jonas sur le rivage. De nouveau il reçut l'ordre de se rendre à Ninive,
et obéissant cette fois, il partit pour la capitale de l'Assyrie. Dès qu'il en eut passé les portes, il s'écria : « En-
« core trois jours et Ninive sera détruite ! » Tant que le
soleil fut sur l'horizon, il parcourut ainsi toutes les rues
de la grande cité, en répétant ce cri sinistre : « Encore
« trois jours, et Ninive ne sera plus ! » La frayeur saisit
cette population corrompue, le prince donna lui-même
l'exemple de la pénitence : un édit ordonna un jeûne solennel, et le Seigneur, apaisé par ce repentir de tout un
peuple, épargna pour quelques années encore la ville
coupable. »

Suivant une autre tradition, Sardanapale, échappé à ses
ennemis, se serait retiré en Cilicie où il aurait fondé la
ville de Tarse, et l'édifice étrange qu'on y voit, le Donuk-
Dasch, serait son tombeau. Athénée rapporte l'inscription
qu'il y aurait fait graver :

> Sardanapale, fils d'Anaxyndarax, a bâti Tarse et
> Anchiale en un jour, et maintenant il n'est plus[1]

---

1. Cf. Saulcy, *Recherches sur la chronologie des empires de Ninive, de
Babylone et d'Ecbatane*, et Victor Langlois, *Exploration archéologique de
la Cilicie*, dans les Archives des Missions, t. IV, p. 62.

CHAPITRE VIII.

DEUXIÈME EMPIRE D'ASSYRIE; SES RAPPORTS AVEC LES PEUPLES VOISINS; FIN DU ROYAUME D'ISRAEL.

Ninive conserve ses rois. — Politique des rois Ninivites. — Affaiblissement des Juifs après le schisme des dix tribus. — Principaux rois d'Israël : Achab (919); Jéhu (883). — Intervention des Assyriens dans Israël : Manahem tributaire de Phul, roi d'Assyrie.—Destruction du royaume syrien de Damas par Teglath-Phalasar (741). — Premier démembrement d'Israël (741). — Salmanasar assiége Tyr et prend Samarie (721); destruction du royaume d'Israël. — Sargoun. — Principaux rois de Juda : Josaphat (915); Athalie (883). — Ézéchias. — Alliance d'Ézéchias avec l'Égypte. — Sennachérib devant Jérusalem et en Égypte. — Meurtre de Sennachérib (711). — Babylone réunie à l'empire ninivite. — Manassé (697). — Captivité du roi de Juda (675). — Judith. — Victoire des Assyriens sur les Mèdes (634). — Invasion des Scythes en Asie. — Destruction de Ninive et fin du second empire d'Assyrie. — Découverte des ruines de Ninive.

Ninive conserve ses rois. — Des ruines du premier empire d'Assyrie, il se forma trois royaumes, ceux de Babylone, de Médie et de Ninive, car les vainqueurs, contents d'avoir brisé un joug odieux, laissèrent subsister leur ancienne capitale qui se donna une nouvelle maison royale.

Politique des rois ninivites. — Contenus au nord et à l'est par les Mèdes, au sud par les Babyloniens, qui s'étaient rendus indépendants, les rois ninivites ne virent plus de chance d'agrandissement et de fortune que du côté de l'occident, vers la Syrie, la Phénicie et la Palestine. Le commerce et la civilisation avaient amassé de grandes richesses dans ces régions occidentales, et ces richesses étaient fort mal défendues, car les peuples qui les possédaient étaient divisés et en guerres continuelles les uns contre les autres.

Affaiblissement des Juifs après le schisme des dix tribus. — Des Syriens, nous savons fort peu de chose ; il sera question plus tard des Phéniciens qui, d'ailleurs, établis au bord même de la Méditerranée, étaient couverts contre une attaque de l'Assyrie par les Syriens et les Juifs ; mais de ceux-ci nous ne connaissons que trop les divisions et les malheurs.

On a vu qu'après la mort de Salomon, en 976, il s'était formé deux royaumes, celui de Juda, au sud, qui fut menacé par les Égyptiens, celui d'Israël, au nord, qui se trouva plus particulièrement exposé aux coups des Syriens qui touchaient à ses frontières, et à ceux des Assyriens qui arrivèrent jusqu'à lui, après qu'ils se furent emparés de la Syrie. Au lieu de s'unir pour résister à tant d'ennemis, les deux États juifs s'attaquèrent continuellement et mêlèrent les étrangers à leurs querelles, leur apprenant eux-mêmes les routes de Samarie et de Jérusalem. En vain, des voix patriotiques et inspirées leur montrèrent le péril ; en vain, les prophètes les rappelèrent sans cesse à l'union, à la concorde, à la foi ; ils ne voulurent rien entendre et succombèrent tous deux, après une existence malheureuse qui ne fut qu'une longue agonie.

Principaux rois d'Israël : Achab (919) ; Jéhu (883). — L'histoire du royaume d'Israël n'offre guère qu'une suite de tyrans et d'usurpateurs, établissant des dynasties qui vont rarement au delà de la seconde génération. Après Jéroboam, qui pendant un règne sans gloire de 22 ans rebâtit Sichem, mais apprit aux Égyptiens la route de la Judée, en implorant le secours de leur roi Sésac contre le roi de Juda, vint son fils Nadab (955), qui périt, avec toute sa famille, massacré par son lieutenant Baaza. Celui-ci règne 22 ans, mais son fils Éla est exterminé, avec tous les siens (930), par Zamri, qui, assiégé dans Thersa par un nouvel usurpateur, Amri, s'y brûle avec toute sa famille. Amri est le fondateur de Samarie. Ainsi Israël, infidèle à la loi de Moïse et à l'unité monarchique, était ensanglanté par des révolutions continuelles

Achab, fils d'Amri (919), règne 33 ans, et, par ses injustices et ses cruautés, attire sur lui et sa postérité les malédictions des prophètes. A l'instigation de sa femme Jézabel, fille du roi idolâtre de Sidon, il introduit à Samarie le culte de Baal dont le prophète Élie montre l'imposture, et il fait épouser sa fille Athalie au fils de Josaphat, roi de Juda. Il persécute Élie, auquel il attribue la famine qui désole pendant trois ans Israël ; fait mourir Naboth pour s'emparer de sa vigne, et meurt dans une dernière bataille contre le roi de Syrie, Benadad, qu'il avait cependant vaincu deux fois. Ce dernier continue ses ravages sous les règnes d'Ochosias et de Joram, tous deux fils d'Achab. Samarie ne doit son salut qu'à une terreur panique qui éloigne les Syriens, mais Joram est détrôné et tué par Jéhu. Jézabel est précipitée d'une fenêtre, et son cadavre est dévoré par les chiens, suivant la prédiction d'Élie ; 70 fils et petits-fils d'Achab, ses parents, ses amis sont égorgés. Les prêtres de Baal périssent, et le temple du dieu de Sidon est détruit (883).

Jéhu (883) et son fils Joachas (855), n'en adorent pas moins les veaux, d'or établis à Dan et à Béthel, tandis que les rois de Syrie, Hazaël et son fils Benadad III, dévastent la Judée, et font de ses armées, dit l'Écriture, ce que le fléau fait du grain sur l'aire. Joas, successeur de Joachas, relève Israël : il repousse victorieusement les Syriens dans trois combats, triomphe aussi du roi de Juda et prend Jérusalem d'où il transporte à Samarie les richesses du temple. Son fils Jéroboam II (823) rétablit le royaume d'Israël dans ses anciennes limites, depuis Émath, au pied du Liban, jusqu'à la mer du Désert ou lac Asphaltite; mais l'impiété de ses successeurs accélère la décadence et la ruine de Samarie, qui ne veut point comprendre les prophétiques menaces de Jonas, d'Osée, d'Amos et d'Abdias.

Intervention des Assyriens dans Israël ; Manahem tributaire de Phul, roi d'Assyrie. — Le royaume d'Israël venait d'être troublé par de violentes commotions. Sellum avait assassiné Zacharie et avait été tué lui-même,

.au bout d'un mois, par Manahem, lorsque Phul, premier roi de Ninive, depuis la catastrophe de Sardanapale, songea à tirer parti de ces révolutions. Manahem n'avait établi son autorité qu'en faisant peser sur Israël une dure oppression. Phul s'approchant avec une armée, il arrêta son invasion par l'offre d'un tribut de 100 talents (759).

Destruction du royaume syrien de Damas par Teglath-Phalasar (741). — L'invasion ne se repousse pas avec de l'or, mais avec du fer. Les trésors donnés par Manahem ne firent qu'accroître l'avidité des Assyriens. Ils avaient appris à connaître la route de la Palestine et la faiblesse des rois juifs. Ils y revinrent 17 ans après la première invasion. Cette fois, c'était le roi de Juda, l'impie Achaz qui, menacé par le roi de Damas, Razin, et celui d'Israël, Phacée, coalisés contre lui, appela à son secours le monarque d'Assyrie. Teglath-Phalasar envahit la Syrie avec une puissante armée, tua Razin et réduisit Damas, dont il transporta les habitants dans ses États.

Premier démembrement d'Israël (741). — Teglath-Phalasar entra ensuite dans Israël; il s'empara de ses plus riches provinces, du pays de Galaad, de la Galilée et de la terre de Nephthali, et il en emmena les habitants captifs en Assyrie. Le roi de Juda paya cher ce secours. Il dut se reconnaître tributaire et aller jusqu'à Damas rendre hommage au conquérant. Pour gagner sa faveur, il promit de placer dans le temple de Jéhovah l'image odieuse d'une divinité assyrienne (741).

Salmanasar assiége Tyr et prend Samarie (721); destruction du royaume d'Israël. — En 730, Osée tua Phacée pour prendre sa place. Un nouveau roi régnait à Ninive, Salmanasar. Il força Osée à lui payer tribut, puis, attiré en Phénicie par la renommée de ses villes, il assiégea la plus puissante, celle de Tyr. Cette ville avait de fortes murailles et était défendue par la mer. Pour la prendre, il eût fallu des vaisseaux et les Ninivites n'en avaient pas. Tyr fut sauvé. Mais Salmanasar ajouta à son empire le royaume d'Israël. Osée, pour échapper au tribut, avait imploré l'assistance du roi d'Égypte Soua. A cette nouvelle, Salmanasar accourut, enveloppa d'une armée formidable Samarie, qui se défendit trois années, et, quand il l'eut prise, il emmena captifs le roi et son peuple. Des Assyriens repeuplèrent Samarie déserte et se confondirent avec les débris de la population juive restée dans le pays. Ces nouveaux venus, qui se firent initier au culte de Jéhovah, le corrompirent en y mêlant leurs traditions nationales; on les désigna dans la suite sous le nom de Samaritains; ils furent les plus cruels ennemis des Juifs.

Sargoun. — Les inscriptions assyriennes nouvellement découvertes et interprétées parlent d'un roi Sargoun qui aurait renversé Salmanasar et fait d'immenses conquêtes dans le nord et l'ouest de son empire, soumis l'Arménie, l'île de Cypre, Babylone et « 350 rois que j'ai forcés, dit-il, dans une de ses inscriptions, à quitter leurs superstitions pour passer au culte de Bel, le vrai Dieu. » C'est de ce Sargoun que Sennachérib serait le fils.

Principaux rois de Juda : Josaphat (915); Athalie (883). — Le royaume de Juda se trouvait maintenant à découvert, mais n'était pas mieux préparé à résister. Cependant la race de David s'y était maintenue, et quelques rois s'y étaient distingués par leur piété et leur justice. Son premier ennemi fut l'Égypte. Roboam (976), qui régna 17 ans, laissa le roi égyptien, Sésac, piller Jérusalem et son temple. Mais Aza (956) triompha de Zara, roi d'Éthiopie. Un roi pieux, Josaphat (915), rendit même le royaume prospère et un moment redoutable : il renversa les idoles, et, afin d'éclairer le peuple, il envoya des lévites de ville en ville, le livre de la loi à la main. Il établit aussi en chaque cité des juges desquels on pouvait appeler à un tribunal suprême qui siégeait sous ses yeux à Jérusalem. Les Arabes et les Philistins lui payèrent tribut, et ses sujets versèrent dans son trésor des contributions volontaires. Avec ces richesses il entoura ses villes de murailles et équipa une armée nombreuse qui battit les Ammonites et les Moabites. Il fit épouser à son

fils Joram, Athalie, fille d'Achab et de Jézabel, et tenta
avec ce prince d'exploiter, comme l'avait déjà fait Salomon, le commerce de la mer Rouge et dés côtes orientales de l'Afrique. Joram, qui lui succéda en 891, fit
massacrer ses six frères, avec tous les amis de son père,
et, perverti par les conseils d'Athalie, sa femme, imita
l'impiété des rois d'Israël : il battit, sans les réduire, les
Iduméens révoltés, et vit les Philistins et les Arabes piller Jérusalem. Son fils Ochosias ne régna qu'un an : il
fut tué à Mageddo à la suite de la révolte de Jéhu dans
Israël.

Cette mort laissa le pouvoir à Athalie, qui ensanglanta
le royaume de Juda de ses fureurs (883). Elle fit périr
tous les princes de la race royale; mais Josabeth, prin
cesse du sang de Josaphat, et épouse du grand prêtre
Joïada, arracha aux bras de sa nourrice, avant qu'il fût
égorgé, Joas, le dernier des enfants d'Ochosias; et pendant plus de six années elle le tint caché dans le temple
à l'insu d'Athalie. Lorsque Joas eut atteint l'âge de sept
ans, le grand pontife fit venir les centeniers et les soldats, leur distribua les lances et les armes du roi David
conservées dans le sanctuaire; puis il leur présenta le fils
de leur prince. Encouragé par leurs acclamations, il mit
sur sa tête le diadême, et le sacra roi. Athalie entendit le
bruit du peuple qui accourait, et entra avec la foule dans
le temple. Apercevant alors Joas assis sur le trône, et auprès de lui tous les ministres du culte, elle déchira ses
vêtements en s'écriant : « Trahison! trahison! » Sur l'ordre de Joïada, les soldats l'entraînèrent hors du lieu saint,
afin de ne le pas souiller, et la percèrent de leurs épées
au seuil du palais des rois (877). Le dieu et les prêtres
d'Athalie partagèrent son sort; le temple de Baal fut détruit, et Mathan, son ministre, massacré.

Tant que Joïada vécut, Joas, docile à ses conseils, régna
avec sagesse; mais, le grand prêtre mort, l'idolâtrie reparut dans Jérusalem, et Zacharie, fils de Joïada, tomba
lapidé sur le seuil même du temple. Aussitôt les malheurs commencèrent : les troupes du roi de Syrie entrè-

rent dans Juda; quoique peu nombreuses, elles prirent Jérusalem, firent mourir les premiers du peuple et ne rendirent à Joas la liberté qu'après qu'il eut livré l'or du temple et les trésors de Josaphat. L'année suivante ses serviteurs eux-mêmes l'égorgèrent (837). Son fils Amasias eut le même sort. Osias (808), remporta d'éclatants succès sur les Philistins, sur les Ammonites, et répandit jusqu'en Égypte la gloire de son nom. Il retira Jérusalem de ses ruines, et mit sur pied une armée de 300 000 soldats. Il fit aussi creuser des citernes dans le désert pour abreuver ses nombreux troupeaux, et favorisa l'agriculture. Mais une lèpre affreuse le couvrit, et depuis ce jour il vécut dans une maison séparée, tandis que son fils Joathan rendait la justice au peuple. Devenu roi (754), Joathan continua de faire prospérer l'État. Mais son fils (741) Achaz, qui abandonna la religion nationale pour les superstitions idolâtriques des nations étrangères, vit s'unir contre lui Razin, roi de Damas, et Phacée, roi d'Israël. « Son cœur trembla, comme dans les forêts tremble la cime des arbres que bat la tempête. » Cependant les deux rois furent contraints de lever le siége de Jérusalem; on a vu que Achaz n'en appela pas moins à son aide le roi d'Assyrie Théglat-Phalasar, qui réduisit le royaume d'Israël aux plus dures extrémités, renversa celui de Syrie, et exigea du roi de Juda un tribut avec l'abandon du port d'Élath sur la mer Rouge.

Ézéchias.—Quand Samarie tomba ce fut une menace pour Jérusalem. Ézéchias y régnait alors. Effrayé de la puissance des Assyriens, il promit à Sennachérib un tribut de 300 talents d'argent et de 30 talents d'or qu'il ne put payer qu'en détachant les lames d'or qui revêtaient les portes du temple.

Alliance d'Ézéchias avec l'Egypte. — Contre les Assyriens, Ézéchias rechercha l'appui de l'Égypte. Le prophète Isaïe repoussa hautement cette alliance. Revenir à Jéhovah, voilà le salut; car Jéhovah combattra encore pour son peuple fidèle :

« Malheur à ceux qui descendent en Égypte pour lui

demander secours, et qui mettent confiance en la multitude de ses chevaux et de ses chars de guerre, au lieu de chercher le Seigneur et de s'appuyer sur le saint d'Israël.

« L'Égyptien est un homme, non pas un dieu; ses chevaux ne sont que chair : quels secours donneront-ils? Le Seigneur étendra sur eux sa main, et ils seront précipités, celui qui donne, comme celui qui reçoit cette vaine assistance.

« Le Seigneur m'a dit : « Comme le lion, quand il saisit « sa proie, fait retentir les monts de rugissements qui « portent au loin l'épouvante, ainsi Jéhovah descendra et « combattra sur sa montagne de Sion. »

« Comme l'oiseau qui défend ses petits, ainsi le Seigneur protégera et sauvera Jérusalem. »

Ézéchias n'en persévéra pas moins dans cette politique, et Sennachérib prit prétexte de son alliance avec un royaume ennemi pour recommencer la guerre.

Sennachérib devant Jérusalem et en Égypte. — On a lu sur les monuments retrouvés à Ninive, une longue inscription où Sennachérib raconte lui-même ses travaux et ses victoires. Dans la première année de son règne, il combattit Mérodac Baladan que son père avait laissé à Babylone comme roi tributaire, et il le vainquit, pilla ses villes, ses trésors et emmena de nombreux captifs. Dans la seconde année, il pénétra en Asie mineure : dans la troisième, il envahit la Phénicie et prit Sidon. « Le roi d'Ascalon n'étant pas venu me rendre hommage, je le fis prendre, lui, les dieux de sa maison, ses trésors, ses femmes, ses filles, et je les transportai à Ninive. En automne de la même année, je marchai contre le peuple d'Ékrou qui avait refusé de reconnaître ma suprématie, et qui avait fait alliance avec Ézéchias et rendu hommage à son dieu. Le roi d'Égypte envoya aussi des cavaliers et des fantassins. Près de la ville de Lachis, je leur présentai la bataille et je les défis. Comme, néanmoins, le roi Ézéchias refusa de se soumettre à ma domination, je lui enlevai 46 villes, en lui laissant Jérusalem sa capitale, et quelques endroits situés aux environs. Mais comme il persista à me refuser son hommage, j'attaquai et emmenai en captivité toute la population sédentaire aussi bien que nomade, qui habitait autour de Jérusalem, ainsi que 60 talents d'or et 800 talents d'argent, les trésors des nobles et de la cour d'Ézéchias et de leurs filles, avec les officiers de son palais et les esclaves, hommes et femmes, je retournai à Ninive et je considérai ce butin comme l'équivalent du tribut qu'il refusait de me payer. »

La Bible raconte autrement cette fin de la grande expédition de Sennachérib en Judée. Tandis que Sennachérib assiégeait Lachis, dit l'Écriture, son général, Rabsacès, marcha sur Jérusalem. Quand il fut arrivé à l'aqueduc de la piscine supérieure dans le chemin du champ du foulon, il s'arrêta et parla ainsi à trois officiers du roi qui étaient sortis à sa rencontre : « Dites à Ézéchias : Voici comment parle le grand roi : Quel est ton espoir? en qui mets-tu ta confiance? est-ce que tu attends secours du roi d'Egypte? Mais l'Égypte n'est qu'un roseau fragile. Si tu t'appuies sur lui, il cassera et te percera la main. Soumettez-vous à mon Seigneur et je vous donnerai 2000 chevaux, si vous pouvez toutefois trouver assez de cavaliers pour les monter. »

Alors les serviteurs du roi Ézéchias dirent à Rabsacès : « Parle-nous en syriaque, que nous comprenons, et non dans la langue des Juifs, afin que tout ce peuple qui est accouru sur les murailles ne puisse entendre ce que tu dis. » Mais Rabsacès, se tournant au contraire vers le peuple, cria d'une voix forte en hébreu : « Écoutez ce que dit le grand roi, le roi des Assyriens : Ne vous laissez pas tromper par les discours d'Ézéchias; il ne saurait vous délivrer de nos mains. Qu'il ne vous dise pas non plus : Le Seigneur vous sauvera. Est-ce que les dieux des autres nations les ont sauvées? Où est le dieu d'Émath et d'Arphath? où est le dieu d'Eppharvam? Ont-ils pu défendre Samarie contre moi? Quel est le dieu qui arrachera de mes mains la terre de son peuple; sera-ce celui de Jérusalem? »

Quand on rapporta à Ézéchias ces insolentes paroles, il déchira ses vêtements et envoya les anciens des prêtres vers Isaïe, pour le supplier d'implorer le Seigneur. Le prophète lui répondit : « L'Éternel a exaucé ta prière, et voici comme il parle à Sennachérib :

« La vierge de Sion te méprise, et la fille de Jérusalem se rit de toi.

« Qui penses-tu avoir insulté? contre qui crois-tu blasphémer? C'est contre le saint d'Israël.

« Tu m'as attaqué par ton insolence, et le bruit de ton orgueil est monté jusqu'à moi; c'est pourquoi je te mettrai un anneau aux narines et un frein à la bouche, et je te ramènerai dans le chemin par où tu es venu.

« Tu n'entreras point dans Jérusalem, tu ne lanceras point tes flèches contre elle, tu ne l'entoureras point de tes soldats et de tes boucliers; car je la protége et je la sauverai à cause de moi et de David, mon serviteur. » La même nuit, l'ange du Seigneur passa dans le camp des Assyriens et frappa de mort 185 000 hommes.

De leur côté, les prêtres d'Égypte racontèrent à Hérodote que ce même Sennachérib vint, durant le règne du prêtre Séthos, attaquer l'Égypte avec une armée innombrable. Séthos avait offensé la caste militaire : elle ne le soutint pas. « Il se trouvait donc fort embarrassé; alors il se rendit au temple et se mit à gémir devant la statue du dieu sur le sort fâcheux qu'il courait risque d'éprouver. Pendant qu'il déplorait ainsi ses malheurs, il s'endormit et crut voir le dieu lui apparaître, l'encourager et l'assurer que s'il marchait à la rencontre des Assyriens il ne lui arriverait aucun mal, parce qu'il recevrait un secours inattendu. Confiant dans cette vision, Séthos prit avec lui tous les gens de bonne volonté, se mit à leur tête et alla camper à Péluse qui est la clef de l'Égypte. Cette armée n'était composée que de marchands, d'artisans et de gens de la lie du peuple. Aucun homme de guerre ne l'accompagna. Ces troupes étant arrivées à

Péluse, une multitude prodigieuse de rats de campagne se répandit la nuit dans le camp ennemi et rongea les carquois, les arcs et les courroies qui servaient à manier les boucliers; de sorte que, le lendemain, les Assyriens étant sans armes, furent forcés de s'enfuir, et que la plupart périrent dans la fuite. On voit encore aujourd'hui dans le temple de Vulcain une statue de pierre qui représente ce roi ayant un rat sur la main avec cette inscription : « Qui que tu sois, apprends en me voyant à respecter les « dieux. »

Meurtre de Sennachérib (711). — Le récit égyptien confirme donc celui de la Bible : Sennachérib, qui avait projeté de réduire à la fois Jérusalem et l'Égypte, l'alliée des Juifs, éprouva un désastre, et ce revers se laisse entrevoir dans le résumé officiel qu'il a donné lui-même de son expédition. A bien y regarder, en effet, ce récit ne diffère pas beaucoup plus des deux autres, que n'ont souvent différé, en Europe, des bulletins de victoire écrits par les deux partis contraires.

De retour à Ninive, Sennachérib batailla encore contre les Chaldéens et contre les peuplades qui habitaient les montagnes au nord de l'Assyrie; il embellit Ninive de nouveaux monuments, et, un jour qu'il adorait son dieu Nesroch dans le temple, deux de ses fils l'assassinèrent. Ils ne recueillirent pas le fruit de ce parricide; ils furent obligés de s'enfuir en Arménie et de laisser le trône de Ninive à Asar-Haddon, le troisième des enfants de Sennachérib.

Babylone réunie à l'empire ninivite. — Le royaume d'Assyrie avait pris assez de force par ses conquêtes dans l'ouest et le nord, pour être en état de profiter des dissensions dont Babylone était désolée, et replacer cette ville sous la domination de Ninive. Sennachérib y était parvenu; son fils, Asar-Haddon, était vice-roi dans cette capitale, quand il lui succéda. Nous ignorons les détails de cette révolution, mais on peut conclure des paroles du prophète Isaïe, qu'il y eut de grands combats :

« Sur la montagne, ô princes, dressez l'étendard, élevez la voix, faites signe de la main.

« Les hommes forts accourent; ils seront les ministres de la fureur du Très-Haut.

« Quel bruit de nations sur les montagnes! quelles voix de rois et de peuples assemblés! quelle armée belliqueuse le Seigneur a appelée des extrémités du monde!

« Répandez-vous en cris plaintifs et en gémissements; car le jour du Seigneur est proche.

« Ils seront comme le daim qui s'enfuit, comme la brebis qui s'égare, et personne ne les ramènera vers leur peuple, personne ne les reconduira à leur cité.

« Car quiconque sera trouvé, périra; ceux qui se réuniront tomberont sous le glaive.

« Babylone, que ton roi nomme l'illustre, tu deviendras comme Sodome et Gomorrhe.

« Pour l'éternité tu seras veuve d'habitants; jamais, dans ton enceinte, l'Arabe ne dressera sa tente; jamais le pâtre ne viendra s'y reposer.

« Mais les bêtes sauvages y feront leur repaire, les démons y établiront leurs danses, et le hérisson nichera dans tes palais superbes. »

Ailleurs, il dit encore :

« Descends, ô vierge de Babylone! descends et assieds-toi dans la poussière; car tu ne seras plus appelée la molle et voluptueuse fille de la Chaldée.

« Tourne la meule, mouds le grain, rejette ton manteau et passe à pied tes fleuves. C'est le Dieu des armées, c'est le saint d'Israël qui t'entraîne.

« Marche dans les ténèbres, vis dans le repentir, ô fille de la Chaldée; car on ne t'appellera plus la forte et la puissante.

« Irrité contre mon peuple, je l'ai livré à tes mains; mais tu l'as traité sans miséricorde, comme un vieillard que tu aurais courbé sous un joug pesant.

« Tu disais : Je serai pour l'éternité la maîtresse des nations. N'avais-tu donc pas compris, dans ton cœur altier, n'avais-tu pas prévu ce qui maintenant t'arrive?

« A présent, écoute ces paroles, toi, molle et voluptueuse fille, toi, qui dis dans ta pensée : Je suis l'unique; il n'y en a pas une autre qui soit semblable à moi. Jamais je ne connaîtrai l'abandon, jamais je ne saurai ce que c'est que la stérilité.

« Écoute : voici qu'au même jour arrivent pour toi la stérilité et l'abandon. Ils arrivent, malgré les maléfices de tes enchanteurs, seule espérance de ta malice.

« Tu disais : Nulle autre ne m'est semblable, et voici venir ta ruine. Ne sais-tu pas qu'une fosse est sous tes pieds et la misère sur ta tête? désormais, plus de parure.

« Appelle donc tes conseillers; que tes astrologues te sauvent. Sans doute ceux qui lisent au ciel sauront te dire ce qui doit t'arriver. •

« Mais tous ils seront jetés au feu et ils brûleront comme un bois mort; d'eux il ne restera pas même un charbon. Oui, siége auprès, ils te seront d'un grand secours! »

Ainsi, tour à tour fier, ironique et menaçant, le poëte-prophète poursuit sa guerre contre la grande prostituée. Déjà il entend le bruit de sa chute.

« Une vision terrible comme la tempête qui souffle au désert a effrayé mon âme.

« Esclave, couvre la table; mangez, buvez, ô princes! puis levez-vous et saisissez vos boucliers.

« Car, voici ce que m'a dit le Seigneur : Va et mets quelqu'un en sentinelle; tout ce qu'il verra il te le rapportera.

« Je vois, dit la sentinelle, deux cavaliers; je vois un homme qui chevauche sur un âne, je vois un homme qui chevauche sur un chameau.

« Écoute, écoute attentivement.

« Voici venir un homme monté sur un char; il s'écrie : Elle est tombée, Babylone, elle est tombée, et avec elle ont été brisées ses idoles.

« Entendez, ô vous les délaissés! vous qui pleurez dans la douleur, entendez ce que vous annonce Jéhovah, le Dieu d'Israël. »

Manassé (697). — Ézéchias mourut en 697. Son fils, Manassé, lui succéda à l'âge de 12 ans, et, loin d'imiter sa piété, s'abandonna à toutes les superstitions de l'idolâtrie; il rétablit les hauts lieux; il dressa des autels à Baal; il méprisa les murmures du peuple et les menaces des prophètes. Isaïe fut, par ses ordres, mis à mort, et périt d'un supplice atroce. La tradition veut qu'on ait scié son corps en deux avec une scie de bois.

Captivité du roi de Juda (675). — Les désordres dont Juda souffrait parurent une occasion favorable à Asar-Haddon pour en finir avec l'indépendance de ce petit peuple. Il envahit la Judée, s'empara cette fois de Jérusalem et emmena Manassé captif à Babylone.

Toutefois, le roi juif recouvra la liberté et put retourner en Palestine, à condition, sans doute, d'être le vassal et le tributaire du monarque assyrien. Il régna encore 33 années, cette fois avec sagesse.

Judith[1].—C'est pendant ce long règne qu'on place, ne sachant où la mettre, une nouvelle invasion des Assyriens dans la Palestine, qui est restée célèbre par le dévoûment de Judith.

Holopherne, général du roi d'Assyrie, dit le livre de Judith, passa l'Euphrate avec une armée formidable. Frappées de terreur, toutes les villes se rendaient sans résistance; les enfants de Juda seuls, se confiant dans le Seigneur, osèrent se défendre. C'est alors qu'Holopherne vint mettre le siége devant Béthulie, ville forte située sur une montagne et occupée par les Israélites fidèles au vrai Dieu. Le général assyrien ayant fait couper un aqueduc qui portait l'eau nécessaire à la ville,

---

1. Il n'est pas possible d'assigner une date certaine à cette histoire. Nous suivons, non comme vraie, mais comme vraisemblable l'opinion d'Ussérius, de Prideaux, de Huet et de dom Calmet, qui la placent avant la captivité.

les habitants furent réduits aux dernières extrémités, et
se seraient rendus aussitôt sans les courageuses exhortations de leur commandant Ozias, qui leur persuada
d'attendre pendant cinq jours encore la miséricorde du
Seigneur.

Il y avait alors dans la ville une jeune veuve nommée
Judith, d'une beauté et d'une sagesse incomparables. Depuis trois ans elle vivait loin du monde dans la douleur et
les larmes, jeûnant tous les jours, hormis les sabbats et
les fêtes, et portant un cilice. Apprenant à quelles extrémités ses concitoyens étaient réduits, Judith forma le projet de les délivrer. Sur le soir, elle avertit Ozias et les
anciens de la ville, qu'elle allait sortir de Béthulie, leur
demanda de prier pour elle, et cependant ne les instruisit
pas de son projet. Pour la première fois depuis trois années elle quitta son cilice, reprit son habit de fête, et se
couvrit de senteurs précieuses. Puis, après s'être placée
par la prière sous la protection de l'Éternel, elle partit,
accompagnée d'une servante qui portait quelques provisions, et se présenta au camp des Assyriens; les gardes
avancés l'arrêtèrent et la conduisirent auprès d'Holopherne. Le général ennemi fut touché des charmes de sa
parole et de la beauté de ses traits. Il ordonna qu'on la
conduisît dans la tente où étaient ses trésors, et, sur sa
demande, il lui permit de se retirer chaque soir en un
lieu écarté pour prier son Dieu.

Judith passa ainsi trois jours, ne prenant rien autre
chose que les provisions apportées avec elle, afin de ne
pas être souillée par une nourriture qu'auraient apprêtée
des mains infidèles. Le quatrième jour Holopherne donna
un grand festin, puis il fit venir Judith dans sa tente;
mais appesanti par les fumées du vin, il tomba aussitôt
profondément endormi; les serviteurs se retirèrent, et
Judith, restée seule avec lui, saisit son glaive suspendu à
une colonne, au chevet du lit, et, le frappant de deux
coups, lui trancha la tête. Elle sortit aussitôt, et les gardes, habitués à la voir passer tous les soirs avec sa servante, ne l'arrêtèrent point. Elle courut vers Béthulie :

« Ouvrez, ouvrez, s'écria-t-elle, le Seigneur est avec nous. » La foule en un instant se rassemble autour de Judith. « Voici, dit-elle alors, la tête d'Holopherne, général des Assyriens; le Dieu vivant m'est témoin que son ange a veillé sur moi et me ramène pure au milieu de vous. » Les acclamations du peuple saluèrent cette délivrance inespérée. Dès le lendemain, excités par les conseils de Judith, les habitants sortirent en armes, poussant des cris et sonnant de la trompette. L'armée assyrienne, effrayée par la mort de son général, s'enfuit de tous côtés, et fut taillée en pièces; trente jours suffirent à peine pour enlever le butin. L'heureuse nouvelle se répandit rapidement dans toutes les villes de Juda, le grand prêtre vint lui-même de Jérusalem avec les anciens pour féliciter Judith, et lui dit : « Tu es la gloire de Jérusalem et la joie d'Israël, tu es l'honneur de notre peuple et tu seras bénie à jamais. »

Victoire des Assyriens sur les Mèdes (634). — Pendant que les rois de Ninive reconstruisaient au sud et à l'ouest l'ancien empire d'Assyrie, les Mèdes conquéraient les provinces orientales. Sous leur roi Phraortes, ils se crurent assez forts pour entrer directement en lutte avec les Assyriens et marchèrent contre Ninive. Ils furent arrêtés dans la plaine de Ragau par une grande défaite, Phraortes même fut tué. Mais son fils Cyaxares allait le venger. Déjà il avait vaincu les Ninivites et il assiégeait leur ville, quand un événement inattendu la sauva.

Invasion des Scythes en Asie. — Le nord de l'Europe et de l'Asie paraît avoir été ébranlé à cette époque par de grands déplacements de peuples. Hérodote conte que les Massagètes chassèrent les Scythes qui se rendirent en Europe, où ils s'emparèrent du pays des Cimmériens (Russie méridionale). Ce dernier peuple ayant fui devant les envahisseurs et passé en Asie, les Scythes les y suivirent et bientôt oublièrent la poursuite des fugitifs pour mettre la main sur les richesses amassées par les grands empires de Médie et de Ninive. Cyaxares, assailli par eux, fut contraint de se réfugier dans les montagnes de son pays, ce qui ne l'empêcha pas de payer tribut aux Scythes. Toute l'Asie occidentale fut de même soumise par ces barbares, qui, allant toujours devant eux, arrivèrent en Palestine avec le dessein de pénétrer en Égypte. Psammétichus, roi de ce pays, les prévint. Il alla à leur rencontre avec d'immenses trésors, les leur offrit en présent et obtint qu'ils n'envahissent pas ses Etats.

Durant 20 années les Scythes dominèrent sur l'Asie occidentale, portant partout la dévastation et la ruine, car ils ne s'arrêtaient nulle part. Ils avaient soumis les rois à des tributs, et ils prenaient encore en toute circonstance et en tout lieu ce qui était à leur convenance; aussi étaient-ils profondément haïs des peuples et de leurs chefs. L'Asie fut débarrassée de ce fléau par Cyaxares. Ce roi et son peuple formèrent un vaste complot. Ils invitèrent la plus grande partie des Scythes à des fêtes, les enivrèrent et ensuite les égorgèrent.

Destruction de Ninive et fin du second empire d'Asyrie (606). — Les rois de Ninive avaient donc laissé aux Mèdes l'honneur de débarrasser l'Asie de ces hôtes incommodes. Cela veut dire que ces princes étaient retombés dans la mollesse qui avait été si fatale aux successeurs de Ninyas. Sarac ou Chinaladan rappelait en effet par ses mœurs Sardanapale et finit comme lui. Il laissa Nabopolassar, son lieutenant à Babylone, détacher insensiblement de son autorité les peuples de ce gouvernement, s'allier avec les Scythes, puis avec les Mèdes, et préparer une répétition de la révolte de Bélésis sous Sardanapale. On s'en réjouit en Judée, et le prophète Nahum annonça la ruine de la grande cité qui avait envoyé tant de fois ses armées contre Jérusalem.

« Voici venir par la montagne celui qui apporte la bonne nouvelle, celui qui annonce la paix. Célèbre tes fêtes ô Juda! que le Seigneur entende tes prières; car maintenant ils ne viendront plus contre toi, ils sont détruits, ils sont effacés.

« O Ninive! il monte vers toi, celui qui doit déraciner

tes murs ; il monte, et le souffle de sa colère te frappe au visage. Surveille les routes, prends les armes, rassemble tes forces, car le Seigneur va punir l'insolence des ennemis d'Israël et de Jacob.

« Je vois les armes des forts, je vois les braves qui se jouent au milieu des flammes ; les chars de guerre et les cavaliers s'avancent avec grand bruit, ils se heurtent, ils se choquent dans les chemins et les places.

« Les visages des guerriers brillent comme l'éclair, leurs yeux lancent la foudre.

« Les voici aux murailles, ils préparent leurs machines, les portes se sont ouvertes et les palais se sont écroulés.

« O ville de sang ! ô cité pleine de mensonges et d'iniquités ! les chasseurs ne passeront pas à côté de toi.

J'entends le bruit des fouets, le cri des roues, les hennissements des chevaux ; j'entends les chars dont l'essieu s'enflamme et les cavaliers qui montent.

« Je vois les épées qui brillent, les lances qui étincellent, les soldats percés de coups, et cette ruine immense.

« Pillez l'argent, pillez l'or, les richesses de Ninive sont infinies.

« Ninive est détruite ! elle est renversée, tous les cœurs sèchent d'effroi, les genoux tremblent, les cœurs défaillent, les visages sont livides et défigurés.

« Qui connaît maintenant cette caverne où le lion apportait à ses lionnes et à ses lionceaux sa proie sanglante ?

« O roi d'Assur ! vos pâtres se sont endormis, vos braves sommeillent, votre peuple s'en est allé sur les montagnes. Qui le rappellera ? »

Ninive, en effet, succomba et fut détruite ; Cyaxares, délivré des Scythes, vint avec Nabopolossar, de Babylone, reprendre le siége de la capitale des Assyriens. Sarac mit le feu à son palais et se brûla lui-même (606).

Nous ignorons les détails de cette catastrophe, mais elle fut terrible : « Assur, dit Ézéchiel, s'élevait comme un cyprès du Liban, ses branches étaient touffues, sa cime se cachait dans les nuées; et l'eau du ciel l'avait nourri.

« Ses fleuves coulaient autour de ses racines, et il envoyait ses ruisseaux à tous les arbres des champs.

« Tous les oiseaux du ciel nichaient dans ses branches, toutes les bêtes des forêts avaient déposé leurs petits sous ses rameaux; à son ombre habitait la multitude des nations.

« Mais parce qu'il s'était élevé avec orgueil, des étrangers sont venus qui l'ont coupé sur la montagne. Ses rameaux ont roulé dans les vallées, ses racines ont été arrachées, et les peuples, se retirant de son ombre, l'ont renversé à terre.

« Maintenant, c'est dans ses ruines que reposent les oiseaux du ciel, c'est sur son tronc que s'arrêtent les bêtes des champs. »

Découverte des ruines de Ninive. — La cité qui avait été si longtemps la reine de l'Asie disparut à ce point que la science moderne ne savait plus désigner la place où s'élevaient ses palais superbes. On croyait vaguement qu'elle avait dû se trouver à quelque distance de la ville actuelle de Mossoul. Un consul de France dans cette ville, M. Botta, voyant, à 20 kilomètres nord-est de Mossoul, la plaine au bord du Tigre semée circulairement de collines que la nature ne pouvait avoir disposées ainsi[1], eut la pensée de fouiller quelques-uns de ces tertres. Il rencontra beaucoup d'obstacles de la part des habitants qui ne pouvaient croire qu'on remuât ainsi la terre pour y chercher autre chose que des trésors. La persévérance de M. Botta fut enfin récompensée. En 1843, ayant creusé une de ces collines sur laquelle était bâti le pauvre village de Khorsabad, il découvrit un immense palais dont

---

1. La Mésopotamie, continuation du désert d'Arabie ou terre d'alluvion, n'a pas de pierres à bâtir. On construisait donc avec des briques, le plus souvent séchées au soleil. De là, la fragilité de ces villes auxquelles s'appliquaient si bien les paroles de l'Écriture ; *Pulvis es et in pulverem reverteris.*

les murailles portaient encore les traces de l'incendie allumé par le second Sardanapale. Ninive était retrouvée, et ses ruines exhumées, après 24 siècles, ont révélé toute sa magnificence.

CHAPITRE IX.

EMPIRE BABYLONIEN ; NABUCHODONOSOR ; FIN DU ROYAUME DE JUDA ; CAPTIVITÉ DE BABYLONE.

La domination de l'Asie passe de Ninive à Babylone. — L'ère de Nabonassar (747). — Retour sur l'histoire de Babylone de 747 à 606.—Les Chaldéens.—Nabopolassar (625-604).—Nabuchodonosor (604). — La captivité des Juifs (601). — Destruction de Jérusalem par Nabuchodonosor (587). — Religion des Assyriens. — Jérémie. — Plaintes des Hébreux captifs. — Ézéchiel. — Travaux de Nabuchodonosor à Babylone. — Prompte décadence de l'empire babylonien. — Balthasar et Daniel (538). — Ruine de Babylone. — Inscriptions cunéiformes. — Arts et sciences, commerce.

La domination de l'Asie passe de Ninive à Baby-lone. — Nous n'avons malheureusement pas l'histoire d'Assyrie qu'Hérodote s'était proposé de raconter et qu'il n'a peut-être pas composée, quoiqu'il parle deux fois de son intention de l'écrire. Il en résulte que les événements qui précèdent et suivent la destruction de Ninive, et l'histoire particulière de Babylone depuis la mort du premier Sardanapale, nous sont fort mal connus. Il ressort cependant de l'ensemble des faits, que Babylone et son chef ont dû jouer un rôle important dans la catastrophe qui précipita Chinaladan, plus important même que Cyaxares et les Mèdes ; car ce fut Babylone qui hérita de Ninive ; c'est à elle que passa la domination de l'Asie occidentale. La cité de Sémiramis, jusque-là vassale de Ninive, redevint une capitale souveraine, et ses princes y formèrent une dynastie de rois héréditaires, aussi célèbres par leurs conquêtes que par les magnificences de toutes sortes dont ils entourent leur trône.

L'ère de Nabonassar (747). — Babylone avait conquis son indépendance en 759, quand Bélésis avait aidé Arbacès à briser le premier empire assyrien. Un prince, Nabonassar, qui fut sans doute le successeur de Bélésis, s'efforça de détruire le souvenir des rois assyriens qui avaient dominé à Babylone, et pour effacer le passé, en datant tout de son règne, il institua l'ère célèbre qui porte son nom. Elle commence le 26 février 747, et servit aux prêtres chaldéens pour leurs observations astronomiques.

Retour sur l'histoire de Babylone de 747 à 606. — On a vu que les successeurs de Nabonassar ne furent ni assez habiles, ni assez forts pour résister aux maîtres du second empire assyrien. L'Écriture en nomme un, Mérodac Baladan, qui envoya des ambassadeurs et des présents à Ézéchias, et qui forma, avec le roi de Juda, sans doute aussi avec celui d'Égypte, une ligue contre le puissant État qui les menaçait tous trois. Le prophète disait aux rois des Juifs qui recherchaient l'amitié des Pharaons : « L'Égypte est un roseau fragile. Appuyez-vous sur lui, il se brisera et vous déchirera la main. » Ainsi en arriva-t-il à Juda ; ainsi à Babylone. Un des successeurs de Mérodac Baladan fut, comme Manassé, emmené captif par Sennachérib, et un vice-roi assyrien gouverna Babylone.

Mais ces dominations asiatiques sont comme le sabl mobile du désert que le vent roule et amoncelle en collines toujours changeantes. Survenait-il dans un de ces États un prince énergique et habile, il entraînait son peuple au combat, à la victoire ; puis, content du carnage qu'il avait fait, du butin qu'il avait ramassé, il revenait laissant derrière lui des ruines ensanglantées, sans avoir pris aucune mesure pour s'assurer la fidélité et l'affection des vaincus. De là ces changements continuels de fortune, ces royaumes qui s'élèvent ou qui tombent selon qu'un homme fort les soutient, ou qu'un prince efféminé les laisse déchoir.

Les Chaldéens. — Le milieu du VIIᵉ siècle est marqué, comme le milieu du VIIIᵉ, par de grandes révolutions dans l'Asie occidentale. J'ai déjà raconté l'invasion des Scythes, j'exposerai bientôt les conquêtes des Mèdes. Il semble qu'un autre peuple ait fait aussi en ce temps-là une invasion heureuse dans la Babylonie, les Chaldéens; du moins les prophètes Isaïe et Habacuc parlent de ce peuple en des termes qui ne conviennent guère à la population efféminée de Babylone.

« Ainsi parle le Seigneur, disait Habacuc : Je vais susciter les Chaldéens, nation cruelle et rapide, qui court toutes les terres pour s'emparer des tentes qu'elle n'a pas dressées.

« Elle est terrible et illustre; elle ne reconnaît d'autre juge qu'elle-même; ses chevaux sont plus légers que les panthères et plus rapides que les loups d'Arabie.

« Ses cavaliers viendront de loin, comme l'aigle qui fond sur sa proie, et ils assembleront les captifs comme le vent du désert amasse les montagnes de sable.

Nabopolassar (625-604). — Ce peuple nomade et brave, descendu peut-être des régions montagneuses qui bornent la Mésopotamie par le nord, se serait emparé de Babylone vers l'année 630, et lui aurait donné une vigueur nouvelle. Nabopolassar était peut-être son chef. Il s'unit, vers 625, avec le roi des Mèdes, Cyaxares, et l'aida, après le départ des Scythes, à renverser Ninive (606).

Nabuchodonosor (604). — Nabopolassar était déjà, au moment de ce grand triomphe, brisé par l'âge, il laissa son fils Nabuchodonosor commander les armées à sa place, car un nouvel ennemi se présentait, le Pharaon d'Égypte, Néchao, qui avait voulu profiter de l'abaissement des Assyriens pour conquérir la Palestine et la Syrie. En 609, il avait vaincu et tué le roi de Juda, Josias, envoyé son fils, après trois mois de règne, captif aux bords du Nil, où il mourut, et donné le titre de roi à Joachim en exigeant de lui un tribut de 100 talents d'argent et d'un talent d'or.

La captivité des Juifs (606). — Nabuchodonosor s'indigna de cette entreprise sur des pays qu'il regardait comme faisant partie de l'héritage de Ninive, et l'année même où cette grande ville tomba, il marcha contre Jérusalem, que le roi d'Égypte laissa sans défense, la prit, emporta les vases sacrés du temple et emmena Joachim captif à Babylone avec les principaux des Juifs (606 av. J. C.). C'est alors que commencèrent les 70 ans de la captivité des Juifs; elle dura jusqu'au règne de Cyrus, qui, en 536, leur permit, par un édit célèbre, de retourner dans leur patrie et de rebâtir le temple.

Cependant Joachim recouvra la liberté et retourna à Jérusalem, à condition de payer un tribut au roi des Babyloniens. Mais pour échapper au joug, il renouvela son alliance avec Néchao et se révolta. Son protecteur vint le secourir avec une puissante armée qui s'avança jusqu'à l'Euphrate, pour renouveler au delà de ce fleuve les conquêtes des anciens Pharaons. La défaite des Égyptiens à Carchémis laissa les Juifs exposés sans défense à toute la colère de Nabuchodonosor. Pendant quatre ans, les généraux du monarque assyrien dévastèrent impitoyablement la Judée; lui-même, vainqueur des Égyptiens pour la seconde fois, entra dans Jérusalem et mit à mort Joachim.

Destruction de Jérusalem par Nabuchodonosor (587). — Malgré tant de misères, la royauté juive durait toujours. Jéchonias monta sur le trône après le départ des Assyriens, mais ne l'occupa que trois mois, car Nabuchodonosor reparut une troisième fois devant Jérusalem, s'en empara et jeta dans les fers le jeune prince, auquel il donna pour successeur Sédécias (598).

Le nouveau roi ne fit rien pour tirer son peuple de l'abîme. Jérémie eut beau peindre la désolation qui approchait; ils entendaient, mais ne comprenaient pas.

« Le lion, disait-il, le lion s'est élancé hors de sa tanière, l'exterminateur des nations s'est levé; il sort de son gîte pour faire de cette terre une solitude.

« Il monte comme la nue; son char a le bruit de la

tempête, ses chevaux la vitesse de l'aigle. Malheur, malheur à nous ; nous périrons misérablement !

« J'ai regardé la terre, et en elle il n'y avait que vide et néant ; j'ai regardé les cieux, et ils n'avaient plus que ténèbres.

« J'ai vu les montagnes, et elles tremblaient ; j'ai vu les collines, et toutes chancelaient.

« En vain mes yeux ont cherché un homme ; les oiseaux mêmes du ciel s'étaient enfuis.

« Le Carmel était désert ; ses cités avaient été détruites.

« Et toi, ô Sion ! que fais-tu ? Couvre-toi de pourpre, mets tes parures d'or, peints ton visage de vermillon : tu seras belle, mais en vain. Ceux qui t'aimaient te repoussent ; c'est ta vie qu'ils veulent.

« Et voilà que j'entends une voix gémissante ; c'est la voix de la fille de Sion qui se meurt ; elle étend les mains, elle s'écrie : « Hélas, hélas ! sur tant de cadavres la vie « m'échappe ! »

Ils crurent qu'il n'y avait autre chose à faire que de s'allier encore avec les Ammonites, les Moabites, les Tyriens et les Sidoniens, tous ennemis du roi d'Assyrie. Nabuchodonosor, provoqué, marcha de nouveau contre Jérusalem ; il fut forcé presque aussitôt d'en lever le siége pour aller combattre les Égyptiens, intéressés à ce que le royaume de Juda, ce dernier et faible rempart qui les séparait des Assyriens, ne fût pas renversé. Vainqueurs d'Apriès, les Chaldéens retournèrent en Judée, prirent les villes de Lachis et d'Azécha et reparurent devant Sion. Durant 18 mois les Juifs repoussèrent toutes les attaques ; mais la famine triompha de leur constance. Dans la nuit du 9 au 10 juillet 587, l'ennemi pénétra par une brèche dans la ville, d'où le roi s'enfuit avec quelques serviteurs vers le Jourdain. Arrêté dans la plaine de Jéricho, il vit ses fils, les princes et les chefs de Juda massacrés en sa présence. Après quoi le vainqueur lui fit arracher les yeux, le conduisit chargé de chaînes à Babylone et le jeta dans une prison où il resta jusqu'à son dernier jour.

Un mois après, Nébuzardan, chef des troupes royales, entra dans la ville, et aussitôt l'œuvre de destruction commença. Le temple et le palais du roi furent incendiés, les murailles détruites, les ornements d'airain qui décoraient le sanctuaire brisés ou transportés à Babylone. On égorgea le grand prêtre et 60 des principaux habitants, et on emmena en captivité la plus grande partie du peuple. Quelques Juifs seulement furent laissés pour la culture des campagnes.

Jérémie. — Alors Jérémie, assis au milieu des ruines de la cité sainte, soupirait dans l'amertume de son cœur et disait :

« Comment est-elle maintenant solitaire, cette ville si pleine de peuple ? Elle est délaissée, la maîtresse des nations ; elle paye tribut, la reine des provinces ; elle pleure, et personne ne la console : ceux qui l'aimaient lui sont devenus ennemis.

« Les routes de Sion gémissent, car personne ne vient plus à ses solennités ; ses portes sont brisées, ses prêtres sont dans les larmes ; ses vierges ont été ravies ; et elle reste seule dans l'amertume de son cœur.

« La fille de Sion a perdu sa parure ; ses princes sont comme des béliers qui ne trouvent plus de pâturages, et l'ennemi les a chassés devant lui comme un vil troupeau.

« O vous tous qui passez dans le chemin, considérez et voyez s'il y a une douleur semblable à la mienne !

« Le Seigneur a retiré du milieu de mon peuple tous les hommes vaillants.... C'est pour cela que je fonds en pleurs et que mes yeux répandent des ruisseaux de larmes.

« Les vieillards de la fille de Sion se sont assis dans la poussière et demeurent dans le silence ; ils ont couvert leur tête de cendres ; ils se sont revêtus de cilices...

« A qui te comparer, ô fille de Jérusalem, et comment te consoler, ô vierge de Sion ? Le débordement de tes maux est semblable à une mer....

« Tous ceux qui passaient ont frappé dans leurs mains

et te voyant, ils ont dit : Est-ce là cette ville d'une beauté
si parfaite qui était comme une couronne de joie pour
toute la terre ? Voici ce jour que nous attendions ; nous
l'avons trouvé, nous l'avons vu....

« Comment l'or s'est-il obscurci ? comment l'argent
a-t-il changé ? Les pierres du sanctuaire **ont** été dispersées à tous les coins des rues....

« Nobles fils de Sion, vous brilliez dans l'or ; comment
n'êtes-vous plus regardés que comme vases d'argile ? »

Cependant le nouveau gouverneur assyrien de la Palestine, Godolias, avait reçu l'ordre de traiter Jérémie
avec de grands égards, et de lui laisser établir sa demeure
où il voudrait ; malheureusement il ne gouverna que
deux mois. Ismaël, prince de la race royale de Juda, l'as-
sassina dans un festin et tenta de s'emparer du pouvoir.
Le peuple, lassé de guerres et de révoltes, s'empressa de
montrer sa fidélité à son nouveau maître, en s'ameutant
contre Ismaël, qui fut forcé de fuir chez les Ammonites.
Malgré cette preuve de leur zèle, les Juifs, redoutant la
colère du roi d'Assyrie, et sourds aux exhortations de
Jérémie, cherchèrent presque tous un asile en Égypte où
ils entraînèrent le prophète. Ils ne furent pas assez loin
pour que la main du puissant roi de Babylone ne pût les
frapper encore. Nabuchodonosor, après avoir soumis les
nations environnantes, ravagea l'Égypte et n'épargna pas
les Juifs. Quant à Jérémie, on croit qu'il fut lapidé à
Taphné par les Juifs, qui ne pouvaient lui pardonner la
sévérité de ses reproches ni la sainteté de sa vie.

Plaintes des Hébreux captifs. — Les Juifs emmenés
en captivité, sous Joachim, vécurent misérables et dispersés sur les bords du fleuve Chobar. Ils maudissaient
leurs vainqueurs et ne pouvaient oublier Jérusalem. Ces
plaintes et ce souvenir sont venus jusqu'à nous dans un
chant mélancolique :

« Assis au bord des fleuves de Babylone, nous avons
pleuré en pensant à Sion.

« Nos harpes étaient suspendues aux saules du rivage ;

« Et ceux qui nous avaient emmenés captifs nous disaient : Chantez-nous quelques-uns des cantiques de Sion ;

« Mais comment chanter un cantique du Seigneur sur une terre étrangère ?

« Si je t'oublie, ô Jérusalem, que ma main droite m'oublie ;

« Que ma langue reste attachée à mon palais si tu sors de ma pensée, si tu n'es plus, ô Jérusalem, le premier objet de mes joies.

« Souviens-toi, Seigneur, des enfants d'Édom, lorsqu'au jour de malheur pour Sion ils disaient : Détruisez-la, détruisez-la jusque dans ses fondements.

« Malheur sur toi, fille de Babylone ! béni soit qui te rendra tous les maux que tu nous as faits, qui prendra tes enfants et leur brisera la tête contre la pierre. »

Ou bien ils répétaient encore la plaintive élégie du roi-prophète :

« Comme le cerf languit après la source rafraîchissante, de même aussi mon âme soupire après vous, ô mon Dieu !

« Mon âme a soif du Dieu vivant. Quand donc reviendrai-je ? Quand pourrai-je contempler encore la face du Seigneur ?

« Les larmes sont pour moi le pain du matin et le pain du soir, depuis que chaque jour ils me disent : Où est ton Dieu ?

« Alors je me rappelle que, moi aussi, j'allais au tabernacle du Seigneur avec la foule joyeuse qui célébrait la fête solennelle.

« Pourquoi es-tu si triste, ô mon âme ? quel trouble jettes-tu en moi ? Espère en Dieu, aie confiance.

« Et cependant mon âme est encore troublée et gémissante, car il m'est revenu un souvenir des bords du Jourdain, un souvenir de la petite montagne d'Hermon.

« A la voix des tempêtes la vague monte et recouvre la vague : ainsi, Seigneur, tes flots ont passé sur moi.

« Mon Dieu, pourquoi m'oublier ? pourquoi me laisser

marcher triste et abattu au milieu de mes ennems qui me raillent et chaque jour me répètent : Où est ton Dieu ? »

Cependant ils se souvenaient du premier esclavage en Égypte, « cette dure maison de servitude, » et malgré leurs souffrances ils se reprenaient à espérer.

« Jéhovah a sauvé les captifs d'Israël, alors la joie était sur nos lèvres et les chants de triomphe dans notre bouche. Et les nations disaient : Pour eux, quelles grandes choses le Seigneur a faites !

« Détourne donc, Seigneur, notre captivité, comme autrefois tu détournas les grandes eaux du Midi.

« Ceux qui sèment dans les larmes doivent moissonner dans la joie. Ils sont allés et, pleurant et gémissant, ils ont jeté leurs semences. Ils sont revenus et, joyeux, ils chantent et emportent leurs gerbes nombreuses. »

Ainsi, aux bords des fleuves de Babylone, Israël chantait ses douleurs et ses espérances.

Cependant, après la destruction de Jérusalem, Nabuchodonosor traita les captifs avec humanité ; il leur permit d'acquérir des terres, de contracter des mariages et d'avoir des juges pour terminer leurs différends d'après leurs propres lois ; plusieurs même, comme Daniel, s'élevèrent à de hautes dignités dans son palais.

Ézéchiel. — Ézéchiel était un des captifs emmenés avec le roi Joachim. Témoin des gigantesques travaux de Nabuchodonosor à Babylone, de sa richesse et de sa puissance, il pénétrait les desseins de sa politique, et consola Israël en montrant les malheurs qui allaient fondre sur ceux qui s'étaient réjouis de ses misères.

Voici ce que dit Jéhovah :

« Parce que tu t'es écriée avec joie : Jérusalem, cette ville où affluaient les nations, est tombée ; je viens vers toi, ô Tyr !

« Contre toi, je ferai monter des peuples aussi nombreux que les flots de la mer quand elle monte sur ses rivages.

« Ils abattront tes murs ; ils raseront tes tours ; tu ne seras plus que poussière, et cette poussière, les vents l'emporteront ; de toi, il ne restera que le roc nu et luisant, ou les pêcheurs feront sécher leurs filets.

« Voici que je conduis contre toi Nabuchodonosor, le roi des rois, avec ses chars de guerre, ses cavaliers et la foule des nations.

« Tu disparaîtras sous la poussière soulevée par les pieds de ses chevaux ; et la voix de ses cavaliers, le bruit de ses chars, ébranleront tes murs.

« Alors cesseront tes concerts ; alors on n'entendra plus le son des harpes.

« Les îles trembleront au bruit de ta chute ; et, aux cris lugubres des mourants, les princes de la mer descendront de leur trône ; ils rejetteront les insignes de leur grandeur, leurs vêtements superbes ; et, frappés d'épouvante, assis sur la terre, ils diront avec des pleurs.

« Comment es-tu si malheureusement tombée, ô ville superbe ?

« Tyr, tu disais en toi-même : Je suis une ville d'une beauté parfaite.

« Je m'élève au milieu des eaux. Je suis bâtie de cèdres de Sénir, et les cyprès du Liban ont servi de mâts à mes vaisseaux.

« Avec les chênes de Basan, on a fait mes rames ; mes temples sont d'ivoire, ma couche de lin d'Égypte, ma tente d'hyacinthe et de pourpre.

« Les princes de Sidon et d'Aradus m'ont servi de rameurs, mes sages de pilotes.

« Les Perses, les Lydiens et les hommes de Libye combattaient pour moi ; sur les flancs de mes navires, ils suspendaient leurs casques et leurs boucliers.

« Sur mes murailles, dans mes tours, veillaient les enfants d'Aradus, et le long des créneaux ils attachaient leurs carquois.

« Carthage, la Grèce et Rhodes ; Juda, Damas et l'Arabie, et Saba et Assur, trafiquaient avec moi, et remplissaient mes places d'argent et d'or !

« Oui, cité superbe, tes rameurs t'ont conduite sur les

grandes eaux, mais le vent du midi t'a brisée au milieu de la mer.

« Et tes rameurs, tes conseillers, tes pilotes, tes soldats, tes richesses, en ce jour de ruine, descendront avec toi au fond des eaux.

« Et, assis au rivage, la tête couverte de cendres, leurs fils crieront : Qui était semblable à Tyr ? Cependant elle s'est tue au milieu des flots ! »

A l'Égypte, le prophète irrité disait :

« Je viens à toi, Pharaon d'Égypte, à toi, grand dragon couché au milieu de tes fleuves, et qui dis : Ces fleuves sont à moi, c'est moi qui les ai faits.

« Je mettrai un frein à tes mâchoires ; j'attacherai à tes écailles les poissons de ton fleuve, et je te tirerai du milieu de tes eaux.

« Je te jetterai au désert, et tu seras livré en proie à tous les oiseaux du ciel, à toutes les bêtes de la terre.

« Alors tous les hommes d'Égypte sauront que c'est moi qui suis le Seigneur, car tu n'as été, pour la maison d'Israël, qu'un roseau fragile.

« Quand elle s'est appuyée de la main sur toi, tu t'es brisé, et tu lui as déchiré les reins.

« Mais voici le roi de Babylone qui n'a pas trouvé sa proie devant Tyr, à ce siége terrible où toute épaule est devenue pelée, où toute tête est devenue chauve.

« Je lui donnerai l'Égypte, dit le Seigneur, et il en emportera les dépouilles. Le jour sombre arrive ; l'épée vient ; la fin des nations est proche.

« Au nom du Seigneur, je parle à Pharaon et à son peuple.

« Peuple d'Égypte, quitte la parure de tes fleuves, et tombe au milieu de ceux que le glaive a déchirés pour y dormir de l'éternel sommeil.

« Les géants te diront : Viens au fond de la grande fosse ; descends et dors avec les incirconcis.

« Là est déjà Assur avec tous les siens, avec tous ceux qu'a frappés l'épée.

« Là est son sépulcre, et tout autour ceux de son peuple.

« Ælam est ici, et Mosoch, et Thobel; et ils dorment avec les géants qui sont tombés au commencement des temps. Dans l'empire des ombres, ils sont descendus avec leurs armes de combat; sous leur tête, ils ont mis leur glaive; mais sur leurs os pèsent toujours leurs iniquités. »

Nabuchodonosor, en effet, conquit la Syrie, dompta les Sidoniens, prit Tyr après un siége de 13 ans, et parcourut l'Égypte en conquérant, mais sans la garder.

Travaux de Nabuchodonosor à Babylone. — De retour dans ses États, il occupa les bras de ses captifs à embellir Babylone, en l'agrandissant d'une seconde ville, qu'il bâtit sur la rive droite de l'Euphrate[1]; à décorer les temples, surtout celui de Bel[2], et à construire un magnifique palais, célèbre par ses jardins suspendus ou terrasses artificielles qu'il couvrit d'arbres et de verdure. Plusieurs canaux furent dérivés de l'Euphrate pour servir à l'arrosement de la plaine, et Térédon fondé pour assurer la navigation du golfe Persique. Une des femmes de Nabuchodonosor, Nitocris, continua ces travaux pendant les sept années que dura une démence du roi, dont parle le livre de Daniel. Elle creusa au-dessus de Babylone un nouveau lit à l'Euphrate, pour arrêter les Mèdes, dont la puissance devenue formidable, depuis la prise de Ninive, menaçait alors toute la haute Asie, construisit dans la ville, des deux côtés du fleuve, un quai en briques, qui avait peut-être été bâti plus tôt, et établit un pont mobile, destiné à mettre en communication, pendant le jour seulement, les deux villes dont se composait Babylone. Enfin, elle fit creuser un vaste lac de 420 stades de circuit, pour y détourner les eaux du fleuve dans les débordements.

Prompte décadence de l'empire babylonien. — Nabuchodonosor mourut après un règne de 43 ans, et

---

1. On a vu plus haut qu'il est fort difficile de distinguer les travaux accomplis à Babylone par Sémiramis, Nabuchodonosor ou Nitocris.

2. Une inscription cunéiforme qu'on vient de lire renferme le curieux détail fait par Nabuchodonosor lui-même, de ses travaux de réparation à la fameuse tour à huit étages dont Hérodote nous a laissé la description.

n'eut vraiment pas de successeur (561). Son fils Évilmé-
rodach, prince vicieux et cruel, fut tué par Nériglissor,
son beau-frère. Nériglissor lui-même ne régna que 4 ans,
et périt dans une grande bataille qu'il livra aux Médo-
Perses, commandés par Cyrus. Son successeur, Labo-
rosoarchod, ne fit que passer sur le trône d'où le pré-
cipitèrent les grands, révoltés des instincts cruels qu'il
montrait, malgré son extrême jeunesse.

Balthazar et Daniel (538). — Labynethos ou Balthasar, comme l'appelle l'Écriture, ne régna pas moins honteusement. Il vit Cyrus assiéger Babylone et tourner contre
cette ville un des moyens de salut que lui avait voulu
donner Nitocris, lorsque les Perses dérivèrent l'Euphrate
dans le réservoir latéral creusé par cette reine, et péné-
trèrent dans la ville par le lit du fleuve mis à sec. Le
livre de Daniel raconte dans les termes suivants la dernière orgie royale et une effrayante vision qui épouvanta
les convives. Voici le récit de cette scène étrange qui avait
cours parmi les Juifs. Hérodote, dont on trouvera plus
loin le récit, dans l'histoire des Perses, dit aussi que
Babylone fut prise un jour de fête.

Déjà l'innombrable armée du nouveau conquérant cer-
nait Babylone ; mais, confiant dans la force de ses murailles, Balthasar se riait des vains efforts de son ennemi
et oubliait dans les festins les ennuis d'un long siége. Un
jour que, avec les grands de sa cour et toutes ses femmes,
il célébrait une orgie et buvait dans les vases sacrés de
Jérusalem, en louant ses dieux d'or et d'argent, d'airain
et de fer, de bois et de pierre, tout à coup on vit paraître
des doigts et comme la main d'un homme qui écrivait sur
la muraille ; à cette vue l'esprit du roi fut saisi d'un
grand trouble ; son visage changea de couleur et tout son
corps trembla. Il fit venir les devins, mais aucun ne put
lire ni interpréter l'écriture mystérieuse. Balthasar était
épouvanté, ainsi que tous les grands de sa cour, quand
la reine se souvint du nom de Daniel et de ses prédictions ; on l'amena, et le roi lui promit de le vêtir de
pourpre, de lui donner un collier d'or et le troisième rang

dans l'empire, s'il pouvait lire les mots tracés sur la muraille et les interpréter. Daniel dit à Balthasar : « Tu t'es élevé contre le dominateur du ciel, tu as fait apporter les vases de la maison sainte et tu as bu dedans, toi, tes femmes, tes concubines et les grands de ta cour ; vous avez loué en même temps vos dieux qui ne voient point, qui n'entendent point, qui ne sentent point, et vous n'avez pas rendu gloire à l'Éternel qui tient dans sa main vos âmes et tous les moments de votre vie ; aussi a-t-il envoyé cette main, et voici ce qui est écrit : *Mané, Thécel, Pharès.* — *Mané*, Dieu a compté les jours de ton règne, il en a marqué la fin ; *Thécel*, tu as été mis dans la balance et tu as été trouvé trop léger ; *Pharès*, ton royaume a été divisé, il a été donné aux Mèdes et aux Perses. » Daniel, malgré ces paroles terribles, fut vêtu de pourpre par l'ordre du roi : on lui mit un collier d'or autour du cou, et l'on publia qu'il était la troisième personne de l'empire.

La même nuit, les menaces du prophète s'accomplirent. L'Euphrate traversait la ville : Cyrus entra dans Babylone, Balthasar fut tué, et une partie des habitants égorgés [1].

« Dans la main du Seigneur, disait Jérémie, Babylone était un calice d'or où toute la terre venait s'enivrer. Les nations ont bu de son vin et elles sont devenues chancelantes et faibles. Aiguisez vos flèches, remplissez vos carquois, le Seigneur a excité le courage du rois des Mèdes, il veut perdre Babylone, parce que le temps de sa vengeance est arrivé, le temps où il vengera son peuple....

« Comment la plus belle ville du monde est-elle tombée entre les mains de ses ennemis ? Comment est-elle devenue l'étonnement des nations ?...

« Le Seigneur a ruiné Babylone ; il a fait cesser les voix confuses de son grand peuple. Le bruit de ses ennemis retentissait comme celui des flots irrités, leurs cris éclataient comme le frémissement des grandes eaux.

1. Voy. plus loin p. 214.

« Et maintenant ses princes, ses sages, ses chefs, ses magistrats et ses braves dorment de l'éternel sommeil. »

Gouvernement des Assyriens. — Il reste peu de renseignements sur la constitution des empires assyrien et chaldéo-babylonien. En principe, le pouvoir des rois était absolu ; ils avaient une cour nombreuse et magnifique, et des ministres qui dirigeaient l'administration de l'État. L'empire était divisé en provinces ou satrapies, commandées par des officiers qui avaient pour fonctions de recouvrer les impôts et de rendre la justice. Les prêtres appelés chaldéens exerçaient une grande influence sur le gouvernement, grâce à leurs connaissances en astronomie et à la croyance où étaient les Assyriens qu'on pouvait lire l'avenir dans les astres.

Religion des Assyriens. — La religion de ce peuple essayait d'expliquer l'univers et racontait sa formation successive. Les puissances créatrices procédaient les unes des autres, partant du dieu-poisson Oannès pour aboutir à Bel, l'ordonnateur définitif, l'organisateur du monde et de la société, le fondateur de Babylone. A ces croyances se joignaient le culte des astres, sous l'influence desquels la crédulité populaire plaçait tous les événements ; autant d'astres, autant de divinités. Bel ou Baal, le premier des dieux était aussi le premier des astres, le soleil, et avait son temple à Babylone.

Tous les détails donnés sur ce temple par Hérodote se trouvent confirmés par Daniel. Suivant l'écrivain sacré, 70 prêtres étaient attachés au service du temple, et tous les jours on offrait au dieu 12 grandes mesures de farine du plus pur froment, 40 brebis et 6 grands vases de vin.

A côté de Baal ou Bel, le plus grand des dieux assyriens, étaient la déesse Beltis ou Mylitta, les cinq planètes chaldéennes, El ou Ael, dont le nom était le même que celui du soleil, Nergal ou Mars, Nava ou Vénus, Nabo ou Mercure, Bel Gad ou Jupiter ; puis les douze maîtres ou conseillers des dieux, dont chacun présidait à un mois de l'année et à un des douze signes du zodiaque. A ces divinités se rattachaient encore d'autres puissances, comme Oannès et Dercéto, qui avaient la forme d'un poisson, ou Sémiramis, qu'on adorait sous la figure d'une colombe.

Une telle religion dont le culte autorisait, commandait même des orgies immondes, dut naturellement exciter une profonde horreur chez les adorateurs de Jéhovah, et provoquer contre les idoles leurs véhémentes invectives. Écoutez Isaïe :

« Le forgeron travaille un morceau de fer, il le polit avec sa lime, il le bat au marteau de toute la force de son bras ; il a faim, il a soif, il défaille, mais il a fait un Dieu !

« Le sculpteur choisit un arbre, il le mesure à la règle, il le coupe, il le soude, il le taille à face d'homme, puis il le place dans sa maison : voilà un Dieu !

« Il a coupé un arbre de la forêt, un pin que Dieu a planté et que la pluie du ciel a nourri.

« Il en prend la moitié pour se chauffer et pour faire cuire son pain, sa viande ; et après qu'il est réchauffé, après qu'il s'est rassasié, il dit : Bon, j'ai chaud maintenant, ce bois a fait bon feu.

« Alors du reste il sculpte un Dieu, il s'incline, il le prie en s'écriant : « Délivre-moi, tu es mon Dieu ! »

« Ah ! leur cœur n'est que cendre et poussière. »

On retrouve la même ironie dans le passage suivant du livre de la Sagesse.

« Un bûcheron coupe un arbre bien droit, il en enlève artistement l'écorce et il en fabrique quelque vase utile pour les besoins de la vie, des débris il fait du feu pour préparer sa nourriture.

« Mais il reste encore un morceau tout courbé, tout plein de nœuds, bon à rien, il le prend et à ses loisirs il le taille, il en fait une image d'homme ou de bête immonde, il le colore de vermillon, il en efface les taches ; puis il lui prépare une belle niche et il le scelle dans le mur, de peur qu'il ne tombe sur celui qui le regarderait.

« Alors il lui adresse ses vœux, il l'interroge sur sa fortune, sur ses noces, sur ses enfants, et il ne rougit pas de parler à ce corps sans âme.

« Il demande la santé au malade, la vie au mort, le secours à l'impuissant. »

Le psaume CXIII dit encore : « Si les peuples te demandent, ô Israël, où est ton Dieu, tu diras : « Notre « Dieu est au ciel et sur la terre, tout ce qu'il veut il le « fait. »

« Mais vos images d'argent et d'or sont l'œuvre de vos mains. Vos dieux ont une bouche et ils ne parlent point, ils ont des yeux et ils ne voient point, ils ont des oreilles et ils n'entendent point; ils ont des pieds et ils ne peuvent marcher, des mains et ils ne peuvent toucher.

« Et ils leur ressemblent ceux qui les ont faits et qui se confient en eux. »

Ruines de Babylone. — La cité de Nabuchodonosor ne tomba pas d'un seul coup comme celle de Sardanapale. Les rois de Perse y régnèrent, Alexandre y mourut, mais la ville de Bel, déchue de son rang de capitale, vit ses honneurs passer à des cités nouvelles : à Séleucie, sous les rois grecs; à Ctésiphon, sous les rois parthes; à Bagdad, sous les khalifes arabes; et l'ancienne reine de l'Orient, qui dans son sein sentait s'agiter un peuple immense, n'a plus qu'une petite cité en un coin de son enceinte[1]; le reste, triste et silencieux, est devenu le repaire des bêtes du désert. L'Arabe vient rarement planter sa tente sur ces ruines qui s'étendent au loin dans la plaine, épais amas de briques qui dessinent encore le soubassement de la grande tour de Bel et l'enceinte du palais des rois.

Inscriptions cunéiformes. — Ces briques portent des inscriptions en caractères cunéiformes ou ressemblant à des clous[2] que l'érudition moderne commence à déchiffrer.

______

1. La petite ville de Hillah, à la droite de l'Euphrate.
2. On appelle caractères *cunéiformes*, ou ressemblant à un clou, les si-

Arts et sciences, commerce. — Les ruines de Baby-lone récemment explorées par des savants français ont fourni peu de choses nouvelles; mais celles de Ninive, par leurs inscriptions, leurs bas-reliefs et leurs statues, nous ont montré la langue, les mœurs, la vie sociale, la religion et les dieux des Ninivites.

Quelques-uns de ces magnifiques débris, déposés au musée du Louvre, révèlent un art assyrien dont personne ne soupçonnait l'existence, et prouvent que les artistes ninivites ont été les dignes précurseurs des artistes grecs [1].

a		gh		dh		n		ch	
i		tch		d'h		y		z	
n		tchh		p		r		h	
k		dj		t		l, r		thr	
q		t		b		v		rp, q?	
kh		th		m		w			
g		d		hm		s			

Caractères cunéiformes.

La magnificence de Ninive et de Babylone était due aux immenses richesses qu'entassèrent dans ces villes,

gnes écrits qu'on a retrouvés dans de nombreuses inscriptions à Ninive, Babylone, Persépolis, Van, etc. Cette écriture se lit de gauche à droite. On en distingue, dit M. Vaïsse, plusieurs systèmes. Le plus compliqué est celui des briques et des cylindres gravés de Babylone; ensuite viennent les inscriptions de Khorsabad et de Van; enfin les inscriptions trilingues de Persépolis, d'Hamadan ou Ecbatane et de Bisoutoun. Ce système d'écriture se compose de 600 signes que l'on commence à interprétér, et l'on a déjà pu lire plusieurs de ces inscriptions qui ont fait entrer des faits nouveaux dans l'histoire. Depuis l'interprétation des hiéroglyphes par Champollion, la lecture de ces inscriptions cunéiformes est le plus grand triomphe de la philologie moderne. Quand à l'alphabet, voyez ci-contre celui que donne M. Léon Vaïsse dans l'*Encyclopédie moderne.*

1. Le musée assyrien du Louvre s'enrichit tous les jours des nouvelles

non-seulement les conquêtes, mais le commerce et l'industrie. Si l'Égypte avait le Nil, l'Assyrie avait le Tigre et l'Euphrate et des marchands qui portaient aux extrémités du monde connu les incomparables tissus de laine et de lin de Babylone, des robes et des tapis renommés pour leur extrême finesse et leurs vives couleurs, avec

Colosse de Khorsabad.

mille objets d'orfévrerie, amulettes, cannes, cylindres babyloniens, etc., recherchés même dans l'empire ro-

fouilles faites à Ninive. A côté des magnifiques colosses de Khorsabad qui y ont été transportés depuis plusieurs années, on vient de placer des coupes en métal doré, toutes couvertes de dessins, des manches de poignard en ivoire, des figurines, des espèces de rosaces en pierres blanches incrustées dans un mastic, des colliers et des bracelets en agate, et un grand nombre de pierres gravées. La mission de Babylonie, de son côté, a envoyé en France, en 1854, 40 caisses pesant 2000 kilogrammes et remplies d'objets divers et de briques émaillées, avec inscriptions, qu'on a trouvés à Babylone. Ces inscriptions révèlent une langue voisine de l'hébreu et appartenant par conséquent à la grande famille des langues sémitiques.

main, et rapportaient en échange, dans les entrepôts construits par Sémiramis, les vins d'Arménie, les pierres précieuses, les épices et les grands chiens de l'Inde, les étoffes de laine de la Perse, les parfums, l'or, l'ivoire et l'ébène de l'Arabie et de l'Éthiopie.

CHAPITRE X.

MÈDES ET PERSES; ROIS DE MÉDIE; ENFANCE ET AVÈNEMENT DE CYRUS.

Les Mèdes. — Arbacès (759). — Déjocès (709-656). — Phraortes (656-634). — Cyaxares (634-585). — Cyaxares conquiert la moitié de l'Asie Mineure. — Résumé de l'histoire de la Lydie. — Candaule et Gygès. — Invasion dès Cimmériens en Asie Mineure. — Siége de Milet par Alyatte. — Les Scythes chasseurs et Cyaxares. — Guerre entre Alyatte et Cyaxares; éclipse prédite par Thalès de Milet (585). — Astyages (585-559). — Il veut faire mourir l'enfant de sa fille Mandane. — Irrésolution d'Harpagus. — Il remet l'enfant au berger Mitradates. — La femme de Mitradates sauve Cyrus. — Enfance de Cyrus. — Cyrus est reconnu par Astyages. — Affreuse vengeance d'Astyages. — Délibération d'Astyages avec les mages. — Cyrus renvoyé en Perse. — Complot formé par Harpagus. — Message d'Harpagus à Cyrus. — Cyrus fait révolter les Perses contre Astyages. — Première bataille entre les Perses et les Mèdes; trahison d'Harpagus. — Seconde bataille; Astyages est fait prisonnier.

Les Mèdes. — Les Mèdes et les Perses étaient un peuple de même race, de même langue et de même religion. Ils habitaient, à l'Orient du Tigre, la région montagneuse qui forme comme un isthme, entre la mer

---

1. Je ne crois pouvoir mieux faire pour tout ce chapitre et pour les trois suivants, que de reproduire le plus possible le récit d'Hérodote, non que tous les détails qu'il donne soient absolument vrais, mais dans son ensemble, son récit est le plus vraisemblable. Ces anecdotes ont d'ailleurs acquis, grâce à lui, une notoriété qui oblige de les connaître et c'est en outre l'intention évidente du programme officiel, c'est aussi ce qu'exige l'âge des enfants auxquels ce livre s'adresse. Ils ont plus besoin de récits

Caspienne et le golfe Persique, les Mèdes occupant le nord de cet isthme, vers Ecbatane, les Perses le sud-est, vers Persépolis. Les premiers précédèrent les seconds dans la domination de l'Asie. Plus voisins de Ninive, ils sentirent de plus près la domination assyrienne.

Arbacès (759). — On a vu (p. 115) que leur chef, Arbacès, s'entendit avec le Babylonien Bélésis pour renverser le premier empire assyrien (759). Cet Arbacès, qui avait su délivrer son peuple, ne sut pas l'organiser; du moins on voit les Mèdes, après lui, contents de ne plus payer tribut à l'étranger, vivre à l'écart, chacun dans sa tribu. De là des dissensions dont un d'entre eux profita pour s'élever au souverain pouvoir.

Déjocès (709-656). — Il y avait, dit Hérodote, chez les Mèdes, un sage nommé Déjocès; il était fils de Phraortes. Ce Déjocès, épris de la royauté, se conduisit ainsi pour y parvenir. Les Mèdes vivaient dispersés en bourgades. Déjocès, considéré depuis longtemps dans la sienne, y rendait la justice, comme arbitre, avec d'autant plus de zèle et d'application que dans toute la Médie les lois étaient méprisées, et qu'il savait que ceux qui sont opprimés détestent l'injustice. Les habitants de son district, témoins de cette conduite, le choisirent pour chef. Déjocès montra dans toutes ses actions tant de droiture qu'il s'attira de grands éloges de la part de ses concitoyens. Les habitants des autres districts, jusqu'alors opprimés par des juges iniques, apprenant que Déjocès seul se conformait aux règles de l'équité, accoururent avec plaisir à son tribunal, et ne voulurent plus être jugés que par lui.

La foule des clients augmentait tous les jours par la

que de discussions critiques. Je dois dire aussi que je n'emprunte rien aux récits de Xénophon, par la raison que la *Cyropédie* n'est pas plus de l'histoire persique que le *Télémaque* de Fénelon n'est de l'histoire grecque. Platon venait de publier son traité de *la République*, Xénophon, son rival, opposa à ce livre la *Cyropédie* qui était la thèse contraire, c'est-à-dire le tableau idéal de la monarchie despotique. Pour rendre son livre intéressant, au lieu de faire un traité dogmatique, il fit une morale en action.

persuasion où l'on était de l'équité de ses jugements.
Quand Déjocès vit qu'il portait seul tout le poids des affaires, il refusa de monter sur le tribunal où il avait jusqu'alors siégé, et renonça formellement à ses fonctions.
Il prétexta le tort qu'il se faisait à lui-même, en négli-
geant ses propres affaires, tandis qu'il passait les jours
entiers à terminer les différends d'autrui. Les briganda-
ges et l'anarchie régnèrent plus que jamais dans le pays.
Les Mèdes alors s'assemblèrent et tinrent conseil. Les
amis de Déjocès y parlèrent à peu près en ces termes :
« Puisque la vie que nous menons ne nous permet plus
d'habiter ce pays, choisissons un roi ; la Médie étant alors
gouvernée par de bonnes lois, nous pourrons cultiver en
paix nos campagnes, sans craindre d'en être chassés par
la violence et l'injustice. » Ce discours persuada les Mèdes
de se donner un roi.

Aussitôt on délibéra sur le choix. Toutes les louanges,
tous les suffrages se réunirent en faveur de Déjocès ; il fut
élu roi d'un consentement unanime. Il commanda qu'on
lui bâtit un palais conforme à sa dignité, et qu'on lui
donnât des gardes pour la sûreté de sa personne. Les
Mèdes obéirent ; on lui construisit, à l'endroit qu'il désigna, un édifice vaste et bien fortifié, et on lui permit de
choisir dans toute la nation des gardes à son gré.

Ce prince ne se vit pas plus tôt sur le trône, qu'il obligea ses sujets à lui bâtir une ville, à l'orner, à la forti-
fier, sans s'inquiéter des autres places. Les Mèdes, do-
ciles à cet ordre, élevèrent cette ville forte et immense
qu'on appelle Ecbatane, dont les diverses enceintes con-
centriques sont construites de manière que chacune ne
surpasse l'enceinte inférieure que de la hauteur de ses
créneaux. L'assiette du lieu, qui s'élève en colline, en
facilita les moyens. Il y avait en tout sept enceintes ; dans
la dernière étaient le palais et le trésor du roi. Le circuit
de la plus grande égale à peu près celui d'Athènes. Les
créneaux de la première sont peints en blanc ; ceux de la
seconde en noir ; ceux de la troisième en pourpre ; ceux
de la quatrième en bleu ; ceux de la cinquième sont d'un

rouge orangé. Quant aux deux dernières, les créneaux de l'une sont argentés, et ceux de l'autre dorés.

Ce palais construit, Dejocès ordonna au peuple de se loger dans les autres enceintes, et établit pour règle que personne du peuple n'entrerait chez le roi; que toutes les affaires s'expédieraient par l'entremise de certains officiers qui en feraient leur rapport au monarque; que personne ne fixerait ses regards sur le prince, et qu'on ne rirait, ni ne cracherait en sa présence.

Déjocès institua ce cérémonial imposant afin que les personnes qui avaient été élevées avec lui ne pussent lui montrer une familiarité inconvenante, ni conspirer contre sa personne. Il croyait qu'en se rendant invisible à ses sujets, il passerait pour être d'une espèce différente.

Ces règlements faits, et son autorité affermie, il rendit sévèrement la justice. Les procès lui étaient adressés par écrit; il les jugeait et les renvoyait avec sa décision. Quant à la police, s'il apprenait que quelqu'un eût fait une injure, il le mandait, lui infligeait une peine proportionnée au délit, et, pour cet effet, il avait dans toutes ses provinces des émissaires qui veillaient sur les actions et les discours de ses sujets.

Il mourut après un règne de cinquante-trois ans. Son fils Phraortes lui succéda.

Phraortes (656-634). — Phraortes ne se contenta pas du royaume de Médie; il attaqua d'abord les Perses, et ce fut le premier peuple qu'il assujettit. Avec ces deux nations, l'une et l'autre très-puissantes, il subjugua les autres peuples de l'Asie, et marcha de conquête en conquête jusqu'à son expédition contre les Assyriens de Ninive. Quoique très-affaiblis à cette époque, les Ninivites vainquirent les Mèdes, et Phraortes périt à la bataille de Ragau avec la plus grande partie de son armée. Il avait régné vingt-deux ans.

Cyaxares (634-585). — Cyaxares fut encore plus belliqueux que son père. Il fut le premier à séparer les peuples en différents corps de troupes; il assigna aux cavaliers et aux fantassins qui portaient la pique ou l'arc, chacun son rang à part. Car, avant lui, toutes les armes et tous les rangs étaient confondus. J'ai déjà raconté sa première attaque contre Ninive pour venger son père (625), l'invasion des Scythes, comment Cyaxares en débarrassa l'Asie, enfin sa seconde campagne contre les Assyriens (voy. ci-dessus, p. 133).

Cyaxares conquiert la moitié de l'Asie Mineure.— La destruction de Ninive valut à Cyaxares la soumission du nord de la Mésopotamie, ou du moins lui ouvrit l'entrée de l'Asie Mineure qu'il soumit jusqu'au fleuve Halys.

Résumé de l'histoire de la Lydie. — De l'autre côté de ce fleuve, la péninsule appartenait aux rois de Lydie qui avaient pour capitale la ville de Sardes, bâtie près du confluent du Pactole et de l'Hermus. Le Pactole roulait dans ses flots des paillettes d'or. De là, la richesse tant vantée des rois Lydiens.

Candaule et Gygès. — Ce royaume resta longtemps obscur, quoiqu'on lui donne une dynastie d'Héraclides, c'est-à-dire de rois descendus d'Hercule. Le dernier de ces Héraclides fut Candaule. Platon et Cicéron racontent qu'un berger du roi, Gygès, avait trouvé dans les flancs d'un cheval d'airain un anneau merveilleux qui avait la propriété de rendre invisible celui qui le portait; que Gygès le prit, et qu'à l'aide de ce talisman il pénétra dans l'intérieur du palais, tua Candaule et usurpa son trône. Ce conte qui serait bien placé dans les *Mille et une Nuits*, est ramené par Hérodote à des proportions plus acceptables. C'est un usage qui vit encore dans l'Orient, même dans notre Algérie, que les femmes ne soient jamais aperçues que voilées. Candaule, par un sentiment mauvais de vanité, voulut que la reine fût vue sans voile par Gygès, un de ses gardes. Offensée par cette violation d'une coutume qui était respectée même pour les femmes du peuple, la reine résolut de punir ce qu'elle estimait un outrage, et elle ne laissa à Gygès d'autre alternative que de tuer le roi ou de périr lui-même sur l'heure. Gygès frappa son maître et prit son trône (738 ou 720).

Invasion des Cimmériens en Asie Mineure. — Les Grecs avaient établi de nombreuses colonies le long de la côte asiatique de la mer Égée. Ces villes empêchant les Lydiens d'arriver jusqu'à la mer, Gygès commença contre elles une guerre qui dura près de deux siècles. Il prit une d'elles, Colophon. Son fils Ardys subjugua Priène et menaça Milet; il faillit périr submergé par une invasion de Cimmériens qui, chassés de leur pays par les Scythes, comme on l'a vu plus haut, inondèrent l'Asie Mineure, tandis que les Scythes les cherchaient du côté du pays des Mèdes et des Assyriens. Ces Cimmériens prirent Sardes et jetèrent l'épouvante même dans les colonies grecques.

A Milet, à Éphèse, on trembla; un poëte de cette dernière ville essaya de faire dans la Grèce asiatique ce que Tyrtée avait fait dans le Péloponèse, de ranimer par ses chants le courage des guerriers qui n'osaient plus affronter les barbares : « Jusques à quand cette indolence, ô jeunes gens ? s'écriait Callinos en paraphrasant le poëte spartiate, quand aurez-vous un cœur vaillant? Ne rougissez-vous pas de vous abandonner aussi lâchement vous-mêmes ? Vous voulez vivre dans la paix; mais la guerre embrase la contrée tout entière..... Marchez donc devant vous la lance haute; que votre cœur, sous le bouclier, se ramasse en sa vaillance, au moment où commencera la mêlée; et qu'en mourant on lance encore un dernier trait, car il est honorable pour un brave de combattre contre les ennemis, pour son pays, pour ses enfants, pour sa légitime épouse. Quant à la mort, elle viendra à l'instant que marquera le fil des Parques. Nul homme ne peut éviter la mort eût-il les Immortels mêmes pour ancêtres; et souvent celui qui fuit le combat et les traits, au sifflement aigu, tombe frappé par la mort, dans sa maison. Pour celui-là, il n'y a dans le peuple nulle affection, nul regret. L'autre, au contraire, petits et grands le pleurent, s'il lui arrive mal, et le trépas d'un guerrier à l'âme vigoureuse excite les regrets de la nation entière. Vivant, on l'estime à l'égal des demi-dieux, car il est pour ses concitoyens comme un rempart, et seul il suffit à l'œuvre de vingt autres. »

Nous ne savons ce qu'il advint des barbares. Le flot recula sans doute comme il était venu, et se perdit; ou du moins ces barbares amollis, décimés par les maladies et la guerre disparurent peu à peu. Alyatte (617) en chassa les derniers restes, vers le même temps où Cyaxares se débarrassait des Scythes.

Siège de Milet par Alyatte. — Le roi lydien reprit alors ses projets contre les colonies grecques, surtout contre Milet. Incapable de la réduire par la force, il essaya de la dompter par la famine. Chaque été, dit Hérodote, dès que les fruits et les moissons commençaient à mûrir, le roi partait à la tête de son armée et la faisait marcher et camper au son des instruments. Arrivé sur le territoire des Milésiens, il respectait les habitations éparses dans les champs, au lieu de les livrer aux flammes, et n'en faisait pas même enlever les portes. Mais il détruisait entièrement les récoltes et les fruits, et se retirait ensuite. Les Milésiens étant maîtres de la mer, il était inutile de tenter un siége régulier de la ville avec une armée de terre. Quant aux maisons, en empêchant qu'on ne les abattît, son but était d'y rappeler les habitants, afin qu'ils pussent travailler la terre et l'ensemencer. En revenant l'annnée suivante, il trouvait toujours quelque chose à ravager.

Les Lydiens firent ainsi la guerre à ceux de Milet pendant onze ans. La douzième année, ayant mis le feu aux blés comme de coutume, le feu se communiqua à un temple de Minerve; presque aussitôt Alyatte tomba malade. Il fit consulter l'oracle de Delphes, qui répondit : « Le roi ne guérira qu'après avoir fait reconstruire le temple de la déesse. » Alyatte envoya alors demander aux Milésiens une trêve qui lui permît d'exécuter l'ordre de la pythie. Thrasybule, tyran de Milet, instruit par Périandre, tyran de Corinthe, de la réponse du dieu, imagina le stratagème suivant : il fit porter sur la place publique tout ce qu'il y avait dans la ville de provisions de bouche, et ordonna aux Milésiens, dès qu'il en donnerait l'avis, de les consommer en festins et en repas, où ils s'inviteraient tour à tour. Ces ordres furent suivis. Thrasybule avait prévu que, lorsque l'envoyé venu de Sardes verrait la grande quantité de vivres prodigués sur la place publique, et les citoyens occupés de fêtes et de divertissements, il ne manquerait pas d'en informer Alyatte ; c'est ce qui arriva. Le héraut, après avoir communiqué à Thrasybule les propositions du roi de Lydie, revint à Sardes, et raconta tout ce qu'il avait vu. Alyatte avait cru jusqu'alors que la famine désolait Milet et que le peuple y était réduit aux dernières extrémités ; détrompé par le récit de son envoyé, il consentit à la paix, et, au lieu d'un temple, en fit bâtir deux.

Les Scythes chasseurs et Cyaxares. — Ce fut contre ce prince que Cyaxares marcha. Une bande de Scythes nomades, peut-être de ces Cimmériens qu'Alyatte avait chassés, s'était retirée sur les terres de Cyaxares. Il les reçut en suppliants et les traita bien. Il conçut même tant d'estime pour eux, qu'il leur confia des enfants de la Médie auxquels ils apprendraient à parler la langue scythe et à tirer de l'arc, car les Scythes étaient très-adroits à cet exercice, et de son côté, Cyaxares était très-occupé de donner à ses soldats les meilleures armes et les meilleures habitudes militaires. Ces Scythes devinrent, en raison même de leur habileté, les pourvoyeurs de la table royale, et chaque jour ils rapportaient beaucoup de gibier. Une fois, cependant, ils revinrent sans avoir rien pris ; Cyaxares, qui était d'un caractère violent, les traita de la manière la plus dure. Indignés de recevoir des outrages qu'ils ne croyaient pas avoir mérités, les Scythes résolurent de se venger, mais imaginèrent une vengeance abominable : c'était de couper en morceaux un des enfants dont on leur avait confié l'éducation, de le préparer de la manière qu'ils avaient coutume d'apprêter le gibier, de le servir à Cyaxares, comme leur chasse, et de se retirer aussitôt à Sardes auprès d'Alyatte. Ce projet fut exécuté : Cyaxares et ses convives mangèrent ce qu'on leur avait servi; et les Scythes, le coup fait, se retirèrent auprès d'Alyatte, dont ils implorèrent la protection.

Guerre entre Alyatte et Cyaxares; éclipse prédite par Thalès de Milet (585). — Cyaxares demanda à Alyatte de lui livrer les fugitifs. Sur le refus du roi de Lydie la guerre s'alluma entre les deux princes. Pendant cinq années, les Mèdes et les Lydiens eurent alternativement l'avantage. La sixième, il y eut une espèce de combat nocturne : car le jour se changea tout à coup en nuit, pendant que les deux armées étaient aux mains. Thalès de Milet avait prédit aux Ioniens ce changement, et il en avait fixé le temps en l'année où il s'opéra [1]. Les Lydiens et les Mèdes, voyant que la nuit avait pris la place du jour, cessèrent l'action, et s'empressèrent de faire la paix (585). Syennésis, roi de Cilicie, et Labynète, roi de Babylone, en furent les médiateurs. Persuadés que les conventions ne peuvent avoir de durée sans un lien puissant, ces deux princes engagèrent Alyatte à donner sa fille à Astyages, fils de Cyaxares. Dans la cérémonie qui eut lieu pour le traité entre les deux rois, il se passa un incident étrange. Selon un usage habituel à ces peuples, les négociateurs se firent de légères incisions au bras et burent réciproquement le sang qui en découlait.

Astyages (585-559). — Cyaxares mourut après quarante ans de règne; son fils Astyages lui succéda. Il avait une fille nommée Mandane, au sujet de laquelle il eut plusieurs songes menaçants. Les ayant communiqués à ceux d'entre les mages qui font profession d'interpréter les songes, il fut effrayé des réponses qu'il reçut d'eux. Aussi, au lieu de marier sa fille à un Mède de naissance distinguée, il alla lui choisir un époux dans une nation tributaire. Il prit pour gendre Cambyses, homme de grande maison parmi les siens, mais dont il ne s'inquié-

---

1. Thalès, philosophe grec, qui fut placé au nombre des sept sages. Il visita l'Égypte, probablement l'Assyrie et conversa avec les prêtres de ces deux pays. Il est le premier parmi les Grecs, qui se soit occupé, avec éclat, d'astronomie et de géométrie.

tait pas, estimant que le premier des Perses ne valait pas le dernier des Mèdes.

Il veut faire mourir l'enfant de sa fille Mandane. — Cependant il eut un autre songe. Il lui sembla voir sortir du sein de sa fille une vigne qui couvrait toute l'Asie. Les mages de nouveau consultés répondirent que le fils qui naîtrait de Mandane règnerait sur l'Asie et par conséquent sur les Mèdes. Aussitôt il rappela de Perse sa fille Mandane, et la fit garder avec soin dans le dessein de lui enlever l'enfant dont elle serait mère. Cyrus, en effet, fut à peine né de Mandane, qu'Astyages manda Harpagus, son parent, celui de tous les Mèdes qui lui était le plus attaché, et sur lequel il se reposait du soin de toutes ses affaires. « Harpagus, lui dit-il, exécute fidèlement l'ordre que je vais te donner, sans chercher à me tromper, de crainte qu'en t'attachant à d'autres maîtres que moi tu ne travailles à ta perte. Prends l'enfant qui vient de naître de Mandane, porte-le dans ta maison, fais-le mourir, et l'inhume ensuite comme il te plaira. — Seigneur, répondit Harpagus, j'ai toujours cherché à vous plaire, et je ferai en sorte de ne jamais vous offenser. Si vous voulez que l'enfant meure, j'obéirai exactement à vos ordres. »

Irrésolution d'Harpagus. — Après cette réponse, on remit l'enfant couvert de riches ornements entre les mains d'Harpagus, afin qu'il le fît mourir. Il s'en retourna chez lui, les larmes aux yeux, et, en abordant sa femme, il lui raconta tout ce qu'Astyages lui avait dit. « Quelle est votre résolution, reprit-elle. — Je n'exécuterai point les ordres d'Astyages, répondit-il, dût-il devenir encore plus emporté et plus furieux qu'il ne l'est maintenant; je n'obéirai point à ses volontés; je ne me prêterai point à ce meurtre : et je ne le ferai point, par plusieurs raisons. Premièrement, je suis parent de l'enfant; secondement, Astyages est avancé en âge, et n'a point de fils. Si, après sa mort, la couronne passe à la princesse sa fille, dont il veut aujourd'hui que je fasse mourir l'enfant, que me reste-t-il, sinon la perspective du plus grand danger? Pour ma sûreté, il faut que l'enfant périsse; mais que ce

soit par les mains de quelqu'un des gens d'Astyages, et
non par les miennes. »

Il remet l'enfant au berger Mitradates. — Il envoya
sur le champ un exprès à celui des bouviers d'Astyages
qui avait l'habitude de mener ses troupeaux sur les montagnes les plus fréquentées par les bêtes sauvages. Il s'appelait Mitradates; sa femme, esclave d'Astyages, ainsi
que lui, se nommait Spaco, nom qui, dans la langue des
Mèdes, signifie la même chose que Cyno dans celle des
Grecs; car les Mèdes appellent une chienne spaco. Les
pâturages où il gardait les bœufs du roi étaient au nord
d'Ecbatane. De ce côté-là, la Médie est un pays élevé,
montagneux et couvert de forêts, au lieu que le reste du
royaume est plat et uni. Le bouvier que l'on avait mandé
en diligence, étant arrivé, Harpagus lui parla ainsi
« Astyages te commande de prendre cet enfant, et de
l'exposer sur la montagne la plus déserte, afin qu'il périsse promptement. Il m'a ordonné aussi de te dire que,
si tu lui sauves la vie, de quelque manière que ce soit,
il te fera périr par le supplice le plus cruel. Ce n'est pas
tout : il veut encore que je sache par moi-même où tu
auras exposé cet enfant. »

La femme de Mitradates sauve Cyrus. —Mitradates
prit l'enfant, et retourna à sa cabane. Tandis qu'il allait
à la ville, sa femme avait mis un fils au monde. Ils
étaient inquiets l'un de l'autre : le mari craignant pour
sa femme malade, la femme pour son mari, parce
qu'Harpagus n'avait pas coutume de le mander. Dès
qu'il fut de retour, Spaco voulut savoir pourquoi on l'a-
vait envoyé chercher avec tant d'empressement. « Je n'ai
pas, lui dit-il, été plutôt dans la ville, que j'ai vu et
entendu des choses que je voudrais bien n'avoir ni vues
ni entendues; et plût aux dieux qu'elles ne fussent jamais arrivées à nos maîtres! Toute la maison d'Harpagus
était en pleurs. Frappé d'effroi, je pénètre dans l'intérieur, je vois à terre un enfant qui pleurait. Il était couvert de drap d'or et de langes de diverses couleurs.
Quand Harpagus m'eut aperçu, il me commanda d'em-

porter promptement cet enfant, et de l'exposer sur la montagne la plus fréquentée par les bêtes féroces. Il m'a assuré que c'était Astyages lui-même qui me donnait cet ordre, et m'a fait de grandes menaces si je manquais à l'exécuter. J'ai donc pris cet enfant et l'ai emporté, croyant qu'il était à quelqu'un de sa maison ; car je n'aurais jamais imaginé quel était son véritable père. J'étais cependant étonné de le voir couvert d'or et de langes précieux. Chemin faisant, j'appris du domestique qui m'accompagna hors de la ville et qui me remit l'enfant, qu'il était à Mandane, fille d'Astyages, et à Cambyses, fils de Cyrus, et que c'était Astyages qui ordonnait qu'on le fît mourir. Voici cet enfant. »

En achevant ces mots, Mitradates découvre l'enfant, et le montre à sa femme. Charmée de sa force et de sa beauté, elle embrasse les genoux de son mari, et le supplie, les larmes aux yeux, de ne point exposer cet enfant. Il lui dit qu'il ne pouvait s'en dispenser, qu'il devait venir des surveillants de la part d'Harpagus, et que, s'il n'obéissait pas, il périrait de la manière la plus cruelle. Spaco alors reprit : « Puisque je ne saurais te persuader, et qu'il faut absolument qu'on voie un enfant exposé, fais du moins ce que je vais te dire. J'ai donné le jour à un enfant mort, va le porter sur la montagne, et nourrissons celui de la fille d'Astyages, comme s'il était à nous. Par ce moyen on ne pourra te convaincre d'avoir offensé tes maîtres, et nous aurons pris un bon parti : notre enfant mort aura une sépulture royale, et celui qui reste ne perdra point la vie. »

Le bouvier sentit que, dans cette conjoncture, sa femme avait raison, et suivit son conseil. Il lui remit l'enfant qu'il avait apporté pour le faire mourir, prit le sien qui était mort, le mit dans le berceau du jeune prince, avec tous les ornements, et alla l'exposer sur la montagne la plus déserte, laissant pour garder le corps un de ceux qui avaient soin des troupeaux sous ses ordres. Le troisième jour, il alla à la ville, se rendit chez Harpagus, et lui dit qu'il était prêt à lui montrer le corps mort de l'enfant. Harpagus envoya avec lui ses gardes les plus affidés et fit sur leur rapport donner la sépulture au fils de Mitradates. A l'égard du jeune prince, Spaco en prit soin et l'éleva. Il fut dans la suite connu sous le nom de Cyrus ; mais Spaco lui avait donné quelque autre nom.

Enfance de Cyrus. — Cet enfant, étant âgé de dix ans, eut une aventure qui le fit reconnaître. Un jour que dans un village où étaient les troupeaux du roi, il jouait dans la rue avec d'autres enfants de son âge, ceux-ci l'élurent pour leur roi, lui qui, cependant, était connu sous le nom de fils de bouvier. Il distribua aux uns les places d'intendant de ses bâtiments, aux autres celles de gardes du corps ; celui-ci était l'œil du roi, celui-là devait lui présenter les requêtes des particuliers : chacun avait son emploi, selon ses talents et le jugement qu'en portait Cyrus. Le fils d'Artembarès, homme de distinction chez les Mèdes, jouait avec lui ; il refusa d'exécuter je ne sais plus quel ordre. Cyrus le fit aussitôt saisir par les autres enfants, et battre à coups de verges. On ne l'eut pas plutôt relâché, qu'outré d'un traitement si indigne de sa naissance, il alla à la ville se plaindre à son père de Cyrus. Ce n'est pas qu'il lui donnât ce nom ; Cyrus ne le portait point encore ; mais il l'appelait le fils du bouvier d'Astyages. Artembarès, outré de colère, se rendit auprès du roi avec son fils, et se plaignit du traitement odieux qu'il avait reçu. « Seigneur, dit-il en découvrant les épaules de son fils, c'est ainsi que nous a outragés un de vos esclaves, le fils de votre bouvier. »

Astyages envoya aussitôt chercher Mitradates et son fils. Lorsqu'ils furent arrivés : « Comment, dit le prince à Cyrus en le regardant, étant ce que tu es, as-tu eu l'audace de traiter d'une manière si indigne le fils d'un des premiers de ma cour. — Je l'ai fait, seigneur, avec justice, répondit Cyrus. Les enfants du village, du nombre desquels il était, m'avaient choisi, en jouant, pour être leur roi ; je leur en paraissais le plus digne : tous exécutaient mes ordres. Le fils d'Artembarès n'y eut aucun égard, et refusa de m'obéir. Je l'en ai puni ; si cette action mérite quelque châtiment, me voici prêt à le subir. »

Cyrus est reconnu par Astyages. — A cette fière réponse, le roi regarda mieux celui qui la faisait, et fut étonné de retrouver tous ses traits sur le visage de l'enfant. Cette ressemblance singulière, l'âge de Cyrus, qui s'accordait avec le temps de l'exposition du fils de Mandane, tout concourait à éveiller dans le cœur d'Astyages d'étranges pressentiments. Il demeura quelque temps sans pouvoir parler; enfin revenu à lui, il renvoya Artembarès pour sonder Mitradates en particulier. « Artembarès, lui dit-il, vous n'aurez aucun sujet de vous plaindre de moi, ni vous, ni votre fils. » Ensuite il ordonna à ses officiers de conduire Cyrus dans l'intérieur du palais. Resté seul avec Mitradates, il lui demanda où il avait pris cet enfant, et de qui il le tenait. Celui-ci répondit qu'il en était le père, que sa mère vivait encore et demeurait avec lui. Astyages répliqua qu'il ne prenait pas un bon parti, et qu'il voulait de gaieté de cœur se rendre malheureux. En disant cela il fit signe à ses gardes de le saisir. Mitradates, voyant qu'on le menait à la question, avoua la vérité. Il reprit l'histoire dès son commencement, découvrit tout, sans rien dissimuler, et pria le roi, par les plus humbles supplications, de lui pardonner.

Affreuse vengeance d'Astyages. — La vérité reconnue, Astyages ne tint pas grand compte de Mitradates; mais violemment irrité contre Harpagus, il commanda à ses gardes de le faire venir aussitôt. Lorsqu'on l'eut amené, il lui dit : « Harpagus, de quel genre de mort as-tu fait périr l'enfant de ma fille, que je t'ai remis? » Harpagus apercevant Mitradates dans l'appartement du roi, avoua tout sans détour, de crainte d'être convaincu par des preuves sans réplique. « Seigneur, dit-il, quand j'eus reçus l'enfant, j'examinais comment je pourrais, en me conformant à vos volontés, et sans m'écarter de ce que je vous dois, n'être coupable d'un meurtre, ni à l'égard de la princesse votre fille, ni même au vôtre. Je mandai en conséquence Mitradates : je lui remis l'enfant entre les mains, et lui dis que c'était vous-même qui ordonniez sa mort. Je ne me suis point écarté en cela de la vérité, puisque vous m'aviez commandé de le faire mourir. En lui livrant cet enfant, je lui enjoignis de l'exposer sur une montagne déserte, et de rester auprès de lui jusqu'à ce qu'il fût mort. Enfin je le menaçai des plus rigoureux tourments, s'il n'accomplissait tout de point en point. Ces ordres furent exécutés ; l'enfant mourut comme me le rapportèrent mes eunuques les plus fidèles que j'envoyai sur les lieux ; je lui rendis alors les derniers devoirs. Tel a été le sort de cet enfant. »

Harpagus parlait sans détour ; mais Astyages, dissimulant son ressentiment, lui répéta d'abord toute l'histoire, comme il l'avait apprise de Mitradates ; après quoi il ajouta que l'enfant vivait et qu'il en était content. « Car enfin, dit-il, la manière dont on l'avait traité me faisait beaucoup de peine, et j'étais très-sensible aux reproches de ma fille. Mais puisque la fortune nous a été favorable, envoyez-moi votre fils pour tenir compagnie au jeune prince, nouvellement arrivé, et ne manquez pas de venir souper avec moi ; je veux offrir pour le recouvrement de mon petit-fils des sacrifices aux dieux, à qui cet honneur est réservé. »

Harpagus, à ces paroles, se prosterna devant le roi, puis s'en retourna chez lui, également flatté de l'heureuse issue de sa faute, et de ce que le roi l'avait invité au festin qu'il donnait en réjouissance des bienfaits de la fortune. A peine entré dans sa maison, il appela son fils unique, âgé d'environ treize ans, l'envoya au palais d'Astyages, avec ordre de faire tout ce que ce prince lui commanderait ; puis, transporté de joie, alla tout conter à sa femme.

Dès que le fils d'Harpagus fut arrivé au palais, Astyages le fit égorger ; on le coupa ensuite par morceaux, dont les uns furent rôtis et bouillis ; on les apprêta de diverses manières, et on tint le tout prêt à être servi L'heure du repas venue, les convives s'y rendirent, et Harpagus avec eux. On servit à Astyages et aux autres seigneurs du mouton, et à Harpagus le corps de son fils, excepté la tête et les extrémités des mains et des pieds, que le roi avait fait mettre à part dans une corbeille couverte. Lorsqu'il parut avoir assez mangé, Astyages lui demanda s'il était content de ce repas. « Très-content, » répondit Harpagus. A ce moment, ceux qui en avaient reçu l'ordre, apportèrent dans une corbeille couverte la tête, les mains et les pieds de son fils, la lui présentèrent, en lui disant de la découvrir, et d'y prendre ce qu'il voudrait, Harpagus obéit, et reconnut les restes de son fils. Il ne se troubla point, et sut se posséder, quand Astyages lui demanda s'il savait de quel gibier il avait mangé : il répondit qu'il le savait, mais que tout ce que faisait un roi lui était agréable. Après cette réponse, il s'en retourna chez lui, avec les restes de son fils, qu'il rassembla pour leur donner la sépulture.

Délibération d'Astyages avec les mages. — Le roi s'étant ainsi vengé d'Harpagus, manda les mêmes mages qui avaient interprété sa vision de la manière qui vient d'être dite, afin de délibérer avec eux sur ce qui concernait Cyrus. Les mages arrivés, il leur demanda quelle explication ils avaient autrefois donnée du songe qu'il avait eu. Ils lui firent la même réponse : « Si l'enfant, dirent-ils, n'est pas mort, en un mot, s'il vit encore, il faut qu'il règne. — L'enfant vit, et se porte bien, leur dit Astyages; il a été élevé à la campagne : les enfants de son village l'ont élu pour leur roi. Il a fait tout ce que font les véritables rois; il s'est donné des gardes du corps, des gardes de la porte, des officiers pour lui faire le rapport des affaires; en un mot, il a créé toutes les autres charges. Que pensez-vous que cela puisse présager ?

« Puisque l'enfant vit, répondirent les mages, et qu'il a régné sans aucun dessein prémédité, rassurez-vous, seigneur, vous n'avez plus rien à craindre, il ne régnera pas une seconde fois. Il y a des oracles dont l'accomplissement s'est réduit à un événement frivole, et des songes qui ont abouti à bien peu de chose. — Je suis moi-même de cet avis, reprit Astyages ; l'enfant ayant déjà porté le nom de roi, le songe est acccompli; je crois n'en avoir plus rien à craindre. Cependant réfléchissez-y mûrement, et donnez-moi le conseil que vous penserez le plus avantageux à votre sûreté et à la mienne. — Seigneur, dirent les mages, la stabilité et la prospérité de votre règne nous importent beaucoup. Car si la puissance souveraine venait à tomber entre les mains de cet enfant, qui est Perse, elle passerait à une autre nation; et les Perses nous regarderaient comme des étrangers, ou même nous traiteraient en esclaves. Mais vous, seigneur, qui êtes notre compatriote, tant que vous occuperez le trône, vous nous comblerez de faveurs, et nous régnerons en partie avec vous. Ainsi notre intérêt nous oblige, à tous égards, à pourvoir à votre sûreté et à celle de votre empire. Si nous pressentions maintenant quelque danger, nous aurions grand soin de vous en avertir; mais puisque l'issue de votre songe est frivole, nous nous rassurons, et nous vous exhortons à vous tranquilliser de même : éloignez-vous de cet enfant, et renvoyez-le en Perse à ceux dont il tient le jour. »

Astyages, charmé de cette réponse, manda Cyrus. « Mon fils, lui dit-il, je vous ai traité avec injustice sur la foi d'un vain songe ; mais enfin votre heureux destin vous a conservé, et vous vivez. Soyez tranquille; partez pour la Perse, escorté par ceux que je vous donnerai pour vous accompagner : vous y verrez votre père et votre mère, qui sont bien différents de Mitradates et de sa femme. »

Cyrus renvoyé en Perse. — Astyages renvoya, en effet, Cyrus en Perse, Lorsque Cambyses et Mandane virent arriver cet enfant qu'ils avaient cru mort en naissant, ils lui demandèrent comment il avait été conservé : Cyrus leur répondit que, jusqu'alors, il l'avait ignoré; qu'il s'était cru fils du bouvier d'Astyages, mais que, depuis son départ, il avait tout appris de ses conducteurs; et il leur conta comment il avait été nourri par Cyno, la femme du bouvier, dont il ne cessait de se louer, et de répéter le nom. Son père et sa mère se servirent de ce nom pour persuader aux Perses que leur fils avait été conservé par une permission particulière des dieux : ils publièrent partout que Cyrus, ayant été exposé dans un lieu désert, une chienne l'avait nourri. Voilà ce qui donna lieu à ce bruit qui court encore, ajoute Hérodote.

Complot formé par Harpagus. — Cyrus, à peine sorti de l'adolescence, devint le plus brave des jeunes gens de son âge. Cependant Harpagus nourrissait toujours un désir ardent de se venger d'Astyages. Mais comme il était d'une condition privée, il ne voyait pas jour à satisfaire son désir. Il lui parut que Cyrus pourrait l'y aider et, lorsqu'il venait à comparer les aventures et les malheurs de ce prince avec les siens, il se disait que la fortune avait bien certainement associé leurs destinées. Il se mit en rapport avec lui; il lui envoya des présents; il lui fit entrevoir le brillant avenir qu'il pouvait se préparer. En même temps il sondait les Mèdes que le roi s'était aliénés par ses traitements rigoureux; il s'insinuait dans l'esprit des grands et leur persuadait déjà d'ôter la couronne à Astyages pour la placer sur la tête de Cyrus.

Message d'Harpagus à Cyrus. — Cette trame ourdie, et tout étant prêt, Harpagus voulut donner à Cyrus ses derniers avis. Comme ce prince était en Perse, et que les chemins étaient gardés, il ne put trouver, pour lui en faire part, d'autre expédient que celui-ci. S'étant fait apporter un lièvre, il ouvrit le ventre de cet animal d'une manière adroite, et sans en arracher le poil; et il y mit une lettre, où il avait écrit ce qu'il avait jugé à propos de faire savoir à Cyrus. L'ayant ensuite recousu, il le remit à celui de ses domestiques en qui il avait le plus de confiance, avec un filet, comme s'il eût été un chasseur, et lui ordonna de le porter en Perse, à Cyrus, et de lui dire, en le lui présentant, de l'ouvrir lui-même et sans témoins.

Le domestique exécuta cet ordre : Cyrus ouvrit le lièvre, et y trouva la lettre. Elle était conçue en ces termes : « Fils de Cambyses, les dieux veillent sur vous, autrement vous ne seriez jamais parvenu à un si haut degré de fortune : vengez-vous d'Astyages, votre meurtrier : il a tout fait pour vous ôter la vie : si vous vivez, c'est aux dieux et à moi que vous le devez. Vous savez depuis longtemps qu'il a ordonné votre mort et tout ce que j'ai souffert pour vous avoir remis à Mitradates, au lieu de vous faire mourir. Si vous voulez suivre aujourd'hui mes conseils, les États d'Astyages seront à vous. Portez les Perses à secouer le joug, venez à leur tête attaquer les Mèdes ; l'entreprise vous réussira, soit qu'Astyages me donne le commandement des troupes qu'il enverra contre vous, soit qu'il le confie à quelque autre des plus distingués d'entre les Mèdes. Les principaux de la nation seront les premiers à l'abandonner ; ils se joindront à vous, et feront les plus grands efforts afin de détruire sa puissance. Tout est ici disposé pour l'exécution. Exécutez donc ce que je vous mande, et faites-le sans différer. »

Cyrus fait révolter les Perses contre Astyages. — Cyrus, ayant lu cette lettre, chercha les moyens les plus propres à engager les Perses à se révolter. Après y avoir bien réfléchi, voici ce qu'il imagina. Il écrivit une lettre conforme à ses vues, l'ouvrit dans l'assemblée des Perses, et leur en fit lecture. Elle portait qu'Astyages le déclarait leur gouverneur. « Maintenant donc, leur dit-il, je vous commande de vous rendre tous ici, chacun avec une faux. » Tels furent les ordres de Cyrus. Les tribus qui composent la nation perse sont en grand nombre. Cyrus en convoqua quelques-unes, et les porta à se soulever contre les Mèdes. Ce sont celles qui ont le plus d'influence sur tous les autres Perses; savoir, les Pasargades, les Maraphiens et les Maspiens. Les Pasargades sont les plus illustres; les Achéménides, d'où descendent les rois de Perse, en sont une branche. Les Panthialéens, les Dérusiéens, les Germaniens sont tous laboureurs. Les autres, savoir, les Daens, les Mardes, les Drapiques et les Sagar-

tiens, sont nomades, et ne s'occupent que de leurs troupeaux.

Lorsqu'ils se furent tous présentés armés de faux,
Cyrus, leur montrant un certain canton de la Perse,
d'environ 18 à 20 stades, entièrement couvert de ronces
et d'épines, leur commanda de l'essarter tout entier en
un jour. Ce travail achevé, il leur ordonna de se baigner le lendemain, et de se rendre ensuite auprès de lui.
Cependant ayant fait mener au même endroit tout le
bétail de son père, il le fit tuer et apprêter. Outre cela,
on apporta du vin, et les mets les plus exquis pour réga-
ler l'armée. Le lendemain, les Perses étant arrivés, il
les fit asseoir sur l'herbe, et leur donna un grand festin.
Le repas fini, Cyrus leur demanda laquelle de ces deux
conditions leur paraissait préférable, la présente ou celle
de la veille. Ils s'écrièrent qu'il y avait une grande dif-
férence entre l'une et l'autre; que le jour précédent, ils
avaient éprouvé mille peines, au lieu qu'actuellement
ils goûtaient toutes sortes de biens et de douceurs. Cyrus saisit cette réponse pour leur découvrir ses projets.
« Perses, leur dit-il, tel est maintenant l'état de vos affaires; si vous voulez m'obéir, vous jouirez de ces biens,
et d'une infinité d'autres encore, sans être exposés à des
travaux serviles. Si, au contraire, vous ne voulez pas
suivre mes conseils, vous ne devez attendre que des
peines sans nombre, et pareilles à celles que vous souf-
frîtes hier. Devenez donc libres en m'obéissant; car il
semble que je sois né, par un effet particulier de la bonté
des dieux, pour vous faire jouir de ces avantages : et
d'ailleurs je ne vous crois nullement inférieurs aux
Mèdes, soit dans ce qui concerne la guerre, soit en toute
autre chose. Secouez donc au plutôt le joug sous lequel
Astyages vous tient asservis. »

**Première bataille entre les Perses et les Mèdes;
trahison d'Harpagus.** — Les Perses, qui depuis longtemps étaient indignés de se voir assujettis aux Mèdes,
ayant trouvé un chef, saisirent avec plaisir l'occasion de
se mettre en liberté. Quand Astyages eut connaissance

dés menées de Cyrus, il le manda auprès de lui par un exprès. Cyrus commanda au porteur de cet ordre de dire au roi qu'il irait le trouver plutôt qu'il ne souhaitait. Sur cette réponse, Astyages fit prendre les armes à tous les Mèdes; et, comme si les dieux lui eussent ôté le jugement, il donna le commandement de son armée à Harpagus, ne se souvenant plus de la manière dont il l'avait traité. Les Mèdes se mirent en campagne et en vinrent aux mains avec les Perses. Tous ceux à qui Harpagus n'avait point fait part de ses projets se battirent avec courage. Quant aux autres, il y en eut une partie qui passa d'elle-même du côté des Perses; le reste se comporta lâchement de dessein prémédité.

Seconde bataille; Astyages est fait prisonnier. — Quand Astyages apprit la déroute honteuse des Mèdes, et que son armée était entièrement dissipée, il s'emporta en menaces contre Cyrus. « Non, dit-il, Cyrus n'aura pas sujet de se réjouir. » Il n'en dit pas davantage; mais aussitôt il ordonna qu'on mît en croix les mages, interprètes des songes, qui lui avaient conseillé de laisser partir Cyrus; ensuite il fit prendre les armes à ce qui restait de Mèdes dans la ville, jeunes et vieux, les mena contre les Perses, et leur livra bataille. Il la perdit avec la plus grande partie de ses troupes, et tomba lui-même entre les mains des ennemis.

Harpagus, charmé de le voir dans les fers, se présenta devant lui, l'insulta, et, entre autres reproches, lui rappela ce repas où le roi lui avait fait servir la chair de son fils; puis il lui demanda quel goût il trouvait à l'esclavage qui en était la suite, et s'il le préférait à une couronne. Astyages, à son tour, lui demanda s'il s'attribuait l'entreprise de Cyrus. Harpagus reprit qu'il le pouvait avec justice, puisque c'était lui qui l'avait préparée, en sollicitant ce prince par ses messages à prendre les armes. Astyages lui fit voir qu'il était le plus inconséquent et le plus injuste des hommes : le plus inconséquent puisque, pouvant se faire roi, il avait mis la couronne sur la tête d'un autre, et le plus injuste, puisque, pour le repas dont il s'agissait, il avait réduit les Mèdes en servitude, et, pour une vengeance particulière, donné des fers à sa patrie.

Astyages perdit ainsi la couronne après un règne de trente-cinq ans. Cyrus ne lui fit point d'autre mal, et le garda près de lui jusqu'à sa mort.

CHAPITRE XI.

TABLEAU SOMMAIRE DES PRINCIPAUX ÉTATS DE L'ASIE OCCIDENTALE A L'AVÉNEMENT DE CYRUS ; CONQUÊTES DE CE PRINCE.

État de l'Orient vers 559; quatre grandes monarchies. — 1° Les Mèdes. — 2ᵈ Les Babyloniens. — 3° L'Égypte. — 4° Les Lydiens. — Faiblesse de ces empires. — Substitution des Mèdes aux Perses dans la domination de l'Asie. — Crésus. — Crésus et Solon. — Meurtre du fils de Crésus. — Crésus consulte les oracles de la Grèce. — Alliance de Crésus avec Lacédémone. — Crésus attaque les Perses. — Première bataille entre les Lydiens et les Perses. — Crésus appelle tous ses alliés. — Seconde bataille; défaite des Lydiens. — Prise de Sardes. — Sort de Crésus. — Les Grecs d'Asie menacés par les Perses. — Ambassade des Spartiates à Cyrus. — Révolte des Lydiens. — Le droit d'asile chez les Grecs. — Soumission des Grecs d'Asie aux Perses. — Bias de Priène conseille aux Grecs d'Asie de s'établir en Sardaigne. — Soumission des Cnidiens et de la Carie. — Résistance héroïque des Lyciens. — Conquête par Cyrus de la haute Asie. — Travaux de Nitocris à Babylone. — Marche de Cyrus contre Babylone; le Gyndès. — Défaite des Babyloniens; siége de leur ville. — Cyrus détourne l'Euphrate. — Prise de Babylone par Cyrus. — Expédition de Cyrus contre les nomades établis au nord de son empire. — Coutumes des Massagètes. — Tomyris reine des Massagètes. — Passage de l'Araxes par les Perses. — Mort du fils de Tomyris. — Mort de Cyrus (529). — Retour des Juifs à Jérusalem (536).

État de l'Orient vers 559 ; quatre grandes monarchies. — Au moment où les tribus perses se réunirent sous le commandement de Cyrus, quatre grandes monarchies se partageaient la possession de l'Asie occidentale et du nord-est de l'Afrique.

1° Les Mèdes. — Les Mèdes possédaient tous les pays qui s'étendaient depuis le fleuve Halys, au milieu de l'Asie Mineure, jusque vers l'Indus; leur cavalerie avait une grande réputation, et Cyaxares avait donné à leur armée une organisation qu'avant lui on ne connaissait pas en Asie. Mais le successeur de ce roi actif et ambitieux semble avoir été un prince indolent, soupçonneux et cruel. On ne le voit faire aucune entreprise, et le succès facile de Cyrus prouve qu'il s'était aliéné les principaux personnages de sa cour et de son peuple.

3° Les Babyloniens. — Les Chaldéo-Babyloniens dominaient sur tout le pays compris entre le Tigre et la mer de Syrie, par conséquent sur la Mésopotamie, l'Assyrie, le pays des Syriens, des Phéniciens et des Juifs. Ce peuple venait de porter très-haut son nom, il avait pris Jérusalem et Tyr, refoulé les Égyptiens dans leurs marécages du Nil et parcouru victorieusement leurs provinces. Mais il n'avait rien fait pour garder ce haut rang parmi les nations. Il n'avait pas pris les sages mesures par lesquelles seulement les conquêtes deviennent durables, et ne s'était pas rendu lui-même digne et capable de les conserver. Il était comme son roi Nabuchodonosor, ivre de puissance, et, comme lui, fut relégué dans la solitude, chassé de la société des nations.

« Un jour que Nabuchodonosor se promenait dans son palais et disait : « N'est-ce pas là cette grande Babylone « dont j'ai fait ma demeure, que j'ai bâtie dans la force « de ma puissance et dans l'éclat de ma gloire ? » Un délire furieux le saisit; il se crut transformé en brute. Alors les hommes le chassèrent; il vécut parmi les animaux et les bêtes sauvages ; son corps fut trempé de la rosée du ciel; ses cheveux devinrent aussi longs que la crinière des lions, et ses ongles comme les griffes des oiseaux. » Crinière de lion sous laquelle il n'y avait que faiblesse et lâcheté; serres d'aigles qui n'étaient plus capables de saisir une proie! Comme Cyrus triomphera aisément de ce peuple déchu !

3° L'Égypte. — L'Égypte, sous Amasis, était florissante et prospère. Elle avait renoncé à disputer aux Babyloniens, comme l'avait fait Néchao, le pays situé entre la mer et l'Euphrate, mais elle était couverte d'un peuple immense et d'innombrables cités. Son fleuve était toujours bienfaisant, ses prêtres toujours habiles, et son roi, parvenu au trône après être parti de bien bas, n'était pas de ces fils dégénérés des grandes races qui oublient si aisément comment s'est faite, par le travail et l'intelligence, la fortune de leurs pères. Amasis, qui élevait des temples aux dieux de l'Égypte pour gagner l'affection de son peuple, regardait hors de son pays, entrait en relations avec les rois de Babylone et de Lydie, même avec les Grecs, favorisait le commerce de ceux-ci en Égypte, épousait une Grecque de Cyrène, ce qui le mettait en bonne amitié avec cette riche et puissante colonie, et gardait l'île de Cypre comme un fort avancé vers les côtes de la Syrie et de l'Asie Mineure. Mais tout cet éclat extérieur cachait des causes sérieuses de faiblesse. L'admission des Grecs en Égypte depuis Psamméticus avait profondément altéré la constitution de ce pays. La corporation des guerriers avait vu ces étrangers avec un profond dépit et avait émigré presque tout entière en Éthiopie, laissant les nouveaux venus défendre comme ils le pourraient ce royaume qu'ils avaient pacifiquement envahi. Ces mercenaires n'avaient point d'ailleurs une fidélité sur laquelle on pût toujours compter ; ce sera un d'entre eux qui guidera l'armée de Cambyse vers l'Égypte.

4° **Les Lydiens.** — J'ai déjà parlé de ce peuple qui avait soutenu une première lutte contre les Mèdes. Crésus venait de succéder (560) à son père Alyatte, et allait porter la monarchie lydienne au plus haut point de splendeur, en achevant la soumission des colonies grecques établies sur le littoral, et en domptant tous les peuples de l'intérieur de la péninsule jusqu'au fleuve Halys. Les Lydiens étaient fort riches et leur cavalerie était renommée. Mais leur État formé d'acquisitions récentes n'avait pas encore la consistance que le temps seul donne aux dominations, et les Grecs, qui auraient pu lui être d'un puissant secours étaient peu disposés à se dévouer pour ceux qui avaient pris leur liberté. Nous aurons occasion de parler bientôt plus au long de Crésus.

Faiblesse de ces empires. — Cependant, à ne regarder que du dehors ces grands États, tous paisibles, un seul excepté, celui de Babylone, où de fréquentes révolutions de palais avaient lieu, on ne pouvait prévoir qu'ils allaient devenir la proie d'un petit peuple perdu depuis des siècles dans les montagnes de la Perside.

Mais ces empires d'Orient sont toujours la statue à tête d'or et aux pieds d'argile que Nabuchodonosor vit en songe.

« O roi ! voici ce que tu as vu :

« Il y avait une statue immense debout devant toi et qui lançait des regards terribles ; la tête de cette statue était d'or, la poitrine et les bras d'argent, le ventre et les cuisses d'airain et les jambes de fer ; et une partie des pieds était de fer et l'autre d'argile.

« Tu regardais attentivement quand une pierre se détacha de la montagne ; aucun homme ne l'avait poussée ; elle frappa les pieds de la statue et les mit en pièces. Alors l'argent, l'or, l'airain, le fer et l'argile brisés devinrent comme la poussière qui couvre l'air durant l'été, et, un grand vent s'étant élevé, elle fut emportée sans qu'il s'en retrouvât plus rien.

« Mais la pierre qui avait frappé la statue devint une montagne immense qui remplit toute la terre. »

Ou bien encore, c'est : « un arbre planté au milieu de la terre qui s'élevait à une hauteur prodigieuse.

« Sa cime touchait au ciel et ses branches s'étendaient aux extrémités du monde.

« Ses feuilles étaient belles, et ses fruits abondants nourrissaient une multitude d'animaux. Dans ses rameaux habitaient les oiseaux du ciel ; à son ombre vivaient les bêtes des champs ; tout ce qui a vie y trouvait sa nourriture.

« Alors un des saints descendit du ciel, et d'une voix

forte il cria : Coupez l'arbre, arrachez ses racines, faites tomber ses feuilles et dispersez ses fruits. »

C'est par ces vives images que l'Écriture représente la fragilité de ces empires que le peuple indestructible de la Judée voyait s'élever, grandir et tomber autour de lui. Ils mouraient, parce que ces dominations n'étaient que l'œuvre de la force qui passe et s'écoule comme un torrent aujourd'hui débordé à travers les campagnes et demain à sec. Lui seul vivait, même brisé, même captif, parce qu'il avait au cœur une grande et pure croyance.

Substitution des Mèdes aux Perses dans la domination de l'Asie. — De ces quatre empires, celui qui semblait le plus menaçant pour les trois autres était la monarchie mède qui resserrait les Babyloniens entre elle et le désert, et touchait au pays des Lydiens qu'elle avait déjà attaqué. Et ce fut précisément celui-là qui tomba le premier ou plutôt qui fut transformé. La révolution ne fit, en effet, que déplacer le pouvoir; il passa des Mèdes aux Perses et d'Astyages à Cyrus. Mais comme celui-ci était le petit-fils de celui-là, les Perses étaient de même race que les Mèdes; ils avaient même religion et même langue. Les mages des Mèdes restèrent les prêtres des Perses. Ce ne fut en un mot qu'une révolution intérieure. Mais elle eut de graves conséquences parce qu'elle substitua à un peuple déjà usé par une domination séculaire des tribus nouvelles, pleines d'ardeur, qui se lancèrent à la suite de leur jeune chef dans toutes les aventures où il voulut les conduire. Les Mèdes n'auraient sans doute plus fait de conquêtes, les Perses voulurent conquérir l'Asie, l'Europe et l'Afrique.

Hérodote ne s'est pas astreint à raconter dans un ordre régulier les diverses expéditions de Cyrus, nous ferons comme lui.

Crésus. — Des grands empires qui l'entouraient, le premier qu'il attaqua fut celui de Lydie, qu'il renversa en 546.

Crésus avait bien employé les premières années de son règne. Il avait soumis la grande ville d'Éphèse et tous les

Grecs de la côte d'Asie, qui furent obligés de lui payer tribut. Mis en goût par cette conquête, il voulut en faire une autre et pensa à équiper une flotte pour attaquer les Grecs insulaires. Tout était prêt pour la construction des vaisseaux, lorsque Bias de Priène, ou, selon d'autres, Pittacos de Mitylène, vint à Sardes. Crésus lui ayant demandé s'il y avait en Grèce quelque chose de nouveau, sa réponse fit cesser les préparatifs. « Prince, lui dit-il, les insulaires achètent une grande quantité de chevaux, dans le dessein de venir attaquer Sardes, et de vous faire la guerre. » Crésus, croyant qu'il disait la vérité, repartit : « Puissent les dieux inspirer aux insulaires le dessein de venir attaquer les Lydiens avec de la cavalerie ! — Il me semble, seigneur, répliqua Bias, que vous désirez ardemment de les rencontrer à cheval sur le continent, et vos espérances sont fondées; mais depuis qu'ils ont appris que vous faisiez équiper une flotte pour les attaquer, pensez-vous qu'ils souhaitent autre chose que de surprendre les Lydiens en mer, et de venger sur vous les Grecs du continent que vous avez réduits en esclavage ? » Crésus, éclairé par cette réponse, abandonna son projet, et fit alliance avec les Ioniens des îles.

Quelque temps après, il subjugua presque toutes les nations en deçà du fleuve Halys, excepté les Ciliciens et les Lyciens; savoir : les Phrygiens, les Mysiens, les Mariandyniens, les Chalybes, les Paphlagoniens, les Thraces de l'Asie, c'est-à-dire les Thyniens et les Bithyniens, les Cariens, les Ioniens, les Doriens, les Éoliens et les Pamphyliens.

Crésus et Solon. — Tant de conquêtes ajoutées au royaume de Lydie avaient rendu la ville de Sardes très-florissante. Tous les sages qui étaient alors en Grèce s'y rendirent tour à tour. On y vit entre autres arriver Solon. Ce philosophe avait fait, à la prière des Athéniens ses compatriotes, un corps de lois, après quoi il voyagea pendant dix ans. Il s'embarqua sous prétexte d'examiner les mœurs et les usages des différentes nations, mais en effet pour n'être point contraint d'abroger quelqu'une des lois qu'il avait établies. Car les Athéniens n'en avaient pas le pouvoir, s'étant engagés, par des serments solennels, à observer durant dix années les règlements qu'il leur donnerait.

Solon étant donc sorti d'Athènes par ce motif, et pour s'instruire des coutumes des peuples étrangers, alla d'abord en Égypte, à la cour d'Amasis, et de là à Sardes, à celle de Crésus, qui le reçut avec distinction, et le logea dans son palais. Trois ou quatre jours après son arrivée, il fut conduit, par ordre du prince, dans les chambres où l'on gardait ses trésors, et on lui montra ces richesses. Quand Solon eut tout vu, le roi lui dit : « Le bruit de votre sagesse et de vos voyages est venu jusqu'à nous, et je n'ignore point qu'en parcourant tant de pays, vous n'avez eu d'autre but que de vous instruire de leurs lois et de leurs usages, et de perfectionner vos connaissances. Je désire savoir quel est l'homme le plus heureux que vous ayez vu. » Il lui faisait cette question, parce qu'il se croyait lui-même le plus heureux de tous les hommes. « C'est Tellus d'Athènes, » dit Solon, Crésus, étonné de cette réponse : « Sur quoi donc, lui demanda-t-il avec vivacité, estimez-vous Tellus si heureux ?—Parce qu'il a vécu dans une ville florissante, reprit Solon ; qu'il a eu des enfants beaux et vertueux; que chacun d'eux lui a donné des petits-fils, qui tous lui ont survécu ; et que, enfin, après avoir joui d'une fortune considérable, relativement à celles de notre pays, il a terminé ses jours d'une manière éclatante. Car dans un combat des Athéniens contre leurs voisins à Éleusis, il combattit vaillamment, mit en fuite les ennemis, et mourut avec gloire. Les Athéniens lui érigèrent un monument aux frais de l'État, dans l'endroit même où il était tombé, et lui rendirent de grands honneurs. »

Tout ce que Solon venait de dire sur la félicité de Tellus excita Crésus à lui demander quel était celui qu'il estimait, après cet Athénien, le plus heureux des hommes, ne doutant point que la seconde place ne lui appartînt. « Cléobis et Biton, répondit Solon ; ils étaient Argiens, et jouissaient d'un bien honnête; ils étaient outre cela si forts, qu'ils avaient tous deux également remporté des prix aux jeux publics. On raconte d'eux aussi le trait suivant : Les Argiens célébraient une fête en l'honneur de Junon. Il fallait absolument que leur mère se rendît au temple, sur un char traîné par un couple de bœufs. Comme le temps de la cérémonie pressait, et qu'il ne permettait pas à ces jeunes gens d'aller chercher leurs bœufs, qui n'étaient point encore revenus des champs, ils se mirent eux-mêmes sous le joug, et, tirant le char sur lequel leur mère était montée, ils le conduisirent ainsi 45 stades, jusqu'au temple de la déesse. Après cette action, dont tout le peuple fut témoin, ils terminèrent leurs jours de la manière la plus heureuse, et la divinité fit voir, par cet événement, qu'il est plus avantageux à l'homme de mourir que de vivre. Les Argiens, assemblés autour de ces deux jeunes gens, louaient leur piété envers les dieux et envers leur mère, et les Argiennes félicitaient la prêtresse d'avoir de tels enfants. Celle-ci, comblée de joie, et debout aux pieds de la statue, pria la déesse d'accorder à ses deux fils le plus grand bonheur que pût obtenir un mortel. Cette prière finie, elle accomplit le sacrifice, et, après le festin ordinaire dans ces sortes de fêtes, les deux jeunes gens s'étant endormis dans le temple même ne se réveillèrent plus. Les Argiens estimèrent que la déesse avait voulu les soustraire aux misères de la vie. Pour consacrer leur mémoire, ils firent faire leurs statues, et les envoyèrent au temple de Delphes. »

Solon accordait, par ce discours, le second rang à Cléobis et à Biton. « Athénien, répliqua Crésus en colère, faites-vous donc si peu de cas de ma félicité, que vous me jugiez indigne d'être comparé avec de simples citoyens ? — Seigneur, reprit Solon, vous me demandez ce que je pense de la vie humaine ; ai-je donc pu vous répondre autrement, moi qui sais que la divinité est jalouse du bonheur des humains, et qu'elle se plaît à le troubler ? Car, dans une longue carrière, on voit et l'on souffre bien des choses fâcheuses. Je donne à un homme 70 ans pour le plus long terme de sa vie. Ces 70 ans font 25 550 jours. Or, de ces 25 550 jours, vous n'en trouverez pas un qui amène un événement absolument semblable. Il faut donc convenir, seigneur, que l'homme est sujet à mille accidents. Vous avez certainement des richesses considérables, et vous régnez sur un peuple nombreux ; mais je ne puis répondre à votre question, que je ne sache si vous avez fini vos jours dans la prospérité. Rien de plus commun que le malheur dans l'opulence et le bonheur dans la médiocrité. L'homme pauvre, d'ailleurs, s'il a l'usage de tous ses membres, s'il jouit d'une bonne santé, s'il est heureux dans ses enfants, si, enfin, à tous ces avantages, il ajoute celui d'une belle mort, cet homme-là est celui que vous cherchez ; c'est lui qui mérite d'être appelé heureux [1]. »

Ainsi parla Solon. Il n'avait rien dit d'agréable à Crésus, et ne lui avait pas témoigné la moindre considération ; aussi fut-il renvoyé de la cour. Il est probable qu'on traita de grossier un homme qui, sans égard aux biens présents, voulait qu'en tout on envisageât la fin.

Meurtre du fils de Crésus. — Après le départ de Solon, la vengeance des dieux éclata d'une manière terrible sur Crésus, en punition, comme on peut le conjecturer, de ce qu'il s'estimait le plus heureux de tous les hommes. Un songe lui annonça les malheurs dont l'un de ses fils était menacé. Il en avait deux : l'un, affligé d'une infirmité naturelle : il était muet ; l'autre, qui surpassait en tout les jeunes gens de son âge : il se nommait Atys. Ce fut Atys que le songe indiqua à Crésus, comme devant périr d'une arme de fer. Le roi réfléchit à son réveil sur ce songe : tremblant pour son fils, il lui choisit une épouse, et l'éloigna des armées, à la tête desquelles il avait cou-

1. Si le récit d'Hérodote sur la visite de Solon à Crésus est vrai, la chronologie force d'admettre que Solon ne vit Crésus qu'alors qu'il était associé à son père Alyatte et gouverneur pour lui d'Adramytte. Crésus ne devint roi qu'en 560, Solon était alors de retour à Athènes. Je n'ai pas besoin d'ajouter que dans toutes ces pages c'est Hérodote qui parle.

tume de l'envoyer. Il fit aussi ôter les dards, les piques et toutes les espèces d'armes offensives, des appartements où elles étaient suspendues, et les fit porter dans des magasins, de peur qu'il n'en tombât quelqu'une sur son fils.

Pendant que Crésus était occupé des noces de ce jeune prince, il vint à Sardes un malheureux dont les mains étaient impures : cet homme était Phrygien, et issu du sang royal. Arrivé au palais, il pria Crésus de le purifier suivant les lois du pays. Ce prince le purifia. Les expiations, chez les Lydiens, ressemblent beaucoup à celles qui sont usitées en Grèce. Après la cérémonie, Crésus voulut savoir d'où il venait, et qui il était. « Étranger, lui dit-il, qui êtes-vous? De quel canton de Phrygie êtes-vous venu à ma cour comme suppliant? Quel homme, quelle femme avez-vous tué? — Seigneur, je suis fils de Gordius, et petit-fils de Midas : je m'appelle Adraste ; j'ai tué mon frère sans le vouloir. Chassé par mon père, et dépouillé de tout, je suis venu chercher ici un asile. — Vous sortez, reprit Crésus, d'une maison que j'aime. Vous êtes chez des amis; rien ne vous manquera dans mon palais, tant que vous jugerez à propos d'y rester. Supportez votre malheur avec patience, c'est le moyen de l'adoucir. » Adraste demeura donc à la cour de Crésus.

Dans ce même temps, il parut en Mysie un sanglier d'une grosseur énorme, qui, descendant du mont Olympe, faisait un grand dégât dans les campagnes. Les Mysiens l'avaient attaqué à diverses reprises, mais sans lui faire aucun mal, tandis qu'il leur en avait fait beaucoup. Enfin ils s'adressèrent à Crésus : « Seigneur, lui dirent leurs députés, il a paru sur nos terres un effroyable sanglier qui ravage nos campagnes ; malgré nos efforts, nous n'avons pu nous en défaire. Nous vous supplions donc d'envoyer avec nous le prince votre fils, à la tête d'une troupe de jeunes gens choisis, et votre meute, afin d'en purger le pays. » Crésus, se rappelant le songe qu'il avait eu, leur répondit : « Ne me parlez pas de mon fils, je ne puis l'envoyer avec vous, mais je vous donnerai mon équipage

de chasse, avec l'élite de la jeunesse lydienne, à qui je
recommanderai de s'employer avec ardeur pour vous délivrer de ce sanglier. »

Les Mysiens furent très-contents de cette réponse. Atys,
qui avait entendu leur demande et le refus qu'avait fait
Crésus de l'envoyer avec eux, entra sur ces entrefaites,
et s'adressant à ce prince : « Mon père, lui dit-il, les actions les plus nobles et les plus généreuses m'étaient autrefois permises, je pouvais m'illustrer à la guerre et à
la chasse ; mais vous m'éloignez aujourd'hui de l'une et
de l'autre, quoique vous n'ayez remarqué en moi ni lâcheté ni faiblesse. Quand j'irai à la place publique, ou
que j'en reviendrai, de quel œil me verra-t-on ? Quelle
opinion auront de moi nos citoyens ? Quelle idée en aura
la jeune princesse que je viens d'épouser ? A quel homme
se croira-t-elle unie ? Permettez-moi donc, seigneur, d'aller à cette chasse avec les Mysiens ; ou tâchez de me convaincre de la solidité des raisons qui vous ont déterminé
à agir de la sorte.

— Mon fils, reprit Crésus, si je vous empêche d'aller à
cette chasse, ce n'est pas que j'aie remarqué dans votre
conduite la moindre lâcheté, ou quelque autre chose qui
m'ait déplu ; mais un songe m'a fait connaître que vous
aviez peu de temps à vivre, et que vous deviez périr d'une
arme de fer. C'est uniquement à cause de ce songe que
je me suis pressé de vous marier ; c'est pour cela que je ne
vous envoie pas à cette expédition, et que je prends toutes
sortes de précautions pour vous dérober, du moins pendant ma vie, au malheur qui vous menace. Je n'ai que
vous d'enfant, car mon autre fils, disgracié de la nature,
n'existe plus pour moi.

— Mon père, répliqua le jeune prince, après un pareil
songe le soin avec lequel vous me gardez est bien excu-
sable : mais il me semble que vous n'en saisissez pas bien
le sens. Les dieux vous ont fait connaître que je devais
périr d'une arme de fer. Mais un sanglier a-t-il des mains ?
Est-il armé de ce fer aigu que vous craignez ? Si votre
songe vous eût appris que je dusse mourir d'une défense

de sanglier, ou de quelque autre manière semblable, on approuverait vos précautions; mais il n'est question que d'une pointe de fer. Puis donc que ce ne sont pas des hommes que j'ai à combattre, laissez-moi partir.

— Mon fils, répond Crésus, votre interprétation est plus juste que la mienne. Je cède à vos raisons, ma défense est révoquée; la chasse que vous désirez vous est permise. »

En même temps, il mande le Phrygien Adraste, et lui dit : « Vous étiez sous les coups du malheur, Adraste (me préserve le ciel de vous le reprocher), je vous ai purifié, je vous ai reçu dans mon palais, où je pourvois à tous vos besoins : prévenu par mes bienfaits, vous me devez quelque retour. Mon fils part pour la chasse; je vous confie la garde de sa personne : préservez-le des brigands qui pourraient vous attaquer sur la route. D'ailleurs il vous importe de rechercher les occasions de vous signaler : vos pères vous l'ont enseigné, la vigueur de votre âge vous le permet.

— Seigneur, répondit Adraste, sans un pareil motif je n'irais point à ce combat. Au comble du malheur, me mêler à des hommes de mon âge et plus heureux, je n'en ai pas le droit; je n'en ai pas la volonté : souvent je m'en suis abstenu. Mais vous le désirez, il faut vous obliger, il faut reconnaître vos bienfaits; je suis prêt à obéir. Soyez sûr que votre fils, confié à ma garde, reviendra sain et sauf, autant qu'il dépendra de son gardien. »

Le prince Atys et lui partirent après cette réponse avec une troupe de jeunes gens d'élite et la meute du roi. Arrivés au mont Olympe, on cherche le sanglier, on le trouve, on l'environne, on lance sur lui des traits. Alors cet étranger, cet Adraste, purifié d'un meurtre, dirige un javelot contre le sanglier, manque la bête et frappe le fils de Crésus. Ainsi le jeune prince fut percé d'un fer aigu; ainsi fut accompli le songe fatal! Aussitôt un courrier, dépêché à Sardes, apprit au roi la nouvelle du combat, et le sort de son fils.

Crésus, troublé de sa mort, la ressentit d'autant plus

vivement qu'il avait lui-même purifié d'un homicide celui
qui en était l'auteur. S'abandonnant à toute sa douleur,
il invoquait Jupiter-Expiateur, le prenant à témoin du
mal que lui avait fait cet étranger ; il l'invoquait encore
comme protecteur de l'hospitalité, parce qu'en donnant à
cet étranger une retraite dans son palais, il y avait reçu
sans le savoir le meurtrier de son fils ; comme dieu de
l'amitié, parce qu'ayant chargé Adraste de la garde de
son fils, il avait trouvé en lui son plus cruel ennemi.

Quelque temps après, les Lydiens arrivèrent avec le
corps d'Atys, suivi du meurtrier. Adraste, debout devant
le cadavre, les mains étendues vers Crésus, le conjure de
l'immoler sur son fils, la vie lui étant devenue odieuse
depuis qu'à son premier crime il en a ajouté un second,
en tuant celui qui l'avait purifié. Quoique accablé de douleur, Crésus ne put entendre le discours de cet étranger
sans être ému de compassion. « Adraste, lui dit-il, en
vous condamnant vous-même à la mort, vous satisfaites
pleinement ma vengeance. Vous n'êtes pas l'auteur de
ce meurtre, puisqu'il est involontaire; je n'en accuse que
celui des dieux qui me l'a prédit. » Crésus rendit les derniers devoirs à son fils, et ordonna qu'on lui fît des funérailles convenables à son rang. La cérémonie achevée,
un silence lugubre régnait encore dans l'assemblée, lorsqu'on vit cet Adraste, qui avait été le meurtrier de son
propre frère, le meurtrier du fils de son hôte, terminer
lui-même sa vie misérable en se tuant sur le tombeau
d'Atys.

Crésus consulte les oracles de la Grèce. — Crésus
pleura deux ans la mort de son fils. Mais les révolutions
qui agitèrent la haute Asie, l'empire d'Astyage renversé,
celui de Cyrus élevé sur ses ruines et croissant chaque
jour, lui firent mettre un terme à sa douleur. Il ne pensa
plus qu'aux moyens de réprimer cette puissance, avant
qu'elle devînt menaçante pour lui-même. Tout occupé de
cette pensée, il résolut de consulter les oracles les plus
fameux. Il envoya des députés en divers endroits, les
uns à Delphes, les autres à Abes, en Phocide, d'autres

encore à Dodone, quelques-uns à l'oracle d'Amphiaraüs, à l'antre de Trophonios, et aux Branchides, dans la Milésie : voilà les oracles de Grèce que Crésus fit consulter. Il en dépêcha aussi en Libye, au temple de Jupiter Ammon. Crésus n'envoya des députés que pour éprouver les oracles; il se promettait de consulter une seconde fois, pour savoir s'il devait faire la guerre aux Perses, ceux-là seulement dont il aurait reconnu la véracité.

Il fit partir tous ces députés le même jour de Sardes et leur commanda de ne se présenter devant l'oracle que le centième jour depuis leur départ, de demander ce que Crésus, fils d'Alyatte, roi de Lydie, faisait en ce moment-là, et de lui rapporter par écrit la réponse de chaque oracle. On ne connaît que la réponse de l'oracle de Delphes, et l'on ignore quelle fut celle des autres. Aussitôt que les Lydiens furent entrés dans le temple de Delphes pour consulter le dieu, et qu'ils eurent interrogé la pythie sur ce qui leur avait été prescrit, elle leur dit : « Je connais le nombre des grains de sable et les bornes de la mer; je comprends la langue du muet; j'entends la voix de celui qui ne parle point. Mes sens sont frappés de l'odeur d'une tortue qu'on fait cuire avec de la chair d'agneau dans une chaudière d'airain, dont le couvercle est aussi d'airain. »

Les Lydiens, ayant mis par écrit cette réponse de la pythie, partirent de Delphes, et revinrent à Sardes. Quand les autres députés, envoyés en divers pays, furent aussi de retour avec les réponses des oracles, Crésus ouvrit leurs lettres, et les examina chacune en particulier. Il y en eut sans doute qu'il n'approuva point; mais dès qu'il eut entendu celle de l'oracle de Delphes, il la reconnut pour vraie, et adora le dieu, persuadé que cet oracle était le seul véritable, puisqu'il était le seul qui eût découvert ce qu'il faisait. En effet, après le départ des députés il avait imaginé la chose la plus impossible à deviner et à connaître. Il avait coupé lui-même par morceaux une tortue et un agneau, et on les avait fait cuire ensemble dans un vase d'airain, dont le couvercle était de même métal. Telle fut la réponse de Delphes.

Quant à celle que reçurent les Lydiens dans le temple d'Amphiaraüs, après les cérémonies et les sacrifices prescrits par les lois, je n'en puis rien dire. On sait uniquement que Crésus reconnut aussi la véracité de cet oracle.

Ce prince tâcha ensuite de se rendre propice le dieu de Delphes par de somptueux sacrifices, dans lesquels on immola 3000 victimes de toutes les espèces d'animaux qu'il est permis d'offrir aux dieux. Il fit brûler sur un grand bûcher des lits dorés et argentés, des vases d'or, des robes de pourpre et autres vêtements, s'imaginant, par cette profusion, se rendre le dieu plus favorable. Il enjoignit aussi aux Lydiens d'immoler au dieu toutes les victimes que chacun pourrait se procurer. Après ce sacrifice, il fit fondre une prodigieuse quantité d'or, et en fit faire 117 demi-plinthes, dont les plus longues avaient six palmes, les plus petites trois sur une d'épaisseur[1]. Il y en avait quatre d'or fin, du poids d'un talent et demi ; les autres étaient d'un or pâle, et pesaient 2 talents. Il fit faire aussi un lion d'or fin, du poids de 10 talents. On le plaça sur ces demi-plinthes ; mais il tomba lorsque le temple de Delphes fut brûlé. Il est maintenant, ajoute Hérodote, dans le trésor des Corinthiens, et ne pèse plus que 6 talents et demi, parce que dans l'incendie du temple, il s'en fondit 3 talents et demi.

Ces ouvrages achevés, Crésus les envoya à Delphes, avec beaucoup d'autres présents, deux cratères extrêmement grands, l'un d'or et l'autre d'argent. Le premier était à droite en entrant dans le temple, et le second à gauche. On les transporta aussi ailleurs, lors de l'incen-

---

1. *Palme*, mesure de longueur, égale au travers de la main ; elle valait 0ᵐ 077. Le *talent*, mesure de poids, pesait 26 kilogr. 178 grammes. La *mine* ou 60ᵉ partie du talent pesait 435 grammes. L'*amphore*, mesure de capacité, valait 38 lit. 83. Cratère, sorte de grand vase qui ne servait point à boire, mais seulement à mêler l'eau avec le vin.

die du temple. Le cratère d'or est aujourd'hui dans le trésor des Clazoméniens : il pèse 8 talents et demi, et 12 mines. Celui d'argent est dans l'angle du vestibule du temple : il tient 600 amphores. Les Delphiens y mêlent l'eau avec le vin aux fêtes appelées Théophanies. Ils disent que c'est un ouvrage de Théodore de Samos, et je le crois d'autant plus volontiers, que cette pièce me paraît d'un travail exquis. Le même prince y envoya aussi quatre muids d'argent, qui sont dans le trésor des Corinthiens, deux bassins pour l'eau lustrale, dont l'un est d'or et l'autre d'argent. Sur celui d'or est gravé le nom des Lacéeémoniens, et ils prétendent avoir fait cette offrande, mais à tort; il est certain que c'est aussi un présent de Crésus. Un habitant de Delphes y a mis cette inscription pour flatter Lacédémone. J'en tairai le nom, quoique je le sache fort bien. Il est vrai qu'ils ont donné l'enfant, à travers la main duquel l'eau coule et se répand; mais ils n'ont fait présent ni de l'un ni de l'autre de ces deux bassins. A ces dons, Crésus en ajouta plusieurs autres de moindre prix, par exemple, des plats d'argent de forme ronde et une statue d'or de trois coudées de haut, représentant une femme. Les Delphiens disent que c'est celle de sa panetière. Il y fit aussi porter les colliers et les ceintures de la reine sa femme : tels sont les présents qu'il fit à Delphes.

Quant au héros Amphiaraüs, sur ce que Crésus apprit de son mérite et de ses malheurs, il lui consacra un bouclier d'or massif, avec une pique dont la hampe était d'or ainsi que le fer. De mon temps, on voyait encore l'un et l'autre à Thèbes, dans le temple d'Apollon Isménien.

Les Lydiens, chargés de porter ces présents aux oracles de Delphes et d'Amphiaraüs, avaient ordre de leur demander si Crésus devait faire la guerre aux Perses, et joindre à son armée des troupes auxiliaires. A leur arrivée, les Lydiens présentèrent les offrandes, et consultèrent les oracles en ces termes : « Crésus, roi des Lydiens et d'autres nations, persuadé que vous êtes les seuls véritables oracles qu'il y ait dans le monde, vous envoie ces présents, qu'il croit dignes de votre habileté. Maintenant il vous demande s'il doit marcher contre les Perses, et s'il doit joindre à son armée des troupes auxiliaires. » Les deux oracles s'accordèrent dans leurs réponses. Ils prédirent l'un et l'autre à ce prince que s'il entreprenait la guerre contre les Perses, il détruirait un grand empire, et lui conseillèrent de rechercher l'amitié des États de la Grèce, qu'il aurait reconnus pour les plus puissants.

Crésus, charmé de ces réponses, et concevant l'espoir de renverser l'empire de Cyrus, envoya de nouveau des députés à Pytho, pour distribuer à chacun des habitants (il en savait le nombre) 2 statères d'or par tête[1]. Les Delphiens accordèrent, par reconnaissance, à Crésus et aux Lydiens, la prérogative de consulter les premiers l'oracle, et en outre, l'immunité, la préséance, et le privilége perpétuel de devenir citoyens de Delphes, quand ils le désiraient.

Crésus, après avoir envoyé ces présents aux Delphiens, interrogea le dieu pour la troisième fois ; car depuis qu'il en avait reconnu la véracité, il ne cessait plus d'y avoir recours. Il lui demanda donc si sa monarchie serait de longue durée ; la pythie lui répondit en ces termes : « Quand un mulet sera roi des Mèdes, fuis alors, Lydien efféminé, sur les bords de l'Hermus : garde-toi de résister, et ne rougis point de ta lâcheté. »

Alliance de Crésus avec Lacédémone. — Cette réponse fit encore plus de plaisir à Crésus que toutes les autres. Persuadés qu'on ne verrait jamais sur le trône des Mèdes un mulet, il conclut que ni lui ni ses descendants ne seraient privés de la puissance souveraine. Il rechercha ensuite avec soin quels étaient les peuples les plus puissants de la Grèce, dans le dessein de s'en faire des amis ; il trouva que les Lacédémoniens et les Athéniens tenaient le premier rang, les uns parmi les Do-

---

1. Le statère d'or attique valait 20 drachmes ou environ 18 fr. 50 c.

riens, les autres parmi les Ioniens. Mais ceux-ci étaient divisés par des factions, tandis que les Lacédémoniens étaient dans l'état le plus prospère. Crésus envoya des ambassadeurs aux Spartiates avec des présents, pour les prier de s'allier avec lui. Lorsqu'ils furent arrivés, ils parlèrent en ces termes qui leur avaient été prescrits : « Crésus, roi des Lydiens et de plusieurs autres nations, nous a envoyés ici, et vous dit par notre bouche : O Lacédémoniens, le dieu de Delphes m'ayant ordonné de contracter amitié avec les Grecs, je m'adresse à vous, conformément à l'oracle, parce que j'apprends que vous êtes le premier peuple de la Grèce, et je désire votre amitié et votre alliance sans fraude ni tromperie. »

Tel fut le discours des ambassadeurs. Les Lacédémoniens, qui avaient aussi entendu la réponse faite à Crésus par l'oracle, se réjouirent de l'arrivée des Lydiens, et firent avec eux un traité d'amitié et d'alliance défensive et offensive. Ils avaient reçu auparavant quelques bienfaits de Crésus ; car les Lacédémoniens ayant envoyé des gens à Sardes pour y acheter de l'or, dans l'intention de l'employer à la statue d'Apollon, qu'on voit aujourd'hui au mont Thornax en Laconie, Crésus leur avait fait présent de tout le métal nécessaire.

Tant de générosité, et la préférence qu'il leur donnait sur tous les Grecs les déterminèrent à cette alliance. D'un côté, ils se tinrent prêts à lui donner du secours au premier avis ; d'un autre, ils firent exécuter pour lui un cratère de bronze, afin de reconnaître les dons qu'ils en avaient reçu. Ce cratère tenait 300 amphores ; il était orné extérieurement, et jusqu'au bord, d'un grand nombre d'animaux en relief, mais il ne parvint point à Sardes, pour l'une de ces deux raisons. Les Lacédémoniens assurent qu'il fut enlevé sur le côtes de Samos par des Samiens, qui, ayant eu connaissance de leur voyage, les attaquèrent avec des vaisseaux de guerre. Mais les Lacédémoniens chargés de ce cratère, n'ayant point fait assez de diligence, furent informés en route de la prise de Crésus et de celle de Sardes, et ils le vendirent à Samos à des particuliers, qui en firent une offrande au temple de Junon. Peut-être aussi ceux qui l'avaient vendu, dirent-ils, à leur retour à Sparte, que les Samiens le leur avaient enlevé.

Crésus attaque les Perses. — Crésus, n'ayant pas saisi le sens de l'oracle, se disposait à marcher en Cappadoce, dans l'espérance de renverser la puissance de Cyrus et des Perses. Tandis qu'il faisait les préparatifs nécessaires pour cette expédition, un Lydien, nommé Sandanis, qui s'était déjà acquis la réputation d'homme sage, et qui se rendit encore plus célèbre parmi les Lydiens par le conseil qu'il donna à Crésus, parla ainsi à ce prince : « Seigneur, vous vous disposez à faire la guerre à des peuples qui ne sont vêtus que de peaux, qui se nourrissent, non de ce qu'ils voudraient avoir, mais de ce qu'ils ont, parce que leur pays est rude et stérile ; à des peuples qui, faute de vin, ne s'abreuvent que d'eau, qui ne connaissent ni les figues ni aucun autre fruit agréable. Vainqueur, qu'enlèverez-vous à des gens qui n'ont rien ? Vaincu, considérez que de biens vous allez perdre ! S'ils goûtent une fois les douceurs de notre pays, ils ne voudront plus y renoncer ; nul moyen pour nous de les chasser. Quant à moi, je rends grâces aux dieux de ce qu'ils n'inspirent pas aux Perses le dessein d'attaquer les Lydiens. » Sandanis ne persuada pas Crésus. Il disait pourtant vrai : les Perses, avant la conquête de la Lydie, ne connaissaient aucune des délicatesses de la vie.

On a vu plus haut (p. 164) qu'Astyages était beau-frère de Crésus. La chute de ce prince fournissait donc au roi de Lydie un prétexte plausible de commencer les hostilités. Il leva une nombreuse armée et entreprit de conquérir la Cappadoce.

Première bataille entre les Lydiens et les Perses. — Arrivés sur les bords de l'Halys, Crésus, dit Hérodote, le fit, à ce que je crois, passer à son armée sur les ponts qu'on y voit à présent ; mais, s'il faut en croire la plupart des Grecs, Thalès de Milet lui en ouvrit le passage.

Crésus, racontent-ils, étant embarrassé pour faire traverser l'Halys à son armée, parce que les ponts, qui sont maintenant sur cette rivière, n'existaient point encore en ce temps-là, Thalès, qui était alors au camp, fit passer à la droite de l'armée le fleuve qui coulait à la gauche. Voici de quelle manière il s'y prit. Il fit creuser, en commençant au-dessus du camp, un canal profond en forme de croissant, afin que l'armée pût l'avoir à dos, dans la position où elle était. Le fleuve fut d'abord détourné de l'ancien canal dans le nouveau, puis rentra dans son ancien lit au-dessous de l'armée.

Après le passage de l'Halys, Crésus arriva dans la partie de la Cappadoce appelée la Ptérie, et qui se trouve non loin de Sinope, sur le Pont-Euxin. Il assit son camp en cet endroit, prit la ville des Ptériens, en réduisit les habitants en esclavage, et s'empara de toutes les bourgades voisines, dont il transporta ailleurs les habitants, quoiqu'ils ne lui eussent donné aucun sujet de plainte. Cependant Cyrus assembla son armée, prit avec lui tout ce qu'il put trouver d'hommes sur sa route, et envoya des hérauts aux Ioniens pour les engager à se révolter contre Crésus. Il ne put leur persuader de le faire; néanmoins il vint camper en vue de l'ennemi. Les deux armées préludèrent par de violentes escarmouches à une action générale, qui fut vive, et où il périt beaucoup de monde des deux côtés. La nuit sépara les combattants, sans que la victoire se fût déclarée en faveur de l'un ou de l'autre parti.

Crésus appelle tous ses alliés. — Crésus se reprocha alors la disproportion de ses troupes, qui étaient beaucoup moins nombreuses que celles de Cyrus, et voyant que le lendemain ce prince ne tentait pas une nouvelle attaque, il retourna à Sardes, dans le dessein d'appeler à son secours les Égyptiens, conformément au traité conclu avec Amasis, leur roi, traité qui était antérieur avec celui qu'il avait fait avec les Lacédémoniens. Il se proposait aussi de mander les Babyloniens, avec qui il s'était pareillement allié, et qui avaient alors pour roi

Labynète, et de faire dire aux Lacédémoniens de se trouver à Sardes à un temps marqué. Il comptait passer l'hiver tranquillement, et marcher à l'entrée du printemps contre les Perses avec les forces de ces peuples réunies aux siennes. D'après ces dispositions, aussitôt qu'il fut de retour à Sardes, il envoya inviter ses alliés par des hérauts de se rendre à sa capitale le cinquième mois. Ensuite il congédia les troupes étrangères qu'il avait actuellement à sa solde, et qui s'étaient déjà mesurées contre les Perses, et les dispersa de tous côtés, ne s'imaginant pas que Cyrus, qui n'avait remporté aucun avantage sur lui, dût faire avancer son armée contre Sardes.

Pendant que Crésus était occupé de ces projets, tous les dehors de la ville se remplirent de serpents, et les chevaux abandonnant les pâturages, coururent les dévorer. Ce spectacle, dont Crésus fut témoin, parut aux yeux de ce prince un prodige ; et, en effet, c'en était un. Aussitôt il envoya aux devins de Telmesse pour en avoir l'interprétation. Ses députés l'apprirent, mais ils ne purent pas la lui communiquer ; car, avant leur retour à Sardes, il avait été fait prisonnier. La réponse fut que Crésus devait s'attendre à voir une armée d'étrangers sur ses terres, et qu'elle subjuguerait les naturels du pays : le serpent étant fils de la terre, et le cheval un ennemi et un étranger. Crésus était déjà pris lorsqu'ils firent cette réponse ; mais ils ignoraient alors le sort de Sardes et du roi.

Seconde bataille ; défaite des Lydiens. — Lorsque Crésus, après la bataille de la Ptérie, se fut retiré, Cyrus, instruit du dessein où il était de congédier ses troupes à son retour, crut, de l'avis de son conseil, devoir marcher avec la plus grande diligence vers Sardes, pour ne pas laisser aux Lydiens le temps d'assembler de nouvelles forces. Cette résolution prise, il l'exécuta sans délai, fit passer son armée dans la Lydie, et porta lui-même à Crésus la nouvelle de sa marche. Ce prince, quoique fort inquiet de voir ses mesures déconcertées, ne laissa pas de faire sortir les Lydiens de la ville et de les mener au combat. Il n'y avait point alors en Asie de nation plus brave ni plus belliqueuse que ce peuple. Ils combattaient à cheval avec de longues piques, et étaient excellents cavaliers.

Les deux armées se rencontrèrent en avant de la ville de Sardes, dans une plaine spacieuse et découverte, traversée par l'Hyllos et par d'autres rivières qui se jettent dans l'Hermos, la plus grande de toutes. L'Hermos coule d'une montagne consacrée à Cybèle, et va se perdre dans la mer, près de la ville de Phocée.

A la vue des Lydiens rangés en bataille dans cette plaine, Cyrus craignit cette immense cavalerie et suivit un conseil que lui donna le Mède Harpagus. Il rassembla tous les chameaux qui portaient à la suite de son armée les vivres et le bagage, et, leur ayant ôté leur charge, les fit monter par des hommes vêtus en cavaliers, avec ordre de marcher, en cet équipage, à la tête des troupes contre la cavalerie de Crésus. Il commanda en même temps à l'infanterie de suivre les chameaux, et posta toute la cavalerie derrière l'infanterie. Les troupes ainsi rangées, il leur ordonna de tuer tous les Lydiens qu'ils pourraient atteindre, et de n'épargner que Crésus, quand même il se défendrait encore après avoir été pris. Cyrus opposait ainsi les chameaux à la cavalerie ennemie, parce que le cheval craint le chameau, et qu'il n'en peut soutenir ni la vue ni l'odeur[1]. Par cette disposition de ses troupes, il comptait rendre inutile la cavalerie sur laquelle Crésus fondait l'espérance d'une victoire éclatante.

Lorsqu'en effet les deux armées se furent avancées pour combattre, les chevaux n'eurent pas plutôt aperçu et senti les chameaux qu'ils reculèrent, et les espérances de Crésus furent perdues. Les Lydiens cependant ne pri-

---

1. Cette assertion d'Hérodote est une erreur. Il n'y a pas de caravane où des chameaux et des chevaux ne soient mêlés. Il est cependant très-vrai qu'à une certaine époque de l'année ces animaux répandent une odeur fétide et repoussante.

rent pas pour cela l'épouvante. Ayant reconnu le stratagème, ils descendirent de cheval et combattirent à pied
contre les Perses ; mais, après une perte considérable de
part et d'autre, ils prirent la fuite et se renfermèrent
dans leurs murailles, où les Perses les assiégèrent.

Prise de Sardes. — Crésus crut que ce siége traîne-
rait en longueur ; il fit partir de la citadelle de nouveaux
ambassadeurs vers ses alliés. Les premiers n'avaient fixé
le rendez-vous à Sardes qu'au cinquième mois ; les seconds demandèrent le plus prompt secours. Lorsque le
héraut envoyé à Lacédémone arriva dans cette ville, les
Spartiates ne balancèrent pas à lui donner aussitôt le
secours promis. Déjà les troupes étaient prêtes et les
vaisseaux équipés, lorsqu'un autre courrier apporta la
nouvelle que la ville des Lydiens était prise, et que Crésus
avait été fait prisonnier. Les Spartiates en furent très-
affligés et se tinrent en repos.

Voici la manière dont la ville de Sardes fut prise. Le
quatorzième jour du siége, Cyrus fit publier par des cavaliers envoyés dans tout le camp, qu'il donnerait une
récompense à celui qui monterait le premier sur la muraille. Ces promesses excitèrent le zèle de bien des soldats, l'armée fit des tentatives, mais toutes ces tentatives
restèrent sans succès. Un seul, Hyrœadès, Marde de nation, entreprit de monter par un certain endroit de la
citadelle, où il n'y avait point de sentinelles. Les Lydiens
ne craignaient pas que la ville fût jamais prise de ce
côté. Escarpée, inexpugnable, cette partie de la citadelle
était la seule par où Mélès, autrefois roi de Sardes,
n'avait point fait porter un lion qui était né de sa femme.
Les devins de Telmesse lui avaient prédit que Sardes
serait imprenable, si l'on portait ce lion autour des murailles. Sur cette prédiction, Mélès l'avait fait porter partout où l'on pouvait attaquer et forcer la citadelle. Mais
il avait négligé le côté qui regarde le mont Tmolus,
comme imprenable et inaccessible. Hyrœadès avait aperçu
la veille un Lydien descendre de la citadelle par cet endroit, pour ramasser son casque, qui était roulé du haut

en bas, et l'avait vu remonter ensuite par le même chemin. Cette observation le frappa; il y monta lui-même,
et d'autres Perses après lui, qui furent suivis d'une
grande multitude. Ainsi fut prise Sardes, et la ville entière livrée au pillage.

Sort de Crésus. — Hérodote et les Grecs ne pouvaient
admettre que les choses se fussent passées avec cette
simplicité, que ce grand royaume fût tout naturellement
tombé après la perte d'une bataille et que ce roi si pieux
envers les divinités de la Grèce eût disparu de la scène
du monde sans que le ciel s'en fût mêlé, sans que quelque
habitant de l'Olympe eût montré qu'il gardait souvenir
de ses offrandes.

Quant à Crésus, dit Hérodote, voici quel fut son sort.
Il avait un fils dont j'ai déjà fait mention; ce fils avait
toutes sortes de bonnes qualités, mais il était muet. Dans
le temps de sa prospérité, Crésus avait mis tout en usage
pour le guérir, et, entre autres moyens, il avait eu recours
à l'oracle de Delphes. La pythie avait répondu : « Lydien,
roi de plusieurs peuples, insensé Crésus, ne demande pas
d'entendre en ton palais la voix tant désirée de ton fils.
Il te serait plus avantageux de ne jamais l'entendre : il
commencera de parler le jour où commenceront tes malheurs. »

Après la prise de la ville, un Perse allait tuer Crésus
sans le connaître. Ce prince le voyait fondre sur lui;
mais, accablé du poids de ses malheurs, il négligeait de
l'éviter, et peu lui importait de périr sous ses coups. Le
jeune prince muet, à la vue du Perse qui se jetait sur
son père, saisi d'effroi, fit un effort qui lui rendit la voix :
« Soldat, s'écria-t-il, ne tue pas Crésus. » Tels furent
ses premiers mots, et il conserva la faculté de parler le
reste de sa vie.

Ainsi à la prise de Sardes, les Perses ajoutèrent celle
de Crésus. Il avait régné 14 ans, soutenu un siége
d'autant de jours, et, conformément à l'oracle, détruit
un grand empire. Les Perses, qui l'avaient fait prisonnier, le menèrent à Cyrus. Celui-ci le fit monter, chargé

de fers et entouré de 14 jeunes Lydiens, sur un bûcher, dressé exprès, soit pour sacrifier à quelque dieu
ces prémices de la victoire, soit pour accomplir un vœu,
soit enfin pour éprouver si Crésus, dont on vantait la
piété, serait garanti des flammes par la divinité. Sur le
bûcher, malgré l'excès de sa douleur, Crésus se rappela
ces paroles de Solon : que nul homme ne peut se dire
heureux tant qu'il respire encore ; et il lui vint à l'esprit
que ce n'était pas sans la permission des dieux que ce
sage les avait proférées. On assure que rappelé à lui-
même par cette pensée, il sortit avec un profond soupir
du long silence qu'il avait gardé et prononça par trois fois
le nom de Solon. Cyrus, frappé de ces paroles, lui fit
demander par ses interprètes quel était celui qu'il invoquait. Ils s'approchèrent et l'interrogèrent. Crésus d'abord
ne répondit pas ; forcé de parler, il dit : « C'est un homme
dont je préférerais l'entretien aux richesses de tous les
rois. » Ce discours leur paraissant obscur, ils l'interrogèrent de nouveau. Vaincu par l'importunité de leurs
demandes, il répondit qu'autrefois Solon d'Athènes était
venu à sa cour ; qu'ayant contemplé toutes ses richesses,
il n'en avait fait aucun cas ; que tout ce qu'il avait dit se
trouvait confirmé par l'événement, et que les avertisse-
ments de ce philosophe ne le regardaient pas plus, lui
en particulier, que tous les hommes en général, et principalement ceux qui se croyaient heureux. Ainsi parla
Crésus. Le feu était déjà allumé, et le bûcher s'enflam-
mait par les extrémités. Cyrus, apprenant de ses interprètes la réponse de ce prince, se repentit de l'ordre
cruel qu'il avait donné. Il songea qu'il était homme, que
cependant il faisait brûler un homme qui n'avait pas été
moins heureux que lui ; que la vengeance des dieux vien-
drait peut-être, à son tour, le frapper. En conséquence,
il ordonna d'éteindre promptement le bûcher, et d'en faire
descendre Crésus, ainsi que ses compagnons d'infortune ;
mais les plus grands efforts ne purent surmonter la violence des flammes.

Alors Crésus, à ce que dirent les Lydiens, instruit du

changement de Cyrus et voyant la foule empressée à éteindre le feu, sans pouvoir y réussir, implore à grands cris Apollon, le conjure, si ses offrandes lui ont été agréables, de le secourir, de le sauver d'un péril si pressant. Ses prières étaient accompagnées de larmes. Soudain, au milieu d'un ciel pur et serein, des nuages se rassemblent, un orage éclate et une pluie abondante éteint le bûcher. Ce prodige apprit à Cyrus combien Crésus était cher aux dieux. Il le fit descendre du bûcher, et lui dit : « Crésus ! quel homme vous a conseillé d'entrer sur mes terres avec une armée, et de vous déclarer mon ennemi, au lieu d'être mon ami ? — Votre heureux destin et mon infortune m'ont jeté, seigneur, dans cette malheureuse entreprise. Le dieu des Grecs en est la cause ; lui seul m'a persuadé de vous attaquer. Eh ! quel est l'homme assez insensé pour préférer la guerre à la paix ? Dans la paix, les enfants ferment les yeux à leurs pères ; dans la guerre, les pères enterrent leurs enfants. Mais enfin il a plu aux dieux que les choses se passassent de la sorte [1]. »

Après ce discours, Cyrus commanda qu'on lui ôtât ses fers, et le fit asseoir près de lui. Il le traita avec beaucoup d'égards ; mais Crésus, livré à ses pensées, gardait le silence. Un moment, en retournant la tête, il vit les Perses empressés au pillage de Sardes. Alors, s'adressant à Cyrus : « Seigneur, dois-je vous dire ce que je pense, ou mon état actuel me condamne-t-il à me taire ? » Cyrus lui ordonna de parler avec assurance. « Eh bien ! lui demanda Crésus, cette multitude, que fait-elle avec tant d'ardeur ? — Elle pille votre capitale ; elle enlève vos richesses. — Non, seigneur, ce n'est point ma ville, ce ne sont pas mes trésors qu'on pille. Rien de tout cela ne m'appartient plus ; c'est votre bétail qu'on emmène, ce sont vos richesses qu'on emporte. »

---

1. Cette histoire du bûcher où Cyrus fit monter Crésus est infirmée par Hérodote lui-même, lorsqu'il remarque que les Perses regardaient comme un sacrilége de brûler les corps. Voyez plus loin, p. 224, ce qu'il dit au sujet de la violation du tombeau d'Amasis par Cambyses.

Cyrus, à ces mots, écarte tout le monde, et demande
à Crésus le parti qu'il faut prendre. « Seigneur, répondit-il, puisque les dieux m'ont rendu votre esclave, je me
crois obligé de vous avertir de ce qui peut vous être le
plus avantageux. Les Perses sont pauvres ; si vous souf-
frez qu'ils pillent cette ville et qu'ils en gardent le butin,
il est probable que, devenus riches, ils seront moins disposés à obéir, et que quelqu'un d'entre eux songera à se
révolter. Si vous goûtez mes conseils, ordonnez à vos
gardes de se tenir aux portes de la ville, et de reprendre
le butin à vos troupes, sous prétexte d'en consacrer la
dixième partie à Jupiter. Par ce moyen, vous ne vous
attirerez point la haine de vos soldats, tout en leur enle-
vant de force ces dangereuses richesses. »

Cyrus trouva le conseil sage ; il en remercia l'auteur ;
et, après avoir donné à ses gardes les ordres que lui avait
suggérés Crésus, il s'adressa à lui. « Crésus, dit-il, puisque vos discours et vos actions me prouvent que vous
êtes disposé à vous conduire en homme sage, demandez-
moi ce qu'il vous plaira, vous l'obtiendrez sur-le-champ.
— Seigneur, répondit Crésus, la plus grande faveur serait de me permettre d'envoyer au dieu des Grecs, celui
de tous les dieux que j'ai le plus honoré, les fers que
voici, avec ordre de lui demander s'il lui est permis de
tromper ceux qui ont bien mérité de lui. » Le roi l'interrogea pour savoir quel sujet il avait de s'en plaindre, et
quel était le motif de sa demande. Crésus répéta les projets qu'il avait eus, et l'entretient des réponses des oracles, de ses offrandes surtout, et des prédictions qui
l'avaient animé à la guerre contre les Perses. Il finit en
lui demandant de nouveau la permission d'envoyer faire
au dieu des reproches. « Non-seulement cette permission,
dit en riant Cyrus, mais ce que vous souhaiterez désormais, je vous l'accorde. » Crésus envoya donc des
Lydiens à Delphes, avec ordre de placer ses fers sur le
seuil du temple ; de demander au dieu s'il ne rou-
gissait pas d'avoir, par ses oracles, excité Crésus à la
guerre contre les Perses, dans l'espoir de ruiner l'empire

des Perses; enfin de lui montrer ses chaînes, seul trophée qu'il pût lui offrir de cette expédition, en disant : « Est-il dans l'usage des dieux de la Grèce de se montrer ingrats ? »

Les Lydiens exécutèrent, à leur arrivée à Delphes, les ordres de Crésus; on assure que la pythie leur fit cette réponse : « Il est impossible, même à un dieu, d'éviter le sort marqué par les destins. Crésus est puni du crime de son cinquième ancêtre (Gygès), qui, simple garde d'un roi de la race des Héraclides, se prêta aux instigations d'une femme artificieuse, tua son maître et s'empara de la couronne, à laquelle il n'avait aucun droit. Apollon a mis tout en usage pour détourner de Crésus le malheur de Sardes, et ne le faire tomber que sur ses enfants; mais il ne lui a pas été possible de fléchir les Parques. Tout ce qu'elles ont accordé à ses prières, il en a gratifié ce prince. Il a reculé de trois ans la prise de Sardes. Que Crésus sache donc qu'il a été fait prisonnier trois ans plus tard qu'il n'était porté par les destins. En second lieu, le dieu l'a secouru, lorsqu'il allait devenir la proie des flammes. Quand à l'oracle rendu, Crésus a tort de se plaindre. Apollon lui avait prédit qu'en faisant la guerre aux Perses, il détruirait un grand empire. Pourquoi n'a-t-il pas demandé au dieu de quel empire il s'agissait? N'ayant ni saisi le sens de l'oracle, ni fait interroger le nouveau dieu, qu'il ne s'en prenne qu'à lui-même. Il n'a pas non plus, en dernier lieu, compris la réponse d'Apollon, relativement au mulet. Cyrus était ce mulet, les auteurs de ses jours étant de deux nations différentes : son père était d'une origine moins illustre que sa mère : celle-ci était Mède et fille d'Astyages, roi des Mèdes; l'autre, Perse et sujet de la Médie; et quoique inférieur en tout, il avait cependant épousé sa souveraine. » Les Lydiens s'en retournèrent à Sardès avec cette réponse de la pythie, et la communiquèrent à Crésus. Alors il reconnut que c'était sa faute, et non celle du dieu.

Les Grecs d'Asie menacés par les Perses. — Dès

que la nouvelle de la prise de Sardes et de Crésus arriva aux Grecs de l'Ionie et de l'Éolide, ils envoyèrent des ambassadeurs à Cyrus, pour le prier de les recevoir au nombre de ses sujets, aux mêmes conditions qu'ils l'avaient été de Crésus. Ce prince répondit à leur proposition par cet apologue : Un joueur de flûte aperçut un jour des poissons dans la mer; il joua de la flûte, s'imaginant qu'ils viendraient à terre : trompé dans son attente, il prit un filet, enveloppa une grande quantité de poissons, qu'il tira sur le bord; et, comme il les vit sauter : « Cessez, leur dit-il, cessez maintenant de danser, puisque vous n'avez pas voulu le faire au son de la flûte. »

Il tint ce discours aux Ioniens et aux Éoliens, parce qu'ayant fait auparavant solliciter les Ioniens, par ses envoyés, d'abandonner le parti de Crésus, il n'avait pu les y engager, et qu'il ne les voyait disposés à lui obéir, qu'après qu'il était venu à bout de toutes ses entreprises. Telle fut la réponse qu'il leur fit dans sa colère. Sur le rapport des députés, les Ioniens fortifièrent leurs villes, et s'assemblèrent au Panionion, à la réserve des Milésiens, les seuls avec qui Cyrus fit un traité aux mêmes conditions que celles qui leur avaient été accordées par Crésus. Dans ce conseil, il fut unanimement résolu d'envoyer demander du secours à Sparte.

Ambassade des Spartiates à Cyrus. — Les ambassadeurs des Ioniens et des Éoliens se rendirent en diligence dans cette ville, et choisirent un Phocéen, nommé Pythernos, pour porter la parole au nom de tous les autres. Pythermos se revêtit d'une robe de pourpre, espérant qu'à la nouvelle qu'un si magnifique orateur allait parler, les Spartiates se trouveraient à l'assemblée en plus grand nombre. Quand elle fut réunie, il les exhorta, par un long discours, à prendre la défense des Grecs asiatiques, mais les Lacédémoniens résolurent entre eux de n'accorder aucun secours. Toutefois, ils ne laissèrent pas de faire partir sur un vaisseau à cinquante rames des gens qui devaient observer l'état où se trouvaient les affaires de Cyrus et de l'Ionie. Lorsque le vaisseau fut arrivé à Phocée, ces députés envoyèrent à Sardes Lacrinès, le plus considérable d'entre eux, pour faire part à Cyrus d'un décret des Lacédémoniens, où il était dit que le roi se gardât bien de faire tort à aucune ville de la Grèce, qu'autrement Sparte ne le souffrirait pas.

Lacrinès exécuta cette commission; on dit que Cyrus demanda aux Grecs, qui étaient présents, quelle sorte d'hommes c'étaient que les Lacédémoniens, et quelles étaient leurs forces pour oser lui faire de pareilles défenses. Sur la réponse qu'ils lui firent, il parla ainsi au héraut des Spartiates : « Je n'ai jamais redouté cette espèce de gens qui ont au milieu de leur ville une place, où ils s'assemblent pour se tromper les uns les autres par des serments réciproques ; si les dieux me conservent la santé, ils auront plus sujet de s'entretenir de leurs malheurs que de ceux des Ioniens. » Cyrus lança ces paroles menaçantes contre tous les Grecs, parce qu'ils ont dans leurs villes des places où l'on vend et où l'on achète, tandis que chez les Perses on ne voit point de marchés. Ce prince donna ensuite le gouvernement de Sardes à un Perse nommé Tabalos, et chargea le Lydien Pactyas, de transporter en Perse les trésors de Crésus et des autres Lydiens. Pour lui, il retourna à Ecbatane, et emmena Crésus avec lui ; il se proposait de marcher en personne contre Babylone, les Bactriens, les Saces et les Égyptiens, et pensait qu'il suffisait d'envoyer un de ses lieutenants contre les Ioniens.

Révolte des Lydiens sous Pactyas. — Cyrus ne fut pas plutôt éloigné de Sardes que Pactyas fit soulever les Lydiens. Comme il avait entre les mains toutes les richesses de cette ville, il se rendit dans les villes grecques du bord de la mer, prit des troupes à sa solde, engagea les habitants à s'armer en sa faveur, puis revint à Sardes, où il assiégea Tabalos dans la citadelle.

A cette nouvelle, que Cyrus apprit en chemin, il dit à Crésus : « Quand verrai-je donc la fin de ces troubles ? Les Lydiens ne cesseront point, suivant toutes les appa-

rences, de me susciter des affaires, et de s'en faire à
eux-mêmes. Que sais-je s'il ne serait pas plus avantageux de les réduire en servitude? » Crésus craignit
qu'il ne voulût détruire entièrement la ville de Sardes, et
qu'il n'en transplantât ailleurs les habitants : « Seigneur,
lui dit-il, ne vous abandonnez pas aux mouvements de
votre colère, et ne détruisez point une ville ancienne, qui
n'est coupable ni des troubles précédents, ni de ceux qui
arrivent aujourd'hui. J'ai été la cause des premiers ; et
j'en porte la peine. Pactyas a offensé celui à qui vous
avez confié le gouvernement de Sardes ; qu'il en soit
puni. Pardonnez aux Lydiens ; mais de crainte qu'à l'a-
venir ils ne se soulèvent, et qu'ils ne se rendent redouta-
bles, envoyez-leur défense d'avoir des armes chez eux, et
ordonnez-leur de porter des tuniques sous leurs man-
teaux, de chausser des brodequins, de faire apprendre à
leurs enfants de jouer de la cithare, à chanter, et les arts
propres à les rendre efféminés. Par ce moyen vous verrez
bientôt des hommes changés en femmes, et il n'y aura
plus à craindre de révolte de leur part. »

Cyrus, revenu de sa colère, témoigna à Crésus qu'il
suivrait son conseil. Il manda en effet un Mède, nommé
Mazarès, lui ordonna d'aller faire à Sardes ce que Crésus
venait de suggérer, et de réduire en servitude tous ceux
qui s'étaient ligués pour assiéger la citadelle ; mais surtout de lui amener Pactyas vivant. Ces ordres donnés, il
continua sa route vers la Perse.

Le droit d'asile chez les Grecs. — Pactyas, à la
nouvelle que l'armée qui marchait contre lui approchait,
prit l'épouvante et se sauva à Cyme. Mazarès fit d'abord
exécuter à Sardes les ordres du roi : les Lydiens se
soumirent, et changèrent leur ancienne manière de
vivre. Il envoya ensuite à Cyme sommer les habitants
de lui livrer Pactyas. Les Cyméens, avant de répondre,
consultèrent l'oracle des Branchides, sur le parti qu'il
fallait prendre à l'égard de Pactyas, afin de se rendre
agréables aux dieux. L'oracle répondit qu'ils devaient
le livrer aux Perses. On se disposait à obéir au dieu,

quand Aristodicos, homme de distinction parmi les Cyméens, empêcha qu'on n'exécutât cette résolution jusqu'à ce qu'on eût fait au sujet de Pactyas une seconde députation, dans laquelle il fut admis, soit qu'il se défiât de l'oracle, soit qu'il soupçonnât d'infidélité le rapport des députés.

Les députés arrivés aux Branchides, Aristodicos porta la parole pour eux et dit : « Grand dieu, le Lydien Pactyas est venu chercher un asile parmi nous, pour éviter la mort dont le menacent les Perses. Ils le redemandent, et nous ordonnent de le remettre entre leurs mains ; mais quoique nous redoutions leur puissance, nous n'avons pas osé jusqu'ici leur livrer ce suppliant, que nous n'ayons appris de vous avec certitude ce que nous devons faire. » Le dieu lui fit la même réponse, et lui commanda de rendre Pactyas aux Perses. Sur cela, Aristodicos alla autour du temple, et chassa les oiseaux qui y avaient fait leurs nids. On raconte que, tandis qu'il exécutait son dessein, il sortit du sanctuaire une voix qui s'adressait à lui, et disait : « O le plus scélérat de tous les hommes ! as-tu bien la hardiesse d'arracher de mon temple mes suppliants ? » Et qu'Aristodicos, sans se déconcerter, répondit : « Quoi ! grand dieu, vous protégez vous-même vos suppliants, et vous ordonnez aux Cyméens de livrer le leur ? — Oui, je le veux, reprit la même voix ; et, c'est afin qu'ayant commis une impiété, vous en périssiez plutôt, et que vous ne veniez plus consulter l'oracle pour savoir si vous devez livrer des suppliants. »

Sur le rapport des députés, les Cyméens envoyèrent Pactyas à Mitylène, ne voulant ni s'exposer à périr en le livrant, ni se faire assiéger en continuant de lui donner un asile. Mazarès fit aussitôt réclamer Pactyas auprès des Mityléniens, et ils se disposaient à le lui remettre moyennant une certaine somme d'argent, lorsque les Cyméens, qui eurent connaissance de ce marché honteux, envoyèrent à Lesbos un vaisseau pour transporter Pactyas à Chios.

Mais les habitants de cette île l'arrachèrent du temple de Minerve Poliouchos, et le livrèrent à Mazarès, à condition qu'on leur donnerait l'Atarnée, pays de la Mysie, vis-à-vis de Lesbos. Lorsque les Perses eurent Pactyas en leur puissance, ils le gardèrent étroitement à dessein de le présenter à Cyrus. Depuis cet événement, il se passa beaucoup de temps, sans que les habitants de Chios osassent, dans les sacrifices, répandre sur la tête de la victime de l'orge d'Atarnée, ni offrir à aucun dieu des gâteaux faits avec de la farine de ce canton; on excluait des temples tout ce qui en provenait.

Soumission des Grecs d'Asie aux Perses. — Quand les habitants de Chios eurent livré Pactyas, Mazarès marcha contre ceux qui s'étaient joints à ce rebelle pour assiéger Tabalos. Il réduisit les Priéniens en servitude, fit une incursion dans la plaine du Méandre, et permit à ses soldats de tout piller. Il traita de même la Magnésie; après quoi, il tomba malade et mourut.

Harpagus lui succéda dans le commandement de l'armée. Il était Mède de nation, aussi bien que Mazarès; c'est celui à qui Astyages avait donné un repas abominable, et qui avait aidé Cyrus à s'emparer du trône de Médie. Il força d'abord les habitants à se renfermer dans les villes, et s'en rendit ensuite maître par le moyen de terrasses qu'il faisait élever près des murs. Phocée fut la première ville d'Ionie qu'il attaqua de la sorte. Les habitants, quand ils se virent sur le point d'être forcés, montèrent sur leurs vaisseaux et allèrent chercher une autre patrie[1]. Les Téiens firent de même et se réfugièrent en Thrace.

Ces peuples furent les seuls, parmi les Ioniens, qui aimèrent mieux abandonner leur patrie que de porter le joug. Il est vrai que le reste des Ioniens, si l'on excepte ceux de Milet, en vinrent courageusement aux mains avec Harpagus; mais ils furent vaincus et contraints de se soumettre. Quant aux Milésiens, ils avaient, comme je

---

1. Voy. *l'histoire grecque*, p. 327.

l'ai dit plus haut, prêté serment de fidélité à Cyrus, et jouissaient d'une parfaite tranquilité. L'Ionie fut donc ainsi réduite en esclavage pour la seconde fois. Les Ioniens qui habitaient les îles, craignirent un sort pareil à celui qu'Harpagus avait fait éprouver à ceux du continent, et se rendirent d'eux-mêmes à Cyrus.

Bias de Priène conseille aux Grecs d'Asie de s'établir en Sardaigne. — Quoique accablés de maux, les Ioniens ne s'en assemblaient pas moins au Panionion. Bias de Priène leur donna un conseil très-avantageux, qui les eût rendus les plus heureux de tous les Grecs, s'ils eussent voulu le suivre. Il les exhorta à s'embarquer tous ensemble sur une même flotte, à se rendre en Sardaigne, et à y fonder une seule ville pour tous les Ioniens. Il leur fit voir que, par ce moyen, ils sortiraient d'esclavage, qu'ils s'enrichiraient, et, qu'habitant la plus grande de toutes les îles, les autres tomberaient en leur puissance; au lieu que s'ils restaient en Ionie, il ne voyait pour eux aucune espérance de recouvrer leur liberté.

Soumission des Cnidiens et de la Carie. — Harpagus, après la soumission de l'Ionie, marcha contre les Cariens, qui furent réduits en servitude sans avoir rien fait de mémorable. Près d'eux sont les Cnidiens, colonie de Lacédémone, dont le pays, sauf un espace de cinq stades, est environné par la mer. Les Cnidiens, pour faire de leur pays une île, entreprirent de couper cet isthme pendant qu'Harpagus était occupé à la conquête de l'Ionie; car tout leur territoire était en dedans de l'isthme, et ne tenait au continent que par cette langue de terre. Ils employèrent à ce travail un grand nombre d'ouvriers; mais les éclats de pierre les blessaient en différents endroits, et principalement aux yeux, d'une manière si extraordinaire, qu'il paraissait bien qu'il y avait là quelque chose de divin, ils envoyèrent demander à Delphes quelle était la puissance qui s'opposait à leurs efforts. La pythie répondit : « Ne fortifiez pas l'isthme, et ne le creusez pas. Jupiter aurait fait une île de votre pays, si c'eût été sa volonté. » Sur cette réponse de la pythie, les Cnidiens cessèrent de creuser, et lorsque Harpagus se présenta avec son armée, ils se rendirent sans combattre.

Les Pédasiens qui habitent au milieu des terres, au-dessus d'Halicarnasse, résistèrent longtemps, et ne furent subjugués qu'après avoir causé aux Perses beaucoup d'embarras.

Résistance héroïque des Lyciens. — Les Lyciens marchèrent au-devant d'Harpagus, et dès qu'il parut avec son armée dans les plaines de Xanthus, quoiqu'ils ne fussent qu'une poignée d'hommes en comparaison des ennemis, ils lui livrèrent bataille. Ils firent des prodiges de valeur, mais furent rejetés dans leur ville ; alors ils portèrent dans la citadelle leurs richesses, y rassemblèrent leurs femmes, leurs enfants, leurs esclaves, puis y mirent le feu et la réduisirent en cendres, avec tout ce qu'elle renfermait. Cela fait, ils firent une sortie contre les Perses, et périrent tous en combattant.

Harpagus n'eut, de même, de la citadelle de Caune, que ses ruines, car les Cauniens suivirent l'exemple des Lyciens.

Conquête par Cyrus de la haute Asie. — Pendant qu'Harpagus ravageait l'Asie Mineure, Cyrus subjuguait en personne toutes les nations de l'Asie supérieure. Hérodote passe ces guerres sous silence, et ne parle que .les deux grandes expéditions contre Babylone et contre les Massagètes.

Travaux de Nitocris à Babylone.—L'Assyrie, dit-il, contient plusieurs grandes villes ; mais Babylone est la plus célèbre et la plus forte. C'est là que les rois du pays faisaient leur résidence depuis la destruction de Ninive. Cette ville, située dans une grande plaine, est si magnifique, que je n'en connais pas une qu'on puisse lui comparer. Un fossé large, profond et plein d'eau règne tout autour ; on trouve ensuite un mur de 50 coudées d'épaisseur, sur 200 de hauteur (23 mètres sur 92).

La reine Nitocris venait d'exécuter dans cette ville de

grands travaux. Elle avait vu que la puissance des Mèdes croissait tous les jours, et elle avait fortifié contre eux la Babylonie, en faisant creuser des canaux dans lesquels elle détourna l'Euphrate, de sorte que ce fleuve devint extrêmement sinueux au-dessus de Babylone, à ce point qu'il passa trois fois par Ardéricca, bourgade d'Assyrie; et encore maintenant, ceux qui vont de la Méditerranée à Babylone, lorsqu'ils descendent l'Euphrate, voient trois fois ce bourg à trois jours différents. Nitocris fit ensuite creuser un lac destiné à recevoir les eaux du fleuve quand il déborde. Il avait 420 stades ou 78 kilomètres[1] de tour, et on en revêtit les bords de pierres.

Ces deux ouvrages, savoir l'Euphrate, rendu sinueux, et le lac, avaient pour but de régulariser le cours du fleuve et de ralentir son impétuosité, en l'obligeant à faire de nombreux détours. En outre, elle avait ainsi couvert la grande plaine qui précède sa capitale, d'obstacles qu'elle croyait insurmontables.

Cette même reine se fit ériger un tombeau sur la terrasse d'une des portes de la ville les plus fréquentées, avec l'inscription suivante : « Si quelqu'un des rois qui me succéderont à Babylone vient à manquer d'argent, qu'il ouvre ce sépulcre, et qu'il en prenne autant qu'il voudra; mais qu'il se garde bien de l'ouvrir par d'autres motifs, et s'il n'en a un très-grand besoin, cette infraction lui serait funeste. »

Ce tombeau demeura fermé jusqu'au règne de Darius; mais ce prince, fâché de ne pas faire usage de cette porte, parce qu'il n'aurait pu y passer sans avoir un corps mort sur sa tête, ce qui eut été une souillure, et de ne point se servir de l'argent qui y était en dépôt, le fit ouvrir; mais il n'y trouva que le corps de Nitocris, avec cette inscription : « Si tu n'avais pas été insatiable d'argent, et avide d'un gain honteux, tu n'aurais pas ouvert les tombeaux des morts. »

---

1. La coudée grecque valait 0ᵐ 463. Le stade valait 400 coudées ou 185ᵐ.

Marche de Cyrus contre Babylone; le Gyndès. — Ce fut contre le fils de cette reine, que Cyrus fit marcher ses troupes. Il s'appelait Labynète, de même que son père. Le grand roi ne se met point en campagne qu'il n'ait avec lui beaucoup de vivres et de bétail. On porte aussi à sa suite de l'eau de Choaspes, fleuve qui passe à Suses. Le roi n'en boit point d'autre. On la renferme dans des vases d'argent, après l'avoir fait bouillir, et on la transporte à la suite du prince sur des chariots à quatre roues, traînés par des mulets.

Dans cette marche contre Babylone, Cyrus arriva sur les bords du Gyndès, un des affluents du Tigre. Pendant qu'il essayait de le traverser, un des chevaux blancs consacrés au Soleil, entra dans l'eau, et emporté par le courant, se noya. Cyrus, irrité de l'insulte du fleuve, le menaça de le rendre si petit et si faible, que les femmes mêmes pourraient le traverser sans se mouiller les genoux. Aussitôt, en effet, il suspend l'expédition contre Babylone, partage son armée en deux corps, trace au cordeau, de chaque côté de la rivière, 180 canaux, qui venaient y aboutir en tous sens, et les fait ensuite creuser par ses troupes. On en vint à bout, parce qu'on y employa un grand nombre de travailleurs; mais cette entreprise les occupa pendant tout l'été.

Défaite des Babyloniens; siége de leur ville. — Cyrus, après s'être ainsi vengé du Gyndès, en le coupant en trois cent soixante canaux, continua sa marche vers Babylone dès que le second printemps eut commencé à paraître. Les Babyloniens mirent leurs troupes en campagne et l'attendirent de pied ferme. Dès qu'il parut près de la ville, ils lui livrèrent bataille; mais furent vaincus et se renfermèrent dans leurs murailles.

Comme ils savaient depuis longtemps que ce prince ne pouvait rester tranquille, et qu'il attaquait toutes les nations, ils avaient amassé des provisions pour un grand nombre d'années. Aussi ne s'inquiétaient-ils point d'un siége. Cyrus, au contraire, finit par se trouver fort embarrassé devant ces hautes murailles : au bout de plusieurs mois, il n'était pas plus avancé que le premier jour.

Cyrus détourne l'Euphrate. — Enfin, soit que de lui-même il eût connu ce qu'il fallait faire, soit que quelqu'un lui eût donné un bon conseil, voici le moyen qu'il employa. Il plaça son armée, partie à l'endroit où l'Euphrate entre dans Babylone, partie à l'endroit d'où il sort, avec ordre de s'introduire dans la ville par le lit du fleuve, dès qu'il serait guéable. Son armée ainsi postée, et cet ordre donné, il se rendit au lac avec ses plus mauvaises troupes. Lorsqu'il y fut arrivé, il détourna, à l'exemple de la reine de Babylone, par le canal de communication, le fleuve dans le lac, qui était un grand marais. Les eaux s'y écoulèrent, et l'ancien lit de l'Euphrate devint guéable.

Prise de Babylone par Cyrus. — Cela fait, les Perses qui avaient été placés exprès sur les bords du fleuve, entrèrent dans Babylone par le lit de la rivière, dont les eaux s'étaient tellement retirées, qu'ils n'en avaient guère que jusqu'au milieu des cuisses. Si les Babyloniens eussent été instruits d'avance du dessein de Cyrus, ou s'ils s'en fussent aperçus au moment de l'exécution, ils auraient fait périr l'armée entière, loin de la laisser entrer. Ils n'auraient eu qu'à fermer toutes les petites portes qui conduisaient au fleuve, et qu'à monter sur le mur dont il est bordé : ils l'auraient prise comme dans un filet. Mais les Perses survinrent lorsqu'ils s'y attendaient le moins. Si l'on en croit les Babyloniens, les extrémités de la ville étaient déjà au pouvoir de l'ennemi, que ceux qui demeuraient au milieu n'en avaient aucune connaissance, tant elle était grande. Comme ses habitants célébraient en ce jour une fête, ils étaient tout entiers aux danses et aux plaisirs, qu'ils continuèrent jusqu'au moment où ils apprirent le malheur qui venait d'arriver. C'est ainsi que Babylone fut prise pour la première fois (538).

Entre autres preuves que je pourrais rapporter de la puissance des Babyloniens, j'insiste sur celle-ci, dit Hérodote. Indépendamment des tributs ordinaires, tous les États du grand roi entretiennent sa table et nourrissent son armée. Or, de douze mois dont l'année est composée, la Babylonie fait cette dépense pendant quatre mois, celle des huit autres se répartit sur le reste de l'Asie. Ce pays égale donc en richesses et en puissances le tiers de l'Asie. Cette province entretenait encore pour le roi, sans compter les chevaux de guerre, un haras de huit cents étalons, et de seize mille cavales. On y élevait aussi une grande quantité de chiens indiens. Quatre grands bourgs, situés dans la plaine, étaient chargés de les nourrir et exempts de tout autre tribut.

Expédition de Cyrus contre les nomades établis au nord de son empire. — Lorsque Cyrus eut subjugué les Babyloniens, il voulut réduire encore les Massagètes sous sa puissance. C'était un peuple brave et une nation considérable, dont le pays était au nord de l'Araxes.

Coutumes des Massagètes. — Ils s'habillent comme les Scythes, et leur manière de vivre est la même. Ils combattent à pied et à cheval, et y réussissent également. Ils emploient à toutes sortes d'usages l'or et le cuivre ; ils se servent du cuivre pour les piques, les pointes des flèches, et réservent l'or pour orner les casques, les baudriers et les larges ceintures qu'ils portent. Les plastrons dont est garni le poitrail de leurs chevaux sont aussi de cuivre ; quant aux brides, aux mors et aux bossettes, ils les embellissent avec de l'or. Le fer et l'argent ne sont point en usage parmi eux, et on n'en trouve pas dans leur pays ; mais l'or et le cuivre y sont abondants.

Ils ne prescrivent point de bornes à la vie ; mais, lorsqu'un homme est cassé de vieillesse, ses parents s'assemblent, l'immolent, mêlent sa chair avec celle du bétail, la font cuire, et s'en régalent. Ce genre de mort passe chez ces peuples pour le plus heureux. Ils ne mangent point celui qui est mort de maladie ; mais ils l'enterrent et regardent comme un malheur de ce qu'il n'a pas été immolé.

Ils n'ensemencent point la terre, et vivent de leurs

troupeaux et des poissons que l'Araxe leur fournit en abondance. Le lait est leur boisson ordinaire. De tous les dieux, ils n'adorent que le soleil; ils lui sacrifient des chevaux, parce qu'ils croient juste d'immoler au plus rapide des dieux, le plus rapide des animaux.

Tomyris reine des Massagètes. — Tomyris, veuve du dernier roi, régnait alors sur les Massagètes. Cyrus lui envoya des ambassadeurs, sous prétexte de la rechercher en mariage. Mais cette princesse comprit qu'il était plus épris de la couronne des Massagètes que de sa personne, et leur interdit l'entrée de ses États. Cyrus, voyant que ses artifices n'avaient point réussi, marcha ouvertement contre les Massagètes, et s'avança jusqu'à l'Araxes. Il jeta un pont sur ce fleuve, pour en faciliter le passage, et fit élever des tours sur les bateaux destinés à passer ses troupes.

Pendant qu'il était occupé de ces travaux, Tomyris lui envoya un embassadeur, qu'elle chargea de lui parler ainsi : « Roi des Mèdes, cesse de hâter une entreprise dont tu ignores si l'événement tournera à ton avantage, et content de régner sur tes propres sujets, regarde-nous tranquillement régner sur les nôtres. Si tu ne veux pas suivre mes conseils, si tu préfères tout autre parti au repos, enfin si tu as tant d'envie d'éprouver tes forces contre celles des Massagètes, discontinue le pont que tu as commencé. Nous nous retirerons à trois journées de ce fleuve, pour te donner le temps de passer dans notre pays, ou si tu aimes mieux nous recevoir dans le tien, fais comme nous. »

Cyrus convoqua là-dessus les principaux d'entre les Perses, et mit l'affaire en délibération pour avoir leur avis. Ils s'accordèrent tous à recevoir Tomyris et son armée sur leurs terres.

Crésus qui était présent aux délibérations, désapprouva cet avis, et en proposa un tout opposé. « Seigneur, dit-il a Cyrus, je vous ai toujours assuré que, Jupiter m'ayant livré en votre puissance, je ne cesserais de faire tous mes efforts pour tâcher de détourner de dessus votre tête les malheurs qui vous menacent. Mes adversités m'ont appris la sagesse. Si vous vous croyez immortel, si vous pensez commander une armée d'immortels, peu vous importe ma manière de penser. Mais si vous reconnaissez que vous êtes un homme, et que vous ne commandez qu'à des hommes comme vous, considérez d'abord les vicissitudes humaines : figurez-vous une roue qui tourne sans cesse, et ne nous permet pas d'être toujours heureux. Pour moi, sur l'affaire qui vient d'être proposée, je suis d'un avis totalement contraire à celui de votre conseil. Si nous recevons l'ennemi dans notre pays, et qu'il nous batte, n'est-il pas à craindre que vous ne perdiez votre empire? car, si les Massagètes ont l'avantage, il est certain qu'au lieu de retourner en arrière, ils attaqueront vos provinces. Je veux que vous remportiez la victoire; sera-t-elle jamais aussi complète que si, après avoir défait vos ennemis sur leur propre territoire, vous n'aviez plus qu'à les poursuivre? J'opposerai toujours à ceux qui ne sont pas de cet avis, que, si vous obtenez la victoire, rien ne pourra plus vous empêcher de pénétrer jusqu'au centre des États de Tomyris. Indépendamment de ces motifs, ne serait-ce pas une chose aussi insupportable que honteuse, pour Cyrus, fils de Cambyses, de reculer devant une femme?

« Je suis donc d'avis que vos troupes passent le fleuve, que vous avanciez à mesure que l'ennemi s'éloignera, et qu'ensuite vous cherchiez tous les moyens de le vaincre. Je sais que les Massagètes ne connaissent pas les délices des Perses, et qu'ils manquent des commodités de la vie. Qu'on égorge donc une grande quantité de bétail, qu'on l'apprête, et qu'on le serve dans le camp; on y joindra du vin pur en abondance dans des cratères, et toutes sortes de mets. Ces préparatifs achevés, nous laisserons au camp nos plus mauvaises troupes, et nous nous retirerons vers le fleuve avec le reste de l'armée. Les Massagètes, si je ne me trompe, voyant tant d'abondance, y courront, et c'est alors que nous trouverons l'occasion de nous signaler. »

Passage de l'Araxes par les Perses. — De ces deux avis opposés, Cyrus rejeta le premier, et préféra celui de Crésus. Il fit dire en conséquence à Tomyris de se retirer parce qu'il avait dessein de traverser la rivière. La reine s'éloigna suivant la convention. Cyrus déclara son fils Cambyses pour son successeur, et lui remit Crésus entre les mains, lui recommandant d'honorer ce prince et de le combler de bienfaits, quand même cette expédition ne réussirait pas. Ces ordres donnés, il les renvoya en Perse, et traversa le fleuve avec son armée.

La première nuit que Cyrus passa dans le pays des Massagètes, il lui sembla voir en songe l'aîné des fils d'Hystaspes, ayant deux ailes aux épaules, dont l'une couvrait l'Asie de son ombre, et l'autre couvrait l'Europe. Cet aîné des enfants d'Hystaspes, nommé Darius, avait alors environ vingt ans. Son père, fils d'Arsames, et de la race des Achéménides, l'avait laissé en Perse, parce qu'il n'était pas encore en âge de porter les armes.

Cyrus, à son réveil, réfléchit sur cette vision, et la crut d'une très-grande importance. Il manda Hystaspes, le prit en particulier et lui dit : « Hystaspes, votre fils est convaincu d'avoir conspiré contre moi et contre mon royaume. Je vais vous apprendre comment je le sais, à n'en pouvoir douter. Les dieux prennent soin de moi, et me découvrent ce qui doit m'arriver. La nuit dernière, pendant que je dormais, j'ai vu l'aîné de vos enfants avec des ailes aux épaules, dont l'une couvrait de son ombre l'Asie, et l'autre l'Europe. Je ne puis douter, après cela, qu'il n'ait formé quelque trame contre moi. Partez donc promptement pour la Perse, et ne manquez pas à mon retour, après la conquête de ce pays-ci, de me représenter votre fils, afin que je l'examine. »

Ainsi parla Cyrus, persuadé que Darius conspirait contre lui; mais le dieu lui présageait, par ce songe, qu'il devait mourir dans le pays des Massagètes, et que sa couronne passerait sur la tête de Darius. Hystaspes répondit : « Seigneur, aux dieux ne plaise qu'il se trouve parmi les Perses un homme qui veuille attenter à vos jours ; s'il s'en trouvait quelqu'un, qu'il périsse au plus tôt. D'esclaves qu'ils étaient, vous en avez fait des hommes libres ; et au lieu de recevoir l'ordre d'un maître, ils commandent à toutes les nations. Au reste, seigneur, si quelque vision vous a fait connaître que mon fils conspire contre votre personne, je vous le livrerai moi-même, pour le traiter comme il vous plaira. » Hystaspes traversa l'Araxes après cette réponse, et retourna en Perse, pour s'assurer de Darius, son fils, et le représenter à Cyrus.

Mort du fils de Tomyris. — Cyrus s'étant avancé à une journée de l'Araxes, laissa dans son camp, suivant le conseil de Crésus, ses plus mauvaises troupes, et retourna vers le fleuve avec les meilleures. Les Massagètes vinrent attaquer, avec la troisième partie de leurs forces, les troupes que Cyrus avait laissées à la garde du camp, et les passèrent au fil de l'épée, après quelque résistance. Voyant ensuite toutes choses prêtes pour le repas, ils se mirent à table, et après avoir mangé et bu avec excès, ils s'endormirent. Mais les Perses survinrent, en tuèrent un grand nombre, et firent encore plus de prisonniers, parmi lesquels se trouva Spargapisès, leur général, fils de la reine Tomyris.

Quand cette princesse apprit le malheur arrivé à ses troupes et à son fils, elle envoya un héraut à Cyrus. « Prince altéré de sang, lui dit-elle par la bouche du héraut, que ce succès ne t'enfle point ; tu ne le dois qu'au jus de la vigne, qu'à cette liqueur qui vous rend insensés, et ne descend dans vos corps que pour faire remonter sur vos lèvres des paroles insolentes. Tu as remporté la victoire sur mon fils, non dans une bataille et par tes propres forces, mais par l'appât de ce poison séducteur. Écoute, et suis un bon conseil : rends-moi mon fils ; et, après avoir défait le tiers de mon armée, je veux bien encore que tu te retires impunément de mes États ; sinon j'en jure par le soleil, le souverain maître des Massagètes ; oui, je t'assouvirai de sang, quelque altéré que tu en sois. »

Cyrus ne tint aucun compte de ce discours. Quant à Spargapisès, revenu de son ivresse, il pria Cyrus de lui faire ôter ses chaînes et, dès qu'il fut en liberté, il se tua.

Mort de Cyrus (529). — Tomyris, voyant que Cyrus n'était pas disposé à suivre son conseil, rassembla toutes ses forces, et lui livra bataille. Ce combat fut, je crois, le plus furieux qui se soit jamais donné entre des peuples barbares. Voici, autant que je l'ai pu savoir, comment les choses se passèrent : les deux armées étant à quelque distance l'une de l'autre, on se tira d'abord une multitude de flèches. Les flèches épuisées, on fondit les uns sur les autres à coups de lance, et l'on se mêla l'épée à la main. On combattit longtemps de pied ferme avec un avantage égal et sans reculer. Enfin la victoire se déclara pour les Massagètes : la plus grande partie de l'armée des Perses périt en cet endroit, et Cyrus lui-même fut tué dans le combat, après un règne de vingt-neuf ans accomplis. Tomyris fit chercher ce prince parmi les morts, maltraita son cadavre, et lui fit plonger la tête dans une outre pleine de sang humain. « Quoique vivante et victorieuse, dit-elle, tu m'as perdue en faisant périr mon fils qui s'est laissé prendre à tes piéges ; mais je t'assouvirai de sang, comme je t'en ai menacé. » On raconte diversement la mort de Cyrus ; pour moi je me suis borné à ce qui m'a paru le plus vraisemblable.

Retour des Juifs à Jérusalem (536). — Quelques temps après la prise de Babylone, Cyrus avait fait cesser la captivité des Juifs, en promulguant l'édit suivant : « Puisque, dit Cyrus, roi de Perse, Jéhovah, le Dieu du ciel, m'a donné tous les royaumes de la terre, et m'a ordonné de lui bâtir un temple à Jérusalem qui est en Judée, que quiconque d'entre vous est de son peuple monte à Jérusalem et y rebâtisse le temple de Jéhovah. Ceux qui, faute de ressources, seraient forcés de rester en arrière, dans les endroits où ils sont établis, seront secourus par les gens du pays avec de l'argent, du bétail et les autres choses nécessaires. » En même temps le roi rendit aux Juifs les vases d'or et tous les objets sacrés enlevés du temple par Nabuchodonosor [1].

Quarante-deux mille trois cent soixante Hébreux, presque tous des tribus de Juda et de Benjamin, se présentèrent pour suivre le nouveau gouverneur de la Judée, Zorobabel, prince de Juda, issu de la maison de David, et le grand pontife Jésus, fils de Josédec. A peine arrivés au pays de leurs ancêtres, les Juifs commencèrent la construction du temple; les marchands de Tyr et de Sidon, suivant les ordres de Cyrus, leur fournissaient tous les matériaux nécessaires, et le second mois de la seconde année les fondements furent jetés en présence de tout le peuple; mais tous ceux qui avaient vu, tous ceux qui avaient entendu raconter la splendeur de la maison du Seigneur, autrefois bâtie par Salomon, versaient des larmes amères; en considérant le nouveau temple si pauvrement construit.

Les travaux commencés avec ce zèle devaient s'achever promptement. Mais les Samaritains, peuple formé par le mélange des Juifs restés en Israël avec les colons envoyés par Salmanasar, et qui unissaient l'adoration des idoles au culte du vrai Dieu, avaient demandé qu'on leur permît d'aider à la reconstruction du temple : c'était demander que l'on comptât les idolâtres parmi les vrais Juifs; aussi leurs instances furent-elles repoussées. Dès lors les Samaritains employèrent tous les moyens pour nuire aux Juifs et arrêter leurs travaux; ils représentèrent à Cambyses, fils de Cyrus, que le peuple hébreu avait toujours été en révolte contre ses maîtres, et qu'il ne serait pas plus docile dès qu'il aurait relevé les murailles de sa capitale. Cambyses écouta leurs conseils per-

---

1. Les Perses, qui croyaient à un Dieu suprême, et qui regardaient comme un sacrilége de le représenter par des images matérielles, dont le culte enfin était plus pur que celui des autres nations de l'Asie, estimaient dans les Juifs un peuple exempt des superstitions qui leur étaient odieuses.

fides, et annula l'édit de son père. Les travaux furent suspendus tant qu'il vécut jusqu'à la seconde année du règne de Darius, fils d'Hystaspes, qui leur rendit la permission accordée par Cyrus.

CHAPITRE XII.

CAMBYSES ; CONQUÊTE DE L'ÉGYPTE ; AVÉNEMENT DE DARIUS, FILS D'HYSTASPES.

Cambyses (529-522).—Le Grec Pahnès.—Bataille entre les Égyptiens et les Perses. — Prise de Memphis (525). — Soumission des Libyens et des Cyrénéens. — Humiliation du roi et des grands d'Égypte. — Mort de Psamménite. — Violation du tombeau d'Amasis. — Projets de Cambyses. — Refus des Phéniciens d'attaquer les Carthaginois. — Ambassade envoyée en Éthiopie. — Expédition de Cambyses contre les Éthiopiens. — Expédition contre Ammon. — Cambyses tue le bœuf Apis. — Meurtre de Smerdis. — Cambyses tue sa sœur. — Meurtre du fils de Prexaspes. — Crésus menacé de mort. — Autres violences de Cambyses. — Révolte du mage Smerdis. — Mort de Cambyses. — Conspiration des sept contre le mage. — Déclaration et mort de Prexaspes. — Mort du mage. — Délibération des sept conjurés. — Darius reconnu roi.

Cambyses (529-522). — Le fils aîné de Cyrus, Cambyses, lui succéda. Sous lui, les conquêtes continuèrent ; les Perses étaient encore animés de cette soif de guerre et de butin que Cyrus avait allumée en eux. Des quatre grands États qui se partageaient l'Orient 30 années auparavant un seul était debout, l'Égypte. Cambyses résolut de l'attaquer. Les motifs ne manquaient pas. Les Égyptiens avaient été les alliés, inutiles il est vrai, de la Lydie et de Babylone ; de plus ils étaient riches. Ces raisons me dispensent de raconter les anecdotes de femmes, les colères d'enfants qu'Hérodote n'a pas manqué de rapporter pour expliquer cette grande catastrophe.

Le Grec Phanès. — Le roi de Perse fut guidé dans

cette expédition par un traître, le Grec Phanès, officier mercenaire au service d'Amasis, et qui, mécontent de ce prince, s'échappa de l'Égypte par mer pour se rendre auprès de Cambyses. Comme il occupait un rang distingué parmi les troupes auxiliaires, et qu'il avait une très-grande connaissance du pays, Amasis fit tous ses efforts pour le remettre en son pouvoir. Il le fit poursuivre par une trirème que montait le plus fidèle de ses eunuques; celui-ci l'atteignit en Lycie et le fit prisonnier. Mais il ne put l'emmener, car Phanès enivra ses gardes, et se tira de leurs mains. Il se rendit aussitôt auprès de Cambyses qui se disposait alors à envahir l'Egypte; la difficulté de faire traverser à son armée des déserts où l'on ne trouve point d'eau, le retenait, lorsque Phanès arriva. Celui-ci apprit au roi l'état des affaires d'Amasis, et pour le passage des déserts, lui conseilla de s'adresser au roi des Arabes qui lui donnerait les moyens de l'exécuter avec sûreté.

Aujourd'hui, continue Hérodote, voici la manière dont on remédie à cet inconvénient. On porte deux fois par an, en Égypte, des différents pays de la Grèce et de la Phénicie, une grande quantité de jarres en terre cuite qui sont pleines de vin, et cependant c'est à peine si l'on voit, en Égypte, une seule de ces jarres. Que deviennent-elles? je vais le dire. Dans chaque ville, le magistrat est obligé de faire ramasser toutes les jarres qui s'y trouvent et de les faire porter à Memphis; de Memphis, on les envoie pleines d'eau dans le désert. Ce sont les Perses qui ont établi cet ordre dès qu'ils se furent rendus maîtres de l'Égypte. Mais comme, dans le temps de cette expédition, il n'y avait point en cet endroit de provision d'eau, Cambyses, suivant les conseils de Phanès d'Halicarnasse, fit prier par ses ambassadeurs le roi des Arabes de lui procurer un passage sûr, et il l'obtint après qu'on se fut juré une foi réciproque.

Il n'y a point de peuple plus religieux observateur des serments que les Arabes. Voici les cérémonies qu'ils observent à cet égard. Lorsqu'ils veulent engager leur foi, il faut qu'il y ait un tiers, un médiateur. Ce médiateur, debout entre les deux contractants, tient une pierre aiguë et tranchante, avec laquelle il leur fait à tous deux une incision à la paume de la main près des grands doigts. Il prend ensuite un petit morceau de l'habit de chacun, le trempe dans leur sang, et en frotte sept pierres qui sont au milieu d'eux, en invoquant Bacchus et Uranie. Cette cérémonie achevée, celui qui a engagé sa foi donne à l'étranger, ou au citoyen, si c'est avec un citoyen qu'il traite, ses amis pour garants, et ceux-ci pensent eux-mêmes qu'il est de l'équité de respecter la foi de ce serment.

Lorsque le roi d'Arabie eut conclu le traité avec les ambassadeurs de Cambyses, suivant les formalités que je viens de dire, il fit remplir des outres d'eau, et les fit charger sur tous les chameaux qu'il y avait dans ses États. Cela fait, on mena ces animaux dans les lieux arides, et le roi alla y attendre l'armée de Cambyses.

Durant ces préparatifs Amasis était mort, et son fils Psamménite lui avait succédé. Il réunit une grande armée et vint camper vers la bouche Pélusienne du Nil, où il attendit l'ennemi.

Bataille entre les Égyptiens et les Perses. — Lorsque les Perses eurent traversé les lieux arides, et qu'ils eurent assis leur camp près de celui des Égyptiens, comme pour leur livrer bataille, les Grecs et les Cariens à la solde de Psamménite, indignés de ce que Phanès avait amené contre l'Égypte une armée d'étrangers, se vengèrent de ce traître sur ses enfants, qu'il avait laissés en ce pays lorsqu'il partit pour la Perse. Ils les menèrent au camp, et ayant placé à la vue de leur père un cratère entre les deux armées, on les conduisit l'un après l'autre en cet endroit, et on les égorgea sur le cratère. Lorsqu'on les eut tous tués, on mêla avec ce sang, dans le même cratère, du vin et de l'eau, et tous les auxiliaires en burent, après quoi on en vint aux mains. Le combat fut rude et sanglant : il y périt beaucoup de monde de part et d'autre; enfin les Égyptiens tournèrent le dos.

J'ai vu sur le champ de bataille une chose fort surprenante, que les habitants de ce canton m'ont fait remarquer. Les ossements de ceux qui périrent en cette journée sont encore dispersés, mais séparément; de sorte que vous voyez d'un côté ceux des Perses, et de l'autre ceux des Égyptiens aux mêmes endroits où ils étaient dès le commencement. Les têtes des Perses sont si tendres, qu'on peut les percer en les frappant seulement avec un caillou; celles des Égyptiens sont au contraire si dures, qu'à peine peut-on les briser à coups de pierres. Ils m'en dirent la raison et n'eurent pas de peine à me persuader. Les Égyptiens, me dirent-ils, commencent dès leur bas âge à se raser la tête; leur crâne se durcit par ce moyen au soleil, et leurs cheveux n'en poussent que mieux. Aussi voit-on beaucoup moins d'hommes chauves en Égypte que dans tous les autres pays. Les Perses, au contraire, ont le crâne faible, parce que dès leur plus tendre jeunesse ils vivent à l'ombre, et qu'ils ont toujours la tête couverte d'une tiare. J'ai remarqué à Paprémis quelque chose de semblable à l'égard des ossements de ceux qui furent défaits avec Achéménès, fils de Darius, par Inaros, roi de Libye.

Prise de Memphis (525). — La bataille perdue, les Égyptiens tournèrent le dos, et s'enfuirent en désordre à Memphis où ils s'enfermèrent. Cambyses leur envoya un héraut, Perse de nation, pour les engager à traiter avec lui. Ce héraut remonta le fleuve sur un vaisseau mitylénien. Dès que les Égyptiens le virent entrer dans Memphis, ils sortirent en foule de la citadelle, brisèrent le vaisseau, mirent en pièces ceux qui le montaient, et en transportèrent les membres dans la citadelle. Mais les Perses arrivèrent, firent le siége de cette ville et forcèrent les Égyptiens de se rendre.

Soumission des Libyens et des Cyrénéens. — Les Libyens, voisins de l'Égypte, craignirent d'éprouver le même sort que les Égyptiens, et se soumirent sans combat. Ils s'imposèrent un tribut, et envoyèrent des présents. Les Cyrénéens et les Barcéens imitèrent les Libyens par le même motif de crainte. Cambyses reçut favorablement les présents de ceux-ci; mais il se plaignit de ceux des Cyrénéens, sans doute parce qu'ils n'étaient point assez considérables. Ils ne se montaient en effet qu'à 500 mines d'argent, qu'il distribua lui-même à ses troupes.

Humiliation du roi et des grands d'Égypte. — Le dixième jour après la prise de la citadelle de Memphis, Psamménite, roi d'Égypte, qui n'avait régné que six mois, fut conduit, par ordre de Cambyses, devant la ville avec quelques autres Égyptiens. On les y traita avec la dernière ignominie, afin de les éprouver. Cambyses fit habiller la fille de ce prince en esclave, et l'envoya, une cruche à la main, chercher de l'eau; elle était accompagnée de plusieurs autres filles qu'il avait choisies parmi celles de la première qualité, et qui étaient habillées de la même façon que la fille du roi.

Ces jeunes filles, en passant auprès de leurs pères, fondirent en larmes, et jetèrent des cris lamentables. A la vue de leurs enfants dans un état si humiliant, les Égyptiens éclatèrent en cris et en gémissements; mais Psamménite, quoiqu'il les vît et qu'il les reconnût, se contenta de baisser les yeux.

Ces jeunes filles sorties, Cambyses fit passer devant lui son fils accompagné de 2000 Égyptiens, de même âge que le jeune prince, tous la corde au cou, et un frein à la bouche. On les menait à la mort pour venger les Mityléniens qui avaient été tués à Memphis, et dont on avait brisé le vaisseau; car les juges royaux avaient ordonné que pour chaque homme massacré en cette occasion, on ferait mourir 10 Égyptiens des premières familles. Psamménite les vit défiler, et reconnut son fils; mais, tandis que les autres Égyptiens qui étaient autour de lui pleuraient et se lamentaient, il garda la même contenance qu'à la vue de sa fille.

Lorsque ces jeunes gens furent passés, il aperçut un

vieillard qui mangeait ordinairement à sa table. Cet homme, dépouillé de tous ses biens, ne subsistait plus que des aumônes qu'on lui faisait; il allait de rang en rang par toute l'armée, implorant la compassion des soldats, celle même de Psamménite et des seigneurs égyptiens qui étaient dans le faubourg. Ce prince, à ce spectacle, ne put retenir ses larmes, et se frappa la tête en l'appelant par son nom. Des gardes, placés auprès de lui, avec ordre de l'observer, rapportaient à Cambyses tout ce qu'il faisait à chaque objet qui passait devant lui. Étonné de sa conduite, ce prince lui en fit demander les motifs. « Cambyses, votre maître, lui dit l'envoyé, vous demande pourquoi vous avez paru insensible en voyant votre fille traitée en esclave, et votre fils marchant au supplice, et que vous prenez tant d'intérêt au sort de ce mendiant, qui ne vous est, à ce qu'il a appris, ni parent, ni allié. — Fils de Cyrus, répondit Psamménite, les malheurs de ma maison sont trop grands pour qu'on puisse les pleurer; mais le triste sort d'un ami, qui, au commencement de sa vieillesse, est tombé dans l'indigence, après avoir possédé de grands biens, m'a paru mériter des larmes. »

Cambyses trouva cette réponse sensée. Les Égyptiens dirent qu'elle fit verser des pleurs, non-seulement à Crésus, qui avait suivi ce prince en Égypte, mais encore à tous les Perses qui étaient présents; que Cambyses fut lui-même si touché de compassion qu'il commanda sur-le-champ de délivrer le fils de Psamménite, en le tirant du nombre de ceux qui étaient condamnés à mort, et de lui amener Psamménite même, du faubourg où il était.

Mort de Psamménite. — Ceux qui étaient allés chercher le jeune prince le trouvèrent sans vie. On l'avait exécuté le premier. De là ils allèrent prendre Psamménite, et le menèrent à Cambyses, auprès duquel il passa le reste de ses jours, sans en éprouver aucun mauvais traitement. On lui aurait même rendu le gouvernement d'Égypte, si on ne l'eût pas soupçonné de chercher, par ses intrigues, à troubler l'État. Car les Perses sont dans l'usage d'honorer les fils des rois, et même de leur rendre le trône que leurs pères ont perdu par leur révolte. Je pourrais rapporter plusieurs exemples en preuve de cette coutume; je me contenterai de rappeler Thannyras, fils d'Inaros, roi de Libye, à qui ils rendirent le royaume que son père avait possédé; et Pausiris, fils d'Amyrtée, qui rentra aussi en possession des États de son père, quoique jamais aucun prince n'eût fait plus de mal aux Perses qu'Inaros et Amyrtée. Mais Psamménite, ayant conspiré contre l'État, en reçut le salaire; il avait excité les Égyptiens à la révolte, il fut découvert, et ayant été convaincu par Cambyses, ce prince le condamna à boire du sang de taureau, dont il mourut sur-le-champ[1]. Telle fut sa fin malheureuse.

Violation du tombeau d'Amasis. — Cambyses partit de Memphis pour se rendre à Saïs à dessein d'exercer sur le corps d'Amasis la vengeance qu'il méditait. Aussitôt qu'il fut dans le palais de ce prince, il commanda de tirer son corps du tombeau; ensuite de le battre de verges, de lui arracher la barbe et les cheveux, de le piquer à coups d'aiguillon, de lui faire enfin mille outrages. Les exécuteurs se lassèrent bientôt de maltraiter un corps inerte dont ils ne pouvaient rien détacher, parce qu'il avait été embaumé. Alors Cambyses le fit brûler, sans aucun respect pour la religion. En effet, les Perses croient que le feu est un dieu, et il n'est permis, ni par leurs lois, ni par celles des Égyptiens, de brûler les morts. Cela est défendu chez les Perses, parce qu'un dieu ne doit pas, selon eux, se nourrir du cadavre d'un homme : cette défense subsiste aussi chez les Égyptiens, parce qu'ils sont persuadés que le feu est un animal féroce qui dévore tout ce qu'il peut saisir, et qui, après s'en être rassasié, meurt lui-même avec ce qu'il a consumé. Or, leurs lois ne permettent pas d'abandonner

---

1. Le sang de taureau n'est pas un poison, à moins que ce ne soit du sang corrompu ; tout autre sang putréfié aurait les mêmes propriétés vénéneuses. A Athènes c'était un des poisons dont on se servait pour les condamnés à mort.

aux bêtes les corps morts ; et c'est par cette raison qu'ils les embaument, de crainte qu'en les mettant en terre, ils ne soient mangés des vers. Ainsi Cambyses fit, en cette occasion, une chose également condamnée par les lois de l'un et de l'autre peuple.

Au reste, s'il faut en croire les Égyptiens, ce ne fut pas le corps d'Amasis qu'on traita d'une manière si indigne, mais celui de quelque autre Égyptien de même taille que lui, à qui les Perses firent ces outrages, pensant que c'était le corps de ce prince. On dit, en effet, qu'Amasis avait appris d'un oracle ce qui devait lui arriver après sa mort, et qu'il crut s'en garantir, en faisant placer dans l'intérieur de son monument, près des portes, le corps de celui que Cambyses fit maltraiter, et en ordonnant à son fils de mettre le sien au fond du même tombeau. Mais je ne puis absolument me persuader qu'Amasis ait jamais donné de pareils ordres au sujet de sa sépulture, et j'attribue cette histoire à la vanité des Égyptiens, qui ont voulu embellir les choses.

Projets de Cambyses. — Cambyses résolut ensuite de faire la guerre à trois nations différentes, aux Carthaginois, aux Ammoniens, et aux Éthiopiens Macrobiens, qui habitent en Libye vers la mer Australe. Après avoir délibéré sur ces expéditions, il fut d'avis de diriger sa flotte contre les Carthaginois, un détachement de ses troupes de terre contre les Ammoniens, et d'envoyer d'abord des espions chez les Éthiopiens.

Refus des Phéniciens d'attaquer les Carthaginois. — En conséquence, Cambyses ordonna à son armée navale de faire voile contre Carthage ; mais les Phéniciens refusèrent d'obéir, parce qu'ils étaient liés avec les Carthaginois par les plus grands serments, et qu'en combattant contre leurs propres enfants, ils auraient cru violer les droits du sang et de la religion. Sur le refus des Phéniciens, le reste de la flotte ne se trouva pas assez fort pour cette expédition, et les Carthaginois évitèrent le joug que les Perses leur préparaient. Cambyses ne crut pas qu'il fût juste, dans cette circonstance, de forcer les Phéniciens à obéir, parce qu'ils s'étaient donnés volontairement à lui; il ne voulait pas, en outre, les pousser à toute extrémité, car ils avaient le plus d'influence dans l'armée navale. Les habitants de l'île de Cypre s'étaient aussi donnés aux Perses, et les avaient accompagnés en Égypte.

Ambassade envoyée en Éthiopie. — Pour envoyer des espions en Éthiopie, Cambyses manda de la ville d'Éléphantine des Ichthyophages[1] qui savaient la langue éthiopienne. Il voulait les charger, sous prétexte de porter des présents au roi, de s'assurer de l'existence de la table du soleil, et d'examiner, outre cela, ce qui restait à voir dans le pays.

Voici en quoi consiste la table du soleil. Il y a devant la ville une prairie, couverte de viandes bouillies de toutes sortes d'animaux à quatre pieds, que les magistrats ont soin d'y faire porter la nuit. Dès que le jour paraît, chacun est le maître d'y venir prendre son repas. Les habitants disent que la terre produit d'elle-même toutes ces viandes. Lorsque les Ichthyophages furent arrivés d'Éléphantine, Cambyses leur donna ses ordres sur ce qu'ils devaient dire, et les envoya en Éthiopie avec des présents pour le roi. Ces dons consistaient en un habit de pourpre, un collier d'or, des bracelets, un vase d'albâtre plein de parfums, et une barrique de vin de palmier.

On dit que les Éthiopiens, à qui Cambyses envoya cette ambassade, sont les plus grands et les mieux faits de tous les hommes; qu'ils ont des lois et des coutumes différentes de celles de toutes les autres nations, et qu'entre autres ils ne jugent digne de porter la couronne que celui d'entre eux qui est le plus grand, et dont la force est proportionnée à la taille.

Les Ichthyophages, arrivés chez ces peuples, offrirent

1. Ichthyophages ou mangeurs de poissons, nom que les anciens donnaient à plusieurs peuples habitant les côtes de la mer. Hérodote désigne ici les Arabes établis sur la côte occidentale de la mer Rouge jusqu'au Bab-el-Mendeb.

leurs présents au roi, et lui parlèrent ainsi : « Cambyses, roi des Perses, qui désire votre amitié et votre alliance, nous a envoyés pour en conférer avec vous : il vous offre ces présents, dont l'usage le flatte le plus. »

Le roi, qui n'ignorait pas que ces Ichthyophages étaient des espions, leur répondit en ces termes : « Ce n'est pas le vif désir de faire amitié avec moi qui a porté le roi des Perses à vous envoyer ici avec ces présents, et vous ne me dites pas la vérité. Vous venez examiner les forces de mes États, et votre maître n'est pas un homme juste. S'il l'était, il n'envierait pas un pays qui ne lui appartient pas, et il ne chercherait point à réduire en esclavage un peuple dont il n'a reçu aucune injure. Portez-lui donc cet arc de ma part, et dites-lui : Le roi d'Éthiopie conseille à celui de Perse de venir lui faire la guerre avec des forces plus nombreuses, lorsque les Perses pourront bander un arc de cette grandeur aussi facilement que moi. Mais en attendant, qu'il rende grâces aux dieux de n'avoir pas inspiré aux Éthiopiens le désir de faire des conquêtes. »

Ayant ainsi parlé, il débanda son arc, et le donna aux envoyés. Il prit ensuite l'habit de pourpre, et leur demanda ce que c'était que la pourpre, et comment elle se faisait. Quand les Ichthyophages lui eurent appris le véritable procédé de cette teinture : « Ces hommes, dit-il, sont trompeurs, leurs vêtements le sont aussi. » Il les interrogea ensuite sur le collier et les bracelets d'or. Les Ichthyophages lui répondirent que c'étaient des ornenemts ; il se mit à rire ; et, les prenant pour des chaînes, il leur dit que les Éthiopiens en avaient chez eux de plus fortes. Il leur parla en troisième lieu des parfums qu'ils avaient apportés ; et lorsqu'ils lui en eurent expliqué la composition et l'usage, il leur répondit comme il l'avait fait au sujet de l'habit de pourpre. Mais lorsqu'il en fut venu au vin, et qu'il eut appris la manière de le faire, il fut très-content de cette boisson. Il leur demanda ensuite de quels aliments se nourrissait le roi, et quelle était la plus longue durée de la vie chez les Perses. Les envoyés lui répondirent qu'il vivait de pain, et lui expliquèrent la nature du froment. Ils ajoutèrent ensuite que le plus long terme de la vie des Perses était de 80 ans. Là-dessus, l'Éthiopien leur dit qu'il n'était point étonné que des hommes qui ne se nourrissaient que de fumier ne vécussent que peu d'années; qu'il était persuadé qu'ils vivraient même moins longtemps, s'ils ne réparaient leurs forces par cette boisson (il voulait parler du vin), et qu'en cela ils avaient un avantage sur les Éthiopiens.

Les Ichthyophages interrogèrent à leur tour le roi sur la longueur de la vie des Éthiopiens, et sur leur manière de vivre. Il leur répondit que la plupart allaient jusqu'à 120 ans, et quelques-uns même au delà; qu'ils vivaient de viandes bouillies, et que le lait était leur boisson. Les espions paraissant étonnés de la longue vie des Éthiopiens, il les conduisit à une fontaine où ceux qui s'y baignent en sortent parfumés comme d'une odeur de violette, et plus luisants que s'ils s'étaient frottés d'huile. Les espions racontèrent à leur retour que l'eau de cette fontaine était si légère, que rien n'y pouvait surnager pas même le bois, ni les choses encore moins pesantes que le bois, mais que tout ce qu'on y jetait allait au fond. Si cette eau est véritablement telle qu'on le dit, l'usage perpétuel qu'ils en font est peut-être la cause d'une si longue vie. De la fontaine, le roi les conduisit à la prison. Tous les prisonniers y étaient attachés avec des chaînes d'or, car chez ces Éthiopiens, le cuivre est de tous les métaux le plus rare et le plus précieux. Après qu'ils eurent visité la prison, on leur fit voir aussi ce qu'on appelle la table du soleil.

Enfin, on leur montra les cercueils des Éthiopiens, qui sont faits, à ce qu'on dit de verre, et dont voici le procédé. On dessèche d'abord le corps à la façon des Égyptiens, ou de quelque autre manière; on l'enduit ensuite entièrement de plâtre, qu'on peint de sorte qu'il ressemble, autant qu'il est possible, à la personne même. Après cela, on le renferme dans une colonne creuse et transparente de verre fossile, aisé à mettre en œuvre, et qui se tire en abondance des mines du pays. On aperçoit le mort à travers cette colonne au milieu de laquelle il est placé. Il n'exhale aucune mauvaise odeur et n'a rien de désagréable. Les plus proches parents du mort gardent cette colonne un an entier dans leur maison. Pendant ce temps-là, ils lui offrent des victimes, et les prémices de toutes choses. Ils la portent ensuite dehors, et la placent quelque part autour de la ville.

Expédition de Cambyses contre les Éthiopiens. — Les espions s'en retournèrent après avoir tout examiné. Sur leur rapport, Cambyses, transporté de colère, marcha aussitôt contre les Éthiopiens, sans ordonner qu'on préparât des vivres pour l'armée, et sans réfléchir qu'il allait faire une expédition aux extrémités de la terre. Tel qu'un furieux et un insensé, à peine eut-il entendu le rapport des Ichthyophages, qu'il se mit en marche, menant avec lui toute son armée de terre, et ne laissant en Égypte que les Grecs qui l'avaient accompagné. Lorsqu'il fut arrivé à Thèbes, il choisit environ 50 000 hommes, à qui il ordonna de réduire en esclavage les Ammoniens, et de mettre ensuite le feu au temple où Jupiter rendait ses oracles. Pour lui, il continua sa route vers l'Éthiopie avec le reste de l'armée.

Ses troupes n'avaient pas encore fait la cinquième partie du chemin, que les vivres manquèrent tout à coup. On mangea les bêtes de somme, et bientôt après elles manquèrent aussi. Si Cambyses, instruit de cette disette, eût alors changé de résolution, et qu'après la faute qu'il avait faite dans le commencement, il fût revenu sur ses pas avec son armée, il aurait agi en homme sage. Mais il ne s'inquiéta de rien et continua à marcher en avant. Les soldats se nourrirent d'herbages, tant que la campagne put leur en fournir ; lorsqu'ils furent arrivés dans les pays sablonneux, la faim en porta quelques-uns à une action horrible. Ils se mettaient dix par dix, tiraient au sort, et mangeaient celui que le sort désignait. Lorsque Cambyses en eut connaissance, il craignit cette fois qu'ils ne se dévorassent les uns les autres, et se décida à abandonner l'expédition contre les Éthiopiens; il rebroussa chemin, et arriva à Thèbes après avoir perdu une partie de son armée. De Thèbes, il vint à Memphis, où il congédia les Grecs et leur permit de se mettre en mer. Tel fut le résultat de l'entreprise contre les Éthiopiens.

Expédition contre Ammon. — Les troupes qu'on avait envoyées contre les Ammoniens partirent de Thèbes avec des guides, pour atteindre la première oasis qui est à sept journées de cette ville, et où on ne peut aller que par un chemin sablonneux. Ce pays s'appelle, en grec, les îles des Bienheureux.

On dit que l'armée des Perses alla jusque-là; mais personne ne sait ce qu'elle devint ensuite, si ce n'est les Ammoniens. Ce qu'il y a de certain, c'est qu'elle ne revint point en Égypte. Les Ammoniens racontent que pendant que cette armée prenait son repas, il s'éleva un vent du sud impétueux qui l'ensevelit sous des montagnes de sables et la fit entièrement disparaître.

Cambyses tue le bœuf Apis. — Cambyses était de retour à Memphis, lorsque le dieu Apis se manifesta aux Égyptiens. Dès qu'il se fut montré, ils se revêtirent de leurs plus riches habits, et firent de grandes réjouissances. Cambyses, témoin de ces fêtes, s'imagina qu'ils se réjouissaient du mauvais succès de ses armes; il fit venir devant lui les magistrats de Memphis, et leur demanda pourquoi n'ayant pas témoigné de joie la première fois qu'ils l'avaient vu dans la ville, ils en faisaient tant paraître depuis son retour, et après qu'il avait perdu une partie de son armée. Ils lui dirent que leur dieu, qui était ordinairement très-longtemps sans se manifester, s'était montré depuis peu, et que lorsque cela arrivait, tous les Égyptiens en témoignaient leur joie par des fêtes publiques.

Cambyses leur répondit qu'ils déguisaient la vérité, et

les condamna à mort. Il manda ensuite les prêtres, et comme il reçut d'eux la même réponse, il leur ordonna de lui amener Apis. Ils allèrent sur-le-champ le chercher. Quand ils l'eurent amené, Cambyses, tel qu'un furieux, tira son poignard pour lui en donner un coup dans le ventre; mais il ne le frappa qu'à la cuisse. S'adressant ensuite aux prêtres d'un ton railleur : « Scélérats, leur dit-il, les dieux sont-ils donc de chair et de sang? Sentent-ils les atteintes du fer? Ce dieu, sans doute, est bien digne des Égyptiens, mais vous ne vous serez pas impunément moqués de moi. » Là-dessus, il les fit battre de verges par ceux qui ont coutume d'exécuter ces sortes de jugements, et il ordonna qu'on fît main basse sur tous les Égyptiens que l'on trouverait célébrant la fête d'Apis. Les réjouissances cessèrent aussitôt, et les prêtres furent punis. A l'égard d'Apis, il languit quelque temps dans le temple, de la blessure qu'il avait reçue à la cuisse, et mourut ensuite. Les prêtres lui donnèrent la sépulture, à l'insu de Cambyses.

Meurtre de Smerdis. — Ce prince, à ce que disent les Égyptiens, ne tarda point, en punition de ce crime, à devenir furieux. Le premier crime qu'il commit fut le meurtre de Smerdis, son frère. Il l'avait renvoyé en Perse, jaloux de ce qu'il avait bandé, à deux doigts près, l'arc que les Ichthyophages avaient apporté de la part du roi d'Ethiopie, ce qu'aucun autre Perse n'avait pu faire. Après son départ, Cambyses vit en songe un courrier qui venait de la part des Perses lui annoncer que Smerdis, assis sur son trône, touchait le ciel de sa tête. Cette vision lui fit craindre que son frère ne le tuât pour s'emparer de la couronne; il envoya après lui Prexaspes, celui de tous les Perses en qui il avait le plus de confiance, avec ordre de le faire périr. Prexaspes, arrivé à Suses, exécuta l'ordre dont il était chargé. Les uns disent qu'il attira le prince à la chasse; d'autres prétendent qu'il le mena sur les bords de la mer Érythrée[1], et

---

1. C'est du golfe Persique qu'Hérodote veut parler ici.

qu'il l'y précipita. Tel fut, dit-on, le premier crime de de Cambyses.

Cambyses tue sa sœur. — Le second fut le meurtre de sa sœur. Cette princesse, qui l'avait suivi en Égypte, était en même temps sa femme. Voici comme elle le devint; car, avant lui, les Perses n'étaient pas dans l'usage d'épouser leurs sœurs.

Cambyses, voulant épouser une de ses sœurs, convoqua les juges royaux, et leur demanda s'il n'y avait pas quelque loi qui permît au frère de se marier avec sa sœur. Ces juges royaux sont des hommes choisis entre tous les Perses. Ils exercent leurs fonctions jusqu'à la mort, à moins qu'ils ne soient convaincus de quelque injustice. Ils sont les interprètes des lois et les juges des procès; toutes les affaires ressortissent à leur tribunal. Cambyses les ayant donc interrogés, ils lui firent une réponse qui, sans blesser la justice, ne les exposait à aucun danger. Ils lui dirent qu'ils ne trouvaient point de loi qui autorisât un frère à épouser sa sœur, mais qu'il y en avait une qui permettait au roi des Perses de faire tout ce qu'il voulait. En répondant ainsi, ils ne violèrent pas la loi, quoiqu'ils redoutassent Cambyses; et, pour ne pas s'exposer à périr en la défendant, ils trouvèrent une autre loi qui favorisait le désir qu'avait ce prince d'épouser ses sœurs. Sur cette réponse, Cambyses épousa sa sœur; et peu de temps après, il en prit encore une autre pour femme; c'était la plus jeune. Ce fut celle qui le suivit en Égypte, et qu'il tua.

On raconte sa mort de deux manières, ainsi que celle de Smerdis. Les Grecs prétendent que cette princesse assistait au combat d'un lionceau que Cambyses avait lâché contre un jeune chien. Celui-ci ayant le dessous, un autre jeune chien, son frère, rompit sa laisse pour courir à son secours et les deux chiens réunis eurent l'avantage sur le lionceau. Ce combat plaisait beaucoup à Cambyses; il arrachait au contraire des larmes à sa sœur, qui était assise auprès de lui. Le roi, s'en étant aperçu, lui en demanda la raison. « Je n'ai pu, lui dit-elle, retenir mes larmes en voyant le jeune chien accourir au secours de son frère, parce que cela me rappelle le triste sort de Smerdis, dont je sais que personne ne vengera la mort. » S'il faut en croire les Grecs, Cambyses la tua pour cette réponse. Mais les Égyptiens disent que cette princesse étant à table avec Cambyses, elle prit une laitue, et qu'en ayant arraché toutes les feuilles, elle demanda au roi son mari si cette laitue lui paraissait plus belle en pomme ou les feuilles arrachées. « En pomme, répondit le roi. — Seigneur, reprit-elle, en diminuant la maison de Cyrus, vous avez fait la même chose que je viens de faire à cette laitue. » Là-dessus, Cambyses, irrité, se jeta sur elle, et la maltraita tellement à coups de pied, qu'il la blessa et qu'elle mourut incontinent.

Tels furent les excès auxquels Cambyses se porta contre ceux de sa maison. On dit que depuis sa naissance il était sujet à l'épilepsie, que quelques-uns appellent mal sacré. Il n'est donc pas étonnant qu'étant attaqué d'une si grande maladie, il n'eût pas l'esprit sain.

Meurtre du fils de Prexaspes. — Il ne témoigna pas moins de fureur contre le reste des Perses. Il estimait beaucoup Prexaspes, qui lui présentait les requêtes et les placets, et dont le fils avait une charge d'échanson, une des plus importantes de la cour ; un jour il lui demanda : « Que pensent de moi les Perses ? — Seigneur, ils vous comblent de louanges ; mais ils croient que vous avez un peu trop de penchant pour le vin. — Ah ! ils disent, reprit ce prince, transporté de colère, que j'aime trop le vin, qu'il me fait perdre la raison, et qu'il me rend furieux ? Les louanges qu'ils me donnaient auparavant n'étaient donc point sincères ? »

Cambyses avait, en effet, demandé un autre jour à Crésus et aux grands de la Perse qui composaient son conseil, si l'on croyait qu'il fût homme à égaler son père ; les Perses avaient répondu qu'il lui était supérieur, parce qu'il était maître de tous les pays que celui-ci avait eus, et qu'il y avait ajouté l'Égypte et l'empire de la mer. Mais Crésus, qui était présent, ne fut pas de leur avis.

« Il ne me paraît pas, lui dit-il, que vous ressembliez à votre père, car vous n'avez point encore d'enfant tel qu'il en avait un, lorsqu'il mourut. » Cambyses, flatté de cette réponse, approuva le sentiment de Crésus.

Ce prince s'étant donc rappelé les discours des Perses : « Apprends maintenant, dit-il en colère à Prexaspes, apprends si les Perses disent vrai, et s'ils n'ont pas eux-mêmes perdu l'esprit, quand ils parlent ainsi de moi. Si je frappe au milieu du cœur ton fils, que tu vois debout dans ce vestibule, il sera constant que les Perses se trompent. Mais si je manque mon coup, il sera évident qu'ils disent vrai, et que j'ai perdu le sens. »

Ayant ainsi parlé, il bande son arc, et frappe le fils de Prexaspes. Le jeune homme tombe ; Cambyses fait ouvrir son corps pour voir où avait porté le coup ; la flèche se trouva au milieu du cœur. Alors ce prince, plein de joie, s'adressa au père du jeune homme : « Tu vois clairement, lui dit-il en riant, que je ne suis point un insensé, mais que ce sont les Perses qui ont perdu l'esprit. Dis-moi présentement si tu as vu quelqu'un frapper le but avec tant de justesse ? » Prexaspes voyant qu'il parlait à un furieux, et craignant pour lui, répondit : « Seigneur, je ne crois pas que le dieu lui-même puisse tirer si juste. » C'est ainsi qu'il en agit avec Prexaspes. Mais une autre fois il fit, sans aucun motif, enterrer vifs jusqu'à la tête douze Perses de la plus grande distinction.

Crésus menacé de mort. — Crésus, témoin de ces extravagances, crut devoir lui donner un conseil salutaire. « Grand roi, lui dit-il, ne vous abandonnez point à votre colère et à l'impétuosité de votre jeunesse ; rendez-vous maître de vous-même, et contenez-vous dans les bornes de la modération. Il importe à un grand prince de prévoir les choses, et il est d'un homme sage de se laisser guider par la prudence. Vous faites mourir injustement plusieurs de vos concitoyens ; vous ôtez même la vie à des enfants. Prenez garde qu'en commettant souvent de pareilles violences, vous ne forciez les Perses à se révolter contre vous. Je vous dois ces avis, parce que le roi votre père m'a expressément recommandé de vous donner de bons conseils, et de vous avertir de tout ce que je croirais vous être le plus utile et le plus avantageux. »

Mais Cambyses s'offensa de ce langage. « Et vous aussi, dit-il à Crésus, vous prétendez m'éclairer de vos avis ; vous, qui avez si bien gouverné vos États, vous, qui avez donné de si bons conseils à mon père, en l'exhortant à passer l'Araxes, pour aller attaquer les Massagètes chez eux, au lieu de les attendre sur nos terres où ils voulaient passer ! Vous vous êtes perdu en gouvernant mal vos États, et Cyrus s'est perdu en suivant vos avis. Mais vous ne l'aurez pas fait impunément ; et même il y a longtemps que je cherchais un prétexte pour le venger. » En finissant ces mots, il prit ses flèches pour en percer Crésus. Mais ce prince se déroba à sa fureur par une prompte fuite. Cambyses, voyant qu'il ne pouvait l'atteindre, commanda à ses gens de se saisir de lui et de le tuer. Mais comme ils connaissaient l'inconstance de son caractère, ils cachèrent Crésus dans le dessein de le représenter, si le roi venait à se repentir et le redemandait. Ils espéraient aussi recevoir une récompense pour lui avoir sauvé la vie, et d'ailleurs ils étaient dans la résolution de le tuer, si le roi ne se repentait point des ordres qu'il avait donnés. Cambyses ne fut pas longtemps sans regretter Crésus. Ses serviteurs, s'en étant aperçus, lui apprirent qu'il vivait encore. Il en témoigna de la joie, mais il dit que ce ne serait pas impunément qu'ils auraient désobéi à ses ordres, et il les fit mourir.

Autres violences de Cambyses. — Pendant son séjour à Memphis, il lui échappa plusieurs traits pareils de folie, tant contre les Perses que contre les alliés. Il fit ouvrir les anciens tombeaux pour considérer les morts. Il entra aussi dans le temple de Vulcain, et fit mille outrages à la statue de ce dieu. Cette statue ressemble beaucoup aux Pataïques, que les Phéniciens mettent à la proue de leurs trirèmes. Ces Pataïques, pour en donner une idée à ceux qui ne les ont point vus, ressemblent à un pygmée. Il entra aussi dans le temple des Cabires, dont les lois interdisent l'entrée à tout autre qu'au prêtre. Après plusieurs insultes et railleries, il en fit brûler les statues.

Je suis convaincu par tous ces traits que Cambyses n'était qu'un furieux : car, sans cela, il n'aurait jamais entrepris de se jouer de la religion et des lois[1].

Révolte du mage Smerdis. — Tandis que Cambyses passait le temps en Égypte à faire de telles extravagances, deux mages profitèrent de la haine qu'il excitait pour se révolter. Le roi avait laissé l'un deux en Perse pour y gérer ses biens : ce fut l'auteur de la révolte. Ce mage, nommé Patizithès, n'ignorait pas la mort de Smerdis; il savait qu'on la tenait cachée, qu'elle n'était connue que d'un petit nombre de Perses, et que la plupart croyaient ce prince vivant. Cette circonstance lui fit prendre la résolution de s'emparer du trône. Il avait un frère qui ressemblait parfaitement à Smerdis, et portait le même nom que ce prince; il le plaça sur le trône, après lui avoir persuadé qu'il aplanirait toutes les difficultés, puis il envoya des hérauts dans toutes les provinces, et particulièrement en Égypte, pour défendre à l'armée d'obéir à Cambyses, et lui ordonner de ne reconnaître à l'avenir que Smerdis, fils de Cyrus.

Tous les hérauts firent cette proclamation. Celui qui avait été envoyé en Égypte trouva Cambyses avec son armée, à Ecbatane en Syrie, et publia au milieu du camp les ordres dont le mage l'avait chargé. Cambyses, en entendant cette proclamation du héraut, pensa qu'il disait vrai, que Prexaspes l'avait trahi, et n'avait point exécuté l'ordre qu'il lui avait donné de tuer Smerdis. « C'est donc ainsi, Prexaspes, lui dit-il en le regardant d'un œil fixe et menaçant, que tu as fait ce que je t'ai

---

1. Mais il faut dire qu'Hérodote rapporte tous ces faits d'après les prêtres égyptiens qui étaient fort mal disposés pour Cambyses. Des inscriptions montrent que ce prince, avant son retour d'Éthiopie, avait sacrifié aux dieux de l'Égypte.

ordonné ? — Seigneur, répondit Prexaspes, ne croyez rien de ce que vient de dire le héraut. Votre frère Smerdis ne se révoltera jamais contre vous, et vous n'aurez point avec lui la plus légère contestation. J'ai moi-même exécuté vos ordres, et je lui ai donné la sépulture de mes propres mains. Si les morts ressuscitent, attendez-vous à voir aussi le Mède Astyages se soulever contre vous. Mais, s'il en est du présent comme du passé, soyez certain qu'il ne vous arrivera jamais de mal, du moins de la part de Smerdis. Au reste, je suis d'avis qu'on envoie après le héraut, et qu'on lui demande de quelle part il vient ici nous dire d'obéir aux ordres du roi Smerdis. »

Cambyses approuva le conseil de Prexaspes. On fit courir sur-le-champ après le héraut, et on le ramena au camp. Prexaspes l'interrogea en ces termes : « Vous dites, mon ami, que vous venez de la part de Smerdis, fils de Cyrus. Avouez-nous donc maintenant la vérité, et on vous laissera aller sans vous faire aucun mal. Avez-vous vu Smerdis ? Vous a-t-il donné ces ordres ? Les tenez-vous de quelqu'un de ses ministres ? — Je n'ai point vu, répondit le héraut, Smerdis, fils de Cyrus, depuis le départ du roi Cambyses pour son expédition d'Égypte ; mais le mage qui gère les biens de Cambyses m'a donné les ordres que j'ai apportés ; c'est lui qui m'a dit que Smerdis, fils de Cyrus, me commandait de venir vous les annoncer. » Le héraut parla ainsi, sans déguiser rien de la vérité.

Alors Cambyses dit à Prexaspes : « Vous avez exécuté mes ordres en homme de bien, je n'ai rien à vous reprocher ; mais quel peut être celui d'entre les Perses qui, s'emparant du nom de Smerdis, s'est révolté contre moi ? — Seigneur, lui répondit-il, je crois comprendre ce qui s'est passé : les mages se sont soulevés contre vous ; c'est Patizithès, que vous avez laissé en Perse pour prendre soin des affaires de votre maison, et son frère Smerdis. »

Mort de Cambyses. — Au nom de Smerdis, Cambyses fut frappé de la vérité du discours de Prexaspes, et de celle de son songe, dans lequel il lui semblait voir un héraut lui annoncer que Smerdis, assis sur le trône, touchait de la tête au ciel. Reconnaissant alors qu'il avait fait tuer son frère, sans sujet, il le pleura. Après lui avoir donné des larmes, et s'être plaint de l'excès de ses malheurs, il se jeta avec précipitation sur son cheval, dans le dessein de marcher en diligence vers Suses, contre le mage ; mais, en s'élançant, le fourreau de son cimeterre tomba, et la lame restée nue le blessa à la cuisse, au même endroit où il avait auparavant frappé Apis, le dieu des Égyptiens. Comme sa plaie lui parut mortelle, il demanda le nom de la ville où il était alors : on lui dit qu'elle s'appelait Ecbatane.

L'oracle de la ville de Buto lui avait auparavant prédit qu'il finirait ses jours à Ecbatane. Il s'était imaginé qu'il devait mourir de vieillesse dans la capitale de la Médie, qui porte ce nom et où étaient toutes ses richesses; mais lorsqu'il apprit le nom de la ville où il se trouvait, il comprit le sens de l'oracle : « C'est ici, dit-il, que Cambyses, fils de Cyrus, doit terminer ses jours, suivant l'ordre des destins. »

Il n'en dit pas alors davantage : mais environ vingt jours après il convoqua les Perses les plus distingués qui se trouvaient à l'armée, et leur parla ainsi : « Perses, les choses en sont au point que je ne puis plus me dispenser de vous découvrir ce que j'ai tâché, jusqu'à présent, de tenir extrêmement caché. Lorsque j'étais en Égypte, j'eus, pendant mon sommeil, une vision. Eh ! plût aux dieux que je ne l'eusse point eue ! Il me sembla voir un courrier, arrivé de mon palais, m'annoncer que Smerdis était assis sur le trône, et que de sa tête il touchait au ciel. Cette vision me faisant craindre que mon frère ne m'enlevât la couronne, je pris des mesures où la précipitation eut plus de part que la prudence : car il n'est pas possible aux hommes de changer l'ordre des destinées. J'envoyai follement Prexaspes à Suses, pour tuer Smerdis. Ce crime commis, je vivais tranquille et sans crainte, ne pouvant m'imaginer qu'après m'être défait de mon frère, quelque autre se soulevât contre moi. Mais l'événement s'est trouvé contraire à mon attente. J'ai versé le sang d'un frère, un sang que je n'aurais pas dû répandre, et je n'en perds pas moins la couronne. C'était le mage Smerdis qu'un dieu me montrait en songe; c'était lui qui devait se révolter contre moi. Le coup est fait ; Smerdis, fils de Cyrus, est mort. Le mage Patizithès, que j'ai laissé pour avoir soin de mes biens, et son frère Smerdis, se sont emparés de la couronne. Celui qui aurait dû principalement me venger de leur traitement honteux a été tué par les mains impies de ses plus proches. Mais enfin, puisqu'il n'est plus, il ne me reste qu'à vous donner mes ordres ; et c'est une nécessité pour moi de vous faire connaître ce que je veux que vous fassiez après ma mort. Je vous prie donc, ô Perses, par les dieux protecteurs des rois, je vous conjure tous, et vous principalement, Achéménides, qui êtes ici présents, de ne point souffrir que l'empire retourne aux Mèdes. S'ils s'en sont rendus maîtres par la ruse, recouvrez-le par la ruse ; s'ils s'en sont emparés par la force, reprenez-le par la force. Si vous faites ce que je vous recommande, et si vous conservez votre liberté, puisse la terre produire pour vous des fruits en abondance ! Puissent vos femmes vous donner un grand nombre d'enfants, et vos troupeaux se multiplier par une heureuse fécondité ! Mais, si vous ne recouvrez point l'empire, et si vous ne faites aucun effort pour le reconquérir, non-seulement je fais des vœux pour que le contraire vous arrive, mais de plus je souhaite à tous les Perses en particulier une fin telle que la mienne. »

Cambyses, après avoir parlé de la sorte, déplora son sort, et les Perses, en voyant couler les larmes de leur prince, déchirèrent leurs habits, et poussèrent de grands gémissements. Peu de temps après, l'os se caria, la gangrène gagna promptement toute la cuisse, et Cambyses fut emporté, après avoir régné en tout sept ans et cinq mois. Il mourut sans laisser d'enfants. Les Perses qui étaient présents ne pouvaient croire que les mages se

fussent emparés de la couronne; ils pensaient plutôt que
ce que Cambyses avait dit de la mort de Smerdis était
un effet de sa haine contre ce prince, afin que tous les
Perses lui fissent la guerre. Ils regardaient en effet
comme une chose certaine que c'était Smerdis, fils de
Cyrus, qui s'était soulevé; et ils en étaient d'autant plus
persuadés, que Prexaspes niait fortement de l'avoir tué;
car, après la mort de Cambyses, il n'aurait pas été sûr
pour lui d'avouer que le fils de Cyrus avait péri de sa
main.

Conspiration des Sept contre le mage. — Cambyses
mort, le mage, à la faveur du nom de Smerdis, qu'il
portait, régna tranquillement durant les sept mois qui
restaient pour accomplir la huitième année de son pré-
décesseur. Pendant ce temps, il combla tous ses sujets
de bienfaits; de sorte qu'après sa mort il fut regretté de
tous les peuples de l'Asie, excepté des Perses. Dès le
commencement de son règne il fit publier dans toutes
les provinces des édits par lesquels il exemptait ses sujets, pour trois ans, de tous tributs et subsides, et de
servir à la guerre.

Il fut reconnu le huitième mois de la manière que je
vais dire. Il y avait à la cour un seigneur nommé Otanès,
fils de Pharnaspès; sa naissance et ses richesses le faisaient aller de pair avec ce qu'il y avait de plus illustre
en Perse. Ce seigneur soupçonna, le premier, le nouveau
roi de n'être pas Smerdis, fils de Cyrus, mais le mage,
comme en effet il l'était. Sa conjecture était fondée sur
ce qu'il ne sortait jamais de la citadelle, et qu'il ne mandait, auprès de lui, aucun des grands de Perse. Se
doutant donc de l'imposture, voici ce qu'il fit pour la découvrir.

Cambyses avait épousé sa fille Phédyme; elle était
restée dans le palais, ainsi que toutes les autres femmes
du feu roi. Otanès lui envoya demander quel était celui
qui maintenant régnait; si c'était Smerdis, fils de Cyrus,
ou quelque autre. Phédyme répondit qu'elle ne le savait
pas; qu'elle n'avait jamais vu Smerdis, fils de Cyrus, et

qu'elle ne connaissait pas plus celui qui l'avait admise au nombre de ses femmes. « Si vous ne connaissez pas Smerdis, fils de Cyrus, lui fit dire une seconde fois Otanès, du moins demandez à Atossa quel est cet homme avec qui vous habitez l'une et l'autre : elle doit connaître parfaitement son frère Smerdis. » Sa fille répondit à cela : « Je ne puis parler à Atossa, ni voir aucune des autres femmes. Dès que cet homme, quel qu'il puisse être, s'est emparé du trône, il nous a dispersées dans des appartements séparés. »

Sur cette réponse, l'affaire parut beaucoup plus claire à Otanès. Il envoya un troisième message à Phédyme. « Ma fille, lui fit-il dire, il faut qu'une personne bien née comme vous s'expose au danger ; c'est votre père qui vous y engage ; c'est lui qui vous l'ordonne. Si le roi n'est point Smerdis, fils de Cyrus, mais celui que je soupçonne, il ne convient pas que vous soyez sa femme, ni qu'il occupe impunément le trône de Perse ; il mérite d'être puni. Suivez donc mes conseils, et faites ce que je vais vous prescrire. Quand il viendra vers vous, examinez bien s'il a des oreilles. S'il en a , c'est le fils de Cyrus : s'il n'en a point, c'est Smerdis le mage. »

Phédyme fit ce qui lui avait été recommandé ; elle reconnut que le mage n'avait point d'oreilles, et elle en instruisit aussitôt son père.

Otanès prit avec lui Aspathinès et Gobryas, qui étaient les premiers d'entre les Perses, et sur la foi desquels il comptait le plus. Il leur fit part de tout ce qu'il venait d'apprendre ; ils eurent d'autant moins de peine à le croire, qu'eux-mêmes en avaient déjà quelque soupçon. Il fut donc résolu entre eux que chacun s'associerait un des Perses en qui il aurait le plus de confiance. Otanès engagea Itaphernès dans son parti, Gobryas Mégabyses, et Aspathinès Hydarnès. Ils étaient au nombre de six, lorsque Darius, fils d'Hystaspes, revenant de Perse, dont son père était gouverneur, arriva à Suses. A peine fut-il de retour, qu'ils résolurent de se l'associer aussi.

Ces sept seigneurs, s'étant assemblés, se jurèrent une

fidélité réciproque, et délibérèrent entre eux. Quand ce fut le tour de Darius de dire son avis : « Je croyais, leur dit-il, être le seul qui eût connaissance de la mort de Smerdis, fils de Cyrus, et qui sût que le mage régnait en sa place : et c'est pour cela même que je me suis rendu ici en diligence pour faire périr le mage. Mais, puisqu'il est arrivé que vous ayez aussi découvert le mystère, et que je ne sois pas le seul qui en ait connaissance, il faut sur-le-champ, et sans délai, exécuter l'entreprise; autrement il y aurait du danger. — Fils d'Hystaspes, lui répondit Otanès, né d'un père illustre et courageux, vous montrez que vous ne lui êtes inférieur en rien. Gardez-vous néanmoins d'agir inconsidérément, et de rien précipiter; que la prudence soit votre guide. Pour moi, je suis d'avis de ne point commencer que nous ne soyons en plus grand nombre. — Perses, reprit Darius, si vous suivez le conseil d'Otanès, votre perte est assurée ; vous périrez misérablement. L'appât d'une récompense engagera quelqu'un à vous dénoncer au mage. Vous auriez dû exécuter l'entreprise vous seuls, et sans la communiquer à d'autres ; mais puisque vous avez jugé à propos d'en faire part à plusieurs, et de me mettre moi-même de ce nombre, exécutons-la aujourd'hui ; ou, si nous laissons passer la journée, je vous déclare que je n'attendrai pas qu'on me prévienne, mais que je prendrai les devants, et que j'irai moi-même vous dénoncer au mage. »

Otanès, témoin de l'ardeur de Darius : « Puisque vous nous forcez, dit-il, à hâter l'exécution de nos projets, et que vous ne nous permettez point de la remettre à un autre temps, apprenez-nous donc comment nous pourrons pénétrer dans le palais, et attaquer les usurpateurs : car enfin vous savez vous-même, aussi bien que nous, qu'il y a des gardes disposés de côté et d'autre : si vous ne l'avez pas vu, du moins l'avez-vous ouï dire. Comment pourrons-nous passer ?

— Il y a bien des choses, Otanès, reprit Darius, dont on ne peut rendre raison par des paroles, mais seulement par des actions : il y en a d'autres, au contraire, qu'il est facile d'expliquer et dont il ne peut résulter rien d'éclatant. Vous savez qu'il n'est pas difficile de passer au travers de la garde : premièrement personne n'osera, par respect ou par crainte, refuser l'entrée du palais à des personnes de notre qualité; en second lieu, j'ai un prétexte très-plausible pour entrer; je dirai que je viens de Perse, et que j'ai quelque chose à communiquer au roi de la part de mon père. »

Gobryas parla ensuite : « Quel honneur, mes amis, leur dit-il, ne sera-ce pas pour nous de recouvrer l'empire! Ou, si nous ne pouvons y réussir, quelle gloire de mourir les armes à la main! Quelle honte pour des Perses, d'obéir à un Mède, à un mage, à qui même on a coupé les oreilles! Vous tous, qui vous trouvâtes auprès de Cambyses pendant sa maladie, vous ne pouvez avoir oublié les imprécations qu'il fit contre les Perses, lorsqu'il touchait à sa fin, si nous ne nous efforcions pas de recouvrer l'empire. Alors nous n'ajoutions pas foi à ses discours, et nous pensions qu'il ne parlait de la sorte que pour rendre son frère odieux. Mais je suis maintenant d'avis de suivre l'opinion de Darius, et je conclus qu'il ne faut rompre cette assemblée que pour aller droit au mage. » Le conseil de Gobryas fut unanimement approuvé.

Déclaration et mort de Prexaspes.—Pendant qu'ils délibéraient, les mages tenaient aussi conseil. Ils résolurent de s'attacher Prexaspes, parce que Cambyses l'avait traité d'une manière indigne en tuant son fils d'un coup de flèche, et parce que lui seul avait connaissance de la mort de Smerdis, fils de Cyrus, l'ayant tué de sa main : d'ailleurs il était universellement estimé parmi les Perses. En conséquence, ils le mandèrent et n'oublièrent rien pour le gagner. Ils exigèrent de lui qu'il leur donnât sa foi de ne découvrir à personne la fraude dont ils avaient usé envers les Perses, et lui promirent, avec serment, de le combler de richesses. Prexaspes s'engagea à faire ce qu'on désirait de lui. Les mages, croyant l'avoir gagné, lui proposèrent de monter sur une tour, pour annoncer aux Perses, qu'ils allaient convoquer sous les murs du palais, que c'était véritablement Smerdis, fils de Cyrus, qui régnait sur eux, et non pas un autre. Ils lui avaient donné cet ordre, à cause de son ascendant sur l'esprit des Perses, parce qu'il avait souvent déclaré que Smerdis, fils de Cyrus, était encore vivant, et qu'il était faux qu'il l'eût tué.

Prexaspes s'y prêta de bonne grâce, et dès que les Perses convoqués par les mages se furent réunis au pied des murs du palais, il monta sur une tour afin de les haranguer. Il commença par glorifier la race royale à partir d'Achémènes; et quand il fut venu à Cyrus, il fit l'énumération de tous les biens dont il avait comblé les Perses. Après ce début, il découvrit la vérité, qu'il avait jusqu'alors tenue cachée, disait-il, parce qu'il eût été dangereux pour lui de la publier; mais qu'il devait, dans les conjectures présentes, révéler à tout le peuple. Enfin il assura qu'il avait tué Smerdis, fils de Cyrus, par les ordres de Cambyses, et que c'étaient les mages qui régnaient actuellement. En même temps il fit beaucoup d'imprécations contre les Perses, s'ils ne recouvraient l'empire, et s'ils ne se vengeaient des mages : puis il se précipita de la tour, la tête la première. Ainsi mourut Prexaspes, qui, pendant toute sa vie, avait joui de la réputation d'un homme de bien.

Mort des mages. — Cependant les sept Perses, qui avaient résolu d'attaquer les mages sans différer, s'étaient mis en marche, après avoir prié les dieux. Ils ne savaient encore rien de l'aventure de Prexaspes; ils l'apprirent à moitié chemin. Sur cette nouvelle, ils se retirèrent à l'écart, pour tenir conseil une dernière fois.

Otanès était toujours d'avis de retarder l'entreprise, tant que les affaires étaient dans cette espèce de fermentation. Mais Darius représenta qu'il fallait marcher sur-le-champ, et exécuter, sans délai, ce qu'on avait résolu. L'affaire se discutait encore, lorsqu'ils aperçurent sept couples d'éperviers qui poursuivaient deux couples de vautours, et les mettaient en pièces avec le bec et les serres. Les Perses, à cette vue, se rangèrent tous de l'avis de Darius et allèrent pleins de confiance au palais.

Lorsqu'ils furent aux portes, ce que Darius avait prévu ne manqua pas d'arriver. Les gardes, par respect pour leur rang, et ne les soupçonnant point de mauvais desseins, les laissèrent passer, sans même leur faire de questions. Ils marchaient en effet sous la conduite des dieux. Quand ils eurent pénétré dans la cour du palais, ils rencontrèrent les eunuques chargés de présenter au roi les requêtes. Ces eunuques leur demandèrent quel sujet les amenait ; et, tout en menaçant les gardes qui leur avaient donné passage, ils s'efforcèrent d'empêcher les sept seigneurs de pénétrer plus avant. Ceux-ci, s'encouragèrent alors mutuellement et tombèrent, le poignard à la main, sur ceux qui voulaient les retenir ; ils les tuèrent, et coururent promptement à l'appartement des hommes. Les deux mages y étaient occupés, en ce même temps, à délibérer sur l'action de Prexaspes.

Aux cris des eunuques, au bruit qu'ils entendirent, ils accoururent ; et, quand ils virent ce qui se passait, ils se mirent en défense. L'un se hâte de prendre un arc, l'autre une lance ; ils en viennent aux mains. Comme l'ennemi était trop près, l'arc devint inutile à celui qui s'en était armé : l'autre se défendait mieux avec la lance, il blessa Aspathinès à la cuisse, et Intaphernès à l'œil. Intaphernès perdit l'œil ; mais il ne mourut pas de sa blessure. L'autre mage, resté sans armes, s'enfuit dans une chambre qui communiquait avec l'appartement des hommes. Il voulut en fermer la porte ; Darius et Gobryas s'y jetèrent avec lui. Gobryas saisit le mage au corps : mais comme on était dans les ténèbres, Darius craignit de percer son ami, qui lui demanda pourquoi il ne frappait pas. « Je crains de vous blesser, répondit Darius. — Frappez toujours, lui dit Gobryas, dussiez-vous me percer aussi. » Darius obéit, et, par un heureux hasard, le coup qu'il porta n'atteignit que le mage.

Après avoir tué les mages, ils leur coupèrent la tête ; et, laissant dans la citadelle ceux d'entre eux qui étaient blessés, tant pour la garder que parce qu'ils étaient hors d'état de les suivre, les cinq autres sortirent avec les têtes des mages qu'ils tenaient à la main, et jetant de grands cris, appelèrent, à haute voix, les Perses, leur racontèrent ce qui s'était passé, et leur montrèrent les têtes des usurpateurs. Ils firent en même temps main basse sur tous les mages qui se présentèrent à eux.

Les Perses, instruits de l'action des sept conjurés, et de la fourberie des mages, mirent aussi l'épée à la main ; ils cherchèrent de tous côtés les mages et tuèrent ceux qu'ils purent trouver. Si la nuit n'eût arrêté le carnage, il ne s'en serait pas échappé un seul.

Les Perses célèbrent, avec beaucoup de solennité, cette journée : ils en ont fait une de leurs plus grandes fêtes et l'appellent la Magophonie[1]. Ce jour-là, il n'est pas permis aux mages de paraître en public ; ils restent chez eux.

Délibération des sept conjurés. — Cinq jours après le rétablissement de la tranquillité, les sept seigneurs, qui s'étaient soulevés contre les mages, tinrent conseil. Il fut d'abord résolu que la royauté étant destinée à un d'entre eux, moins Otanès qui la refusa d'avance, on donnerait tous les ans, par distinction, à Otanès et à ses descendants à perpétuité, un habit à la Médique, et qu'on lui ferait les présents que les Perses regardent comme les plus honorables. Cette distinction lui fut accordée, parce qu'il avait le premier formé le projet de détrôner le mage, et qu'il les avait assemblés pour l'exécuter. Ensuite, il fut arrêté, premièrement, que chacun des sept aurait au palais ses entrées libres, sans être obligé de se faire annoncer ; secondement, que le roi ne pourrait

____

1. Le massacre des mages.

prendre femme ailleurs que dans la maison de ceux qui avaient détrôné le mage. Quant à la manière dont il fallait élire le nouveau roi, il fut décidé que, le lendemain matin, ils se rendraient à cheval devant la ville, et qu'on reconnaîtrait pour roi celui dont le cheval hennirait le premier au lever du soleil.

Darius reconnu roi.—Darius avait un habile écuyer nommé OEbarès. Au sortir de l'assemblée, il lui dit : « OEbarès, il a été arrêté entre nous, que, demain matin, nous monterions à cheval, et que celui-là serait roi dont le cheval hennirait le premier au soleil levant. Fais donc usage de toute ton habileté, afin que j'obtienne ce haut rang préférablement à tout autre. — Seigneur, répondit OEbarès, si votre élection ne dépend que de cela, prenez courage, et ne vous mettez pas en peine : personne n'aura sur vous la préférence; j'ai un secret infaillible.

— Si tu en as véritablement un, reprit Darius, il est temps d'en faire usage; il n'y a point à différer : demain notre sort sera décidé. »

Sur cet avis, sitôt que la nuit fut venue, OEbarès prit une bonne provision de tout ce que le cheval de Darius préférait, l'alla porter hors de la ville et la déposa dans un certain endroit du faubourg; ensuite il conduisit là le cheval de son maître, le fit passer et repasser plusieurs fois autour de cette provende, et enfin lui permit de la manger; mais le reste de la nuit, il ne lui donna plus rien.

Le lendemain, dès qu'il fut jour, les six Perses, selon leur convention, se trouvèrent à cheval au rendez-vous. Comme ils allaient de côté et d'autre dans le faubourg, lorsqu'ils furent vers l'endroit où, la nuit précédente, la provende avait été mise, le cheval de Darius y accourut, et se mit à hennir. En même temps, il parut un éclair, et l'on entendit un coup de tonnerre, quoique l'air fût alors serein. Ces signes, survenant comme si le ciel eût été d'intelligence avec Darius, furent pour ce prince une espèce d'inauguration. Les cinq autres descendirent aussitôt de cheval, se prosternèrent à ses pieds, et le reconnurent pour leur roi.

Darius, fils d'Hystaspes, fut ainsi proclamé roi, et tous les peuples de l'Asie, qui avaient été subjugués par Cyrus, et ensuite par Cambyses, lui furent soumis, excepté les Arabes. Ceux-ci, en effet, n'ont jamais été esclaves des Perses, mais leurs alliés. Quand sa puissance eut été affermie, il se fit dresser une statue équestre avec cette inscription : « Darius, fils d'Hystaspes, est parvenu à l'empire des Perses par l'instinct de son cheval, et l'adresse d'OEbarès, son écuyer. »

CHAPITRE XIII.

CONQUÊTES DE DARIUS ;
ÉTENDUE ET DIVISIONS DE L'EMPIRE DES PERSES SOUS DARIUS ;
ORIGINE DES GUERRES MÉDIQUES.

L'inscription de Bisoutoun. — Révolte de Babylone. — Zopyre. — Mort d'Intaphernès. — Mort d'Orétès. — Mort de Polycrate de Samos. — Le médecin Démocédès. — Darius fait la conquête de Samos. — Les Perses font la conquête de Samos pour Syloson. — Mæandrios tyran de Samos. — Causes de l'expédition de Scythie — Retour des Scythes dans leur pays. — Mœurs des Scythes : difficulté de les atteindre. — Religion et cultes. — Sacrifices au dieu Mars. — Coutumes militaires. — Les devins. — Traités. — Funérailles. — Horreur des Scythes pour les coutumes étrangères — Préparatifs de Darius contre les Scythes. — Passage du Bosphore. — Darius dans la Thrace. — Les Gètes. — Le pont sur l'Ister. — Description des peuples de la Scythie (Russie méridionale). — Les Scythes essayent de former une coalition avec leurs voisins. — Présents des Scythes. — Les Scythes veulent faire rompre le pont sur l'Ister. — Retraite de Darius. — Miltiade veut persuader aux Grecs de rompre le pont. — Darius repasse l'Ister et le Bosphore. — Voyage de découvertes de Scylax. — Expédition contre Barcé. — Étendue et divisions géographiques de l'empire perse. — Origine des guerres médiques. — Gouvernement des Perses. — Religion. — Coutumes des Perses. — Monuments.

L'inscription de Bisoutoun. — Lorsqu'on se rend de Bagdad à Téhéran, on rencontre dans la région montagneuse du Kourdistan, près de la ville forte de Kermanschah, le rocher de Bisoutoun que les habitants appellent encore le *trône de Roustan*. Ce roc qui s'élève à une hauteur perpendiculaire de 456 mètres, a été taillé sur tout son flanc, et on l'a couvert de sculptures et d'inscriptions en tel nombre, qu'il faudrait, dit un voyageur, plus de deux mois pour les copier. Un de ces bas-reliefs représente un roi qui foule aux pieds un captif et devant lequel se tiennent, la corde au cou, neuf autres prisonniers. Ce roi est Darius, et ces captifs sont les chefs re-belles qui avaient profité de l'ébranlement causé dans tout l'empire par l'usurpation et la chute du mage pour en soulever les divers peuples et rejeter la domination des Perses.

Au-dessous de chaque personnage se trouve une inscription qui le fait connaître.

« Celui-ci est Gomatos, le mage qui a menti, car il disait : « Je suis Bartios, fils de Cyrus, et je suis roi. »

Darius et les chefs rebelles (bas-relief de Bisoutoun)[1].

« Celui-ci est Atrinès, qui a menti, car il disait : « Je « suis roi de Susiane. »

« Celui-ci est Naditabira, qui a menti, car il disait :

1. Voy. le *Journal de la Société asiatique* de Londres, t. X, où se trouve le Mémoire de M. Rawlinson, avec une traduction latine de l'inscription de Bisoutoun; le *Journal asiatique* publié par la société asiatique de Paris, nos de février à juillet 1851, qui renferme une traduction nouvelle et française, par M. Oppert; enfin, la *Revue archéologique* de décembre 1846. M. Oppert croit pouvoir assigner à quelques-uns des événements relatés par l'inscription les dates suivantes : décembre 520, Darius force les Ba--byloniens à se retirer derrière les murs de leur capitale; janvier 519, commencement du siége de Babylone; août 518, fin du siége, qui a duré vingt mois; pendant ce siége soulèvement des Mèdes et des Arméniens; décembre 519, première bataille contre les Mèdes; novembre 518, défaite des Mèdes par Darius; mai, août et décembre 519, et mai 518, batailles livrées par les Arméniens aux troupes de Darius; avril 515, première dé-faite des Parthes.

« Je suis Nabuchodonosor, fils de Nabonid, et je suis roi
« de Babylone. »

« Celui-ci est Phraortes, qui a menti, car il disait :
« Je suis Xathrites, de la race de Cyaxares, et je suis roi
« des Mèdes. »

« Celui-ci est Martiya, qui a menti, car il disait : « Je
« suis Umanès, et je suis roi de Susiane. »

« Celui-ci est Céthratakhma, qui a menti, car il a dit :
« Je suis roi des Sagartiens, de la race de Cyaxares. »

« Celui-ci est Veisdates, qui a menti, car il a dit : « Je
« suis Bartius, fils de Cyrus, et je suis roi. »

« Celui-ci est Aracus, qui a menti, car il a dit : « Je
« suis Nabuchodonosor, fils de Nabonid, et je suis roi de
« Babylone. »

« Celui-ci est Phraortes, qui a menti, car il a dit : « Je
« suis roi de la Margiane. »

« Celui-ci est Sarucus, le Scythe. »

A la suite, l'inscription portait : « Qui que tu sois, lis
cette inscription et sache que je n'ai rien dit que je n'aie
fait ; et que j'ai fait beaucoup d'autres choses que je n'ai
pas dites.

« Si tu ne caches pas cette inscription, qu'Ormuzd te
soit ami, te donne une nombreuse postérité et une longue vie.

« Si tu la caches, qu'Ormuzd te soit ennemi, et qu'il
ne te vienne pas de postérité.

« Ormuzd et les autres dieux qui existent m'ont été
propices, parce que je n'étais ni irréligieux, ni menteur,
ni tyran.

« Qui que tu sois qui un jour voie cette inscription et
ces images, n'y fais aucune dégradation. Tant que tu les
conserveras, tu te conserveras toi-même. Si tu les dé-
grades, qu'Ormuzd te soit ennemi : reste sans postérité,
et qu'Ormuzd trompe tes espérances dans tout ce que tu
entreprendras. »

Révolte de Babylone. — De toutes ces révoltes, une
seule est racontée par Hérodote, celle de Babylone dont
l'inscription parle fort au long, mais non avec la richesse

de détails que l'historien grec nous a transmis. Pendant le règne du mage, dit-il, et tandis que les sept Perses se soulevaient contre lui, les Babyloniens profitèrent des troubles qu'il y eut à cette occasion dans l'empire pour secouer le joug. Afin de se mettre en état de soutenir au besoin un long siége, et de ménager les provisions, chaque homme tua toutes les femmes de sa maison, à l'exception de sa mère et d'une autre qu'il garda pour lui apprêter à manger. Darius, en effet, arriva bientôt avec de grandes forces et commença le siége[1]. Mais les Babyloniens s'en inquiétaient peu. Ils montèrent sur leurs remparts, et se mirent à danser et à faire des plaisanteries contre Darius et son armée, un d'entre eux leur dit même cette parole remarquable : « Perses, pourquoi perdre ainsi le temps devant nos murailles? Retirez-vous plutôt; vous prendrez Babylone lorsque les mules feront des petits. »

Zopyre. — Il y avait déjà un an et sept mois que Darius était avec son armée devant Babylone, sans pouvoir la prendre; il en était très-affligé. Il s'était, mais en vain, servi de toutes sortes de stratagèmes; il avait même eu recours à celui qui avait autrefois réussi à Cyrus; mais les Babyloniens se tenaient sans cesse sur leurs gardes, et il n'était pas possible de les forcer.

Le vingtième mois du siége, il arriva un prodige chez Zopyre, fils de ce Mégabyse, qui, avec les autres conjurés, détrôna le mage. Une des mules qui lui servaient à porter ses provisions fit un poulain. Il n'en voulut d'abord rien croire; mais, s'en étant convaincu par ses yeux, il défendit expressément à ses gens d'en parler. S'étant mis ensuite à réfléchir sur ce prodige, il se rappela les paroles du Babylonien, qui avait dit, au commencement du siége, qu'on prendrait la ville lorsque les mules, toutes stériles qu'elles sont, engendreraient. Il

---

1. L'inscription de Bisoutoun parle de combats en rase campagne soutenus par les Babyloniens qui, avant de se laisser enfermer dans Babylone, défendirent d'abord le passage du Tigre, puis les approches de l'Euphrate, et livrèrent deux grandes batailles.

crut, en conséquence de ce présage, qu'on pouvait prendre Babylone, que le Babylonien avait parlé de la sorte par une permission divine, et que le prodige de la mule le regardait.

Alors il alla trouver Darius, lui demanda s'il avait fort à cœur la conquête de Babylone ; et, ce prince lui ayant répondu qu'il la souhaitait ardemment, il délibéra comment il ferait pour s'en emparer, et pour que la prise de cette ville ne pût être attribuée à d'autre qu'à lui. Les Perses estiment en effet beaucoup les belles actions ; chez eux, c'est le plus sûr moyen de parvenir aux plus grands honneurs. Il pensa qu'il ne pourrait se rendre maître de la place que par la ruse, et il se décida à passer chez les ennemis en qualité de transfuge. Mais il fallait leur faire croire à une haine implacable qu'il aurait conçue contre Darius. Pour cela, il n'hésita pas à s'affliger d'une difformité à laquelle il ne serait pas possible de remédier. Il se coupa le nez et les oreilles, se rasa, d'une manière honteuse, le tour de la tête, se mit le corps en sang à coups de fouet ; et, en cet état, il alla se présenter au roi.

Darius, indigné de voir un homme de ce rang si cruellement traité, se lève précipitamment de son trône, et lui demande, avec empressement, qui l'avait ainsi mutilé, et pour quel sujet. « Personne que vous, seigneur, répondit Zopyre, n'est assez puissant pour me traiter de la sorte. Une main étrangère ne m'a point mis en cet état ; je l'ai fait moi-même, outré de voir les Assyriens se moquer des Perses.—O le plus malheureux des hommes, s'écria Darius ; vous cherchez, par ces propos, à couvrir d'un beau nom l'action la plus honteuse. Insensé ! les ennemis se rendront-ils donc plus tôt, parce que vous vous êtes ainsi mutilé ? N'avez-vous pas perdu l'esprit, quand vous vous êtes mis en cet état ? — Seigneur, reprit Zopyre, si je vous avais communiqué mon dessein, vous ne m'auriez jamais permis de l'exécuter : aussi n'ai-je pris conseil que de moi-même. Babylone est à nous, si vous ne nous manquez pas. Dans l'état où vous me voyez, je vais passer dans la ville en qualité de transfuge; je dirai aux Babyloniens que ce traitement m'a été fait par votre ordre : j'espère que, si je réussis à les persuader, j'obtiendrai le commandement d'une partie de leurs troupes. Pour vous, Seigneur, le dixième jour après que j'aurai été reçu à Babylone, choisissez 1000 hommes, dont la perte vous importe peu, placez-les près de la porte de Sémiramis. Sept jours après, postez-en 2000 autres, près de la porte de Ninive. Laissez ensuite passer vingt jours, et vous enverrez 4000 hommes près de la porte des Chaldéens. Mais que les uns et les autres n'aient, pour se défendre, d'autres armes que leurs épées. Enfin, le vingtième jour après, faites avancer le reste de l'armée droit à la ville, pour donner un assaut général. Mais, surtout, placez les Perses aux portes Bélides et Cissiènes. Je ne doute point que les Babyloniens, après ce que je paraîtrai avoir fait pour eux, ne me confient entre autres choses les clefs de ces portes : alors nous aurons soin, les Perses et moi, de faire ce qu'il faudra. »

Ce discours achevé; il s'enfuit vers la ville, se retournant de temps en temps, comme s'il eût craint d'être poursuivi. Ceux qui étaient en sentinelle sur les tours, l'ayant aperçu, descendirent promptement entr'ouvrirent un guichet de la porte, et lui demandèrent qui il était, ce qu'il venait chercher. Il leur répondit qu'il était Zopyre, et 'qu'il venait se rendre aux Babyloniens. Sur cette déclaration, les gardes de la porte le conduisirent à l'assemblée de la nation. Lorsqu'il fut arrivé, il se mit à déplorer son malheur, il attribua à Darius le traitement qu'il s'était fait, et leur dit que ce prince l'avait mis en cet état, parce que, ne voyant nulle apparence de forcer la place, il lui avait conseillé d'en lever le siége. « Maintenant donc, leur dit-il, je viens vers vous, ô Babyloniens, et pour votre plus grand avantage, et pour le plus grand malheur de Darius, de son armée et des Perses. Tous ses projets me sont connus; il ne m'aura point ainsi mutilé impunément. »

Les Babyloniens, voyant un Perse de la première qualité, le nez et les oreilles coupés, le corps déchiré de
coups et tout en sang, crurent qu'il disait vrai et furent
disposés à lui accorder tout ce qu'il souhaitait. Il leur
demanda des troupes. On lui en donna, et il fit tout ce
dont il était convenu avec le roi.

Le dixième jour après son arrivée, il sortit à la tête
des troupes dont les Babyloniens lui avaient confié le
commandement, investit dans leur poste les premiers
1000 hommes que Darius avait envoyés par son conseil,
et les tailla en pièces. Les Babyloniens, ayant reconnu
que ses actions répondaient à ses discours, en témoignè-
rent une grande joie, et n'en furent que plus disposés à
lui obéir en tout.

Zopyre laissa passer le nombre de jours dont il était
convenu avec Darius; puis se mit à la tête de l'élite des
troupes babyloniennes, et fit une seconde sortie, dans
laquelle il tua 2000 hommes. Les Babyloniens, après ce
nouveau succès, ne s'entretenaient que de Zopyre.

Il laissa encore écouler le nombre de jours convenu,
et fit une troisième sortie. Il mena ses troupes vers le
poste où il avait dit à Darius d'envoyer 4000 hommes, et
les y massacra. Ce nouvel exploit le rendit tout puissant
parmi les assiégés : on lui confia tout, le commandement
de l'armée et la garde des remparts.

Enfin Darius fit, au jour marqué, approcher son armée de toutes parts, pour donner un assaut général.
Alors, tandis que les Babyloniens, montés sur les remparts, étaient occupés à se défendre contre Darius, Zopyre ouvrit les portes Cissiènes et Bélides, et introduisit
les Perses dans la place. Ceux des Babyloniens qui s'en
étaient aperçus se réfugièrent dans le temple de Jupiter
Bélus. Mais ceux qui ne l'avaient par vu tinrent ferme
dans leurs postes, jusqu'à ce qu'ils eussent aussi reconnu
qu'on les avait livrés aux ennemis.

Ce fut ainsi que Babylone tomba, pour la seconde fois,
en la puissance des Perses. Darius en fit abattre les
murs et enlever toutes les portes, ce que Cyrus n'avait

point fait, et fit mettre en croix environ 3000 hommes, des plus distingués de la ville.

Il n'y a jamais eu en Perse, au jugement de Darius, dans les siècles les plus reculés, ou dans les derniers temps, personne qui ait surpassé Zopyre par ses belles actions, excepté Cyrus, à qui jamais aucun Perse ne se jugea digne d'être comparé. On rapporte que Darius déclarait souvent qu'il eût mieux aimé que Zopyre ne se fût pas traité si cruellement que de devenir maître de vingt autres villes comme Babylone. Il lui accorda les plus grandes distinctions : tous les ans, il lui faisait présent de ce que les Perses regardent comme le plus honorable. Il lui donna la ville de Babylone, sans en exiger la moindre redevance, pour en jouir sa vie durant, et y ajouta beaucoup d'autres choses.

Mort d'Intaphernès. — Deux autres faits montrent les difficultés de tout genre que Darius rencontra après son avénement. Ce ne fut pas seulement les désirs d'indépendance des peuples qu'il eut à réprimer, mais, ce qui est souvent plus difficile pour un roi parvenu, l'insolence de ses anciens amis, qui l'avaient mis sur le trône, et la désobéissance de ses officiers qui l'y avaient vu monter.

Intaphernès, dit Hérodote, un des sept Perses qui avaient conspiré contre le mage, se permit une insulte, qui le fit punir de mort. Immédiatement après le soulèvement contre les mages, il voulut entrer dans le palais pour parler au roi : car il avait été arrêté, entre les sept qui s'étaient ligués contre le mage, qu'ils auraient leurs entrées libres au palais, sans avoir besoin d'introducteur, à moins que le roi ne fût en conseil. Intaphernès voulut entrer chez Darius, croyant qu'il ne devait point se faire annoncer, parce qu'il était un des sept. Le garde de la porte et l'introducteur lui refusèrent l'entrée, disant que le roi était avec ses ministres. Intaphernès, s'imagina qu'ils mentaient, tira son cimeterre, leur coupa le nez et les oreilles, qu'il fit attacher à la bride de son cheval, la leur passa au col, et les laissa ensuite aller.

Ils se présentèrent ainsi au roi, et lui dirent pourquoi

on les avait maltraités de cette sorte. Darius appréhenda que cette violence n'eût été commise de concert avec les cinq autres. Il les fit venir et les sonda chacun en particulier, pour savoir s'ils approuvaient ce qui s'était passé. Quand il fut bien sûr que cela s'était fait sans leur participation, comme il avait tout sujet de croire que Intaphernès chercherait à se révolter avec ses parents, il le fit arrêter, lui, ses fils et toute sa famille, les fit mettre aux fers, et les condamna à mort.

La femme d'Intaphernès se rendait chaque jour aux portes du palais, poussant des cris lamentables. Ses pleurs firent impression sur Darius. On vint lui dire, de la part de ce prince : « Le roi vous accorde un des prisonniers; vous pouvez choisir, parmi vos parents, celui que vous voulez délivrer du supplice. » Après un moment de réflexion, elle répondit : « Si le roi m'accorde la vie d'un de mes proches, je choisis mon frère. » Darius en fut surpris. « Quel motif, lui fit-il dire, vous fait préférer votre frère à votre mari et à vos enfants, quoi qu'il ne vous soit pas si proche que vos enfants, et qu'il doive vous être moins cher que votre mari ? — Grand roi, répondit-elle, si Dieu le permet, je pourrai retrouver un mari et des enfants, mais je n'aurai jamais d'autre frère. » Darius lui rendit non-seulement ce frère qu'elle avait demandé mais encore l'aîné de ses enfants. Quant aux autres, il les fit mettre à mort. Ainsi périt, dès le commencement, un des sept.

Mort d'Orétès. — Orétès était satrape de la Lydie quand il apprit l'usurpation du mage et l'avénement de Darius, le complot des sept et l'ébranlement de l'empire. Après l'avénement de Darius, il voulut profiter des embarras du nouveau roi pour se rendre à peu près indépendant. Il fit mourir Mitrobatès, gouverneur de Dascylion, et son fils Cranapès, tous deux hommes fort considérés parmi les Perses. Un messager de Darius lui ayant apporté des ordres qui ne lui plaisaient point, il aposta le long du chemin des meurtriers qui le tuèrent. Il commit un grand nombre d'autres crimes, et avec impunité, car il avait de l'or, des soldats, un gouvernement étendu et 1000 Perses lui servaient de gardes.

Darius était cependant bien résolu à ne pas laisser Orétès donner plus longtemps un si dangereux exemple, mais n'osant envoyer une armée contre lui, il imagina la ruse que voici.

Il convoqua les Perses les plus qualifiés. « Perses, leur dit-il, qui d'entre vous me promettra d'exécuter une chose où il ne s'agit que d'habileté, et où il n'est pas nécessaire d'employer la force et le grand nombre? Car la violence est inutile là où il ne faut que de l'adresse. Qui d'entre vous tuera Orétès ou me l'amènera vif, lui qui n'a jamais rendu aucun service aux Perses et qui a commis plusieurs crimes? Il a fait périr deux d'entre nous, Mitrobatès et son fils; et, non content de cela, il a fait assassiner les courriers que je lui envoyais, pour lui ordonner de se rendre auprès de moi. C'est une insulte qu'on ne peut supporter. Prévenons, par sa mort, des maux encore plus grands qu'il pourrait faire aux Perses. »

Sur cette proposition, trente Perses s'offrirent à l'envi pour servir le roi. Comme ils se disputaient à qui serait choisi, Darius ordonna que le sort déciderait. Il tomba sur Bagéos, fils d'Artontès. Voici comment Bagéos s'y prit pour réussir. Il écrivit plusieurs lettres sur différentes affaires, les scella du sceau de Darius, et partit pour Sardes avec ces dépêches. Aussitôt qu'il y fut arrivé, il alla trouver Orétès, et donna les lettres, l'une après l'autre, au secrétaire du roi, pour en faire la lecture; car tous les gouverneurs de province ont, auprès d'eux, des secrétaires du roi. En donnant ces lettres, Bagéos avait intention de sonder les gardes du gouverneur, pour voir s'ils seraient disposés à l'abandonner. Ayant remarqué qu'ils avaient beaucoup de respect pour ces lettres, et encore plus pour les ordres qu'elles contenaient, il en donna une autre conçue en ces termes : « Perses, le roi Darius vous défend de servir désormais de gardes à Orétès. » Là-dessus, ils mirent sur-le-champ bas leurs piques, Bagéos, encouragé par leur soumission, mit entre

les mains du secrétaire la dernière lettre, ainsi conçue :
« Le roi Darius ordonne aux Perses qui sont à Sardes de
tuer Orétès. » Aussitôt les Perses tirent leurs cimeterres,
et tuent le gouverneur sur la place.

Mort de Polycrate de Samos. — Quelque temps avant
sa mort, Orétès avait commis un nouveau meurtre : il
avait fait mourir Polycrate, tyran de l'île de Samos.

Ce prince avait amassé de grandes richesses et fait
alliance avec des rois. Amasis était son ami, mais lui
retira, à la fin, son amitié pour ne pas rester lié avec un
homme qu'un bonheur constant avait jusqu'alors favorisé, et qu'il estimait, à cause même de ce bonheur,
réservé à quelque grande infortune. Les anciens, qui se
faisaient de si étranges idées de la divinité, pensaient
que les dieux étaient jaloux des hommes et frappaient
inévitablement de coups imprévus celui qu'ils avaient
longtemps favorisé. On a vu cette pensée dans l'entretien,
supposé de Solon avec Crésus. On la retrouve dans l'histoire qu'Hérodote ne manque pas de raconter au sujet
de Polycrate, celle de l'anneau précieux que le tyran jeta
dans la mer pour se causer un chagrin et un malheur
volontaires, mais qu'un pêcheur retrouva dans le corps
d'un poisson et lui rapporta. Sur quoi le roi égyptien
rompit aussitôt avec un homme qui avait un bonheur si
effrayant.

Orétès se chargea de justifier les appréhensions d'A-
masis.

Polycrate avait de grands desseins. Il est le premier,
dit Hérodote, qui se soit flatté de l'espérance de s'emparer de l'Ionie et des îles. Orétès, instruit de ses vues,
lui envoya ce message :

Orétès parle ainsi à Polycrate :

« J'ai appris que vous aviez conçu de vastes projets,
mais que vos richesses n'y répondaient pas. Si donc vous
suivez mes conseils, vous vous élèverez et vous me met-
trez moi-même à couvert de tout danger. Cambyses a
dessein de me faire mourir ; on me le mande comme une
chose certaine. Donnez-moi une retraite chez vous, et

recevez-moi avec mes trésors ; la moitié est à vous, laissez-moi l'autre : ils vous rendront maître de toute la Grèce. Au reste, si vous avez quelque doute au sujet de mes richesses, envoyez quelqu'un de confiance, je les lui monterai. »

Polycrates fut d'autant plus charmé des offres d'Orétès, qu'il avait une grande passion pour l'argent, et il se hâta de faire partir pour Sardes Mæandrios, son secrétaire. Avant que celui-ci parût, Orétès fit remplir de pierres huit grands coffres presque jusqu'aux bords et couvrit ensuite ces pierres de pièces d'or.

Cependant Mæandrios arrive, visite les trésors, et revient faire son rapport à Polycrate, qui partit aussitôt pour se rendre auprès d'Orétès, malgré les représentations des devins, celles de ses amis et les larmes de sa fille. Celle-ci avait cru voir en songe son père élevé dans les airs, où il était baigné par les eaux du ciel, et oint par le soleil, vision menaçante dont Polycrate ne fit que rire. Il s'embarqua sur un vaisseaux à cinquante rames, avec plusieurs de ses amis, et entre autres le médecin Démocédès, de la ville de Crotone, en Italie, et le plus habile homme de son temps dans sa profession. Arrivé à Magnésie, Polycrate y périt misérablement : Orétès le fit mettre en croix. Il renvoya tous les Samiens qui avaient suivi Polycrate et leur dit qu'ils devaient lui savoir gré de la liberté qu'il leur laissait. Quant aux étrangers et aux esclaves, il les retint dans la servitude. Polycrate, élevé en l'air, accomplit toutes les circonstances du songe de sa fille. Il était baigné par les eaux du ciel et oint par le soleil, dont la chaleur faisait sortir les humeurs de son corps. Ce fut là qu'aboutirent les prospérités de Polycrate, comme le lui avait prédit Amasis.

Le médecin Démocédès. — On a vu comment la mort de Polycrate fut vengée par celle d'Orétès. Les biens de celui-ci furent confisqués et transportés à Suses avec tous ses esclaves. Or, il arriva, peu de temps après, que Darius, étant à la chasse, se donna une entorse au pied, en sautant à bas de son cheval. Elle fut si violente, que la cheville du pied se déboîta. Darius avait à sa cour les médecins qui passaient pour les plus habiles qu'il y eût en Égypte. Il se mit d'abord entre leurs mains; mais ils lui tournèrent le pied avec tant de violence, qu'ils augmentèrent le mal et que le roi fut sept jours et sept nuits sans fermer l'œil, tant la douleur était vive. Enfin, le huitième jour, comme le mal augmentait encore, quelqu'un qui, pendant son séjour à Sardes, avait entendu vanter Démocédès, lui parla de ce médecin. Darius le fit chercher. On le trouva confondu parmi les esclaves d'Orétès, comme un homme dont on ne faisait aucun cas, et il parut devant le roi couvert de haillons, avec les entraves aux pieds.

Darius lui demanda s'il savait la médecine. Démocédès n'en convint point, dans la crainte de se fermer à jamais le chemin de la Grèce, s'il se faisait connaître. Mais Darius reconnut à ses tergiversations qu'il ne disait pas la vérité, et ordonna qu'on apportât des fouets et des instruments de tortures. Démocédès ne crut pas devoir dissimuler plus longtemps. Il dit qu'il n'avait pas une connaissance bien profonde de la médecine; seulement il il en avait pris une légère teinture en fréquentant un habile médecin. Sur cet aveu, Darius se mit entre ses mains. Démocédès le traita à la manière des Grecs; et faisant succéder les remèdes doux et calmants aux remèdes violents, il parvint à lui procurer du sommeil, et en peu de temps le guérit, quoique ce prince eût perdu toute espérance de pouvoir jamais se servir de son pied. Pour le récompenser, Darius lui fit présent de deux paires d'entraves d'or. Démocédès lui demanda s'il prétendait doubler ainsi son mal, en récompense de la guérison qu'il lui avait procurée. Le roi, charmé de cette repartie, l'envoya à ses femmes.

Les eunuques qui le conduisaient dirent que c'était lui qui avait rendu la vie au roi. Ces femmes firent présent à Démocédès de statères qu'elles puisaient dans un coffre avec une soucoupe. Ce présent fut si considérable, que le domestique qui le suivait se fit une grosse somme des pièces d'or qu'il ramassa à mesure qu'elles tombaient des soucoupes. En outre, on lui donna une très-grande maison à Suse; il mangeait à la table du roi, et rien ne lui manquait que la liberté de retourner en Grèce. Il obtint du roi la grâce des Égyptiens qui étaient auparavant ses médecins ordinaires, et qui, pour s'être laissé surpasser en leur art par un médecin grec, avaient été condamnés à être mis en croix. Il fit aussi rendre la liberté à un devin d'Élée, qui avait suivi Polycrate, et qu'on avait mis au nombre des esclaves. En un mot, Démocédès jouissait auprès du roi d'une très-grande considération.

Il survint peu de temps après à Atossa, fille de Cyrus et femme de Darius, une tumeur au sein qui s'ouvrit et fit de grands progrès. Tant que le mal fut peu considérable, cette princesse le cacha par pudeur, et n'en dit mot à personne. Mais quand elle vit qu'il devenait dangereux, elle manda Démocédès et le lui fit voir. Il promit de la guérir; mais il exigea d'elle avec serment qu'elle lui rendrait service à son tour dans une chose dont il la prierait, l'assurant, au reste, qu'il ne lui demanderait rien dont elle eût à rougir.

Atossa, guérie par les remèdes de Démocédès, était bien décidée à lui tenir parole, et un jour elle dit à Darius, selon les instructions du médecin : « Je m'étonne, seigneur, qu'ayant tant de troupes à votre disposition, vous demeuriez tranquille dans votre palais, sans songer à conquérir de nouveaux pays, et à étendre les bornes de votre empire. Cependant il convient à un monarque jeune, et qui possède de grandes richesses, de se signaler par des actions qui fassent connaître à ses sujets qu'ils ont un homme de cœur à leur tête. Il vous importe, par deux raisons, de suivre mon conseil : la première, pour montrer aux Perses qu'ils ont un roi plein de courage et de valeur; la seconde, afin qu'accablés de travaux, l'oisiveté ne les porte point à se soulever contre vous. Faites donc quelques grands exploits, tandis que vous êtes dans la fleur de l'âge. L'âme croît avec le corps; mais à mesure que le corps vieillit, l'âme vieillit aussi et devient inhabile à tout. » Ainsi parla Atossa.

— Vos discours, lui répondit Darius, s'accordent avec mes desseins. J'ai résolu de marcher contre les Scythes, et de construire à cet effet, un pont pour passer de notre continent dans l'autre. Il ne faut que peu de temps pour en venir à bout.

— Seigneur, reprit Atossa, ne commencez point, je vous prie, par les Scythes ; ils seront à vous quand vous le voudrez : marchez plutôt contre la Grèce. Car, seigneur, sur ce que j'ai ouï dire des femmes de ce pays, je ne désire rien tant que d'avoir à mon service des Lacédémoniennes, des Argiennes, des Athéniennes et des Corinthiennes. Vous avez ici l'homme du monde le plus propre à vous instruire de ce qui regarde la Grèce, et à vous servir de guide dans cette expédition ; c'est celui qui vous a guéri de votre entorse.

— Puisque vous êtes d'avis, répondit Darius, que nous commencions par la Grèce, il me semble qu'avant tout, il est à propos d'envoyer quelques Perses avec l'homme dont vous me parlez pour prendre une connaissance exacte du pays : et, lorsqu'à leur retour, ils m'auront instruit de tout ce qu'ils auront vu et appris, je me mettrai en marche. »

Le lendemain, en effet, il fit venir quinze Perses des premiers de la nation, leur commanda de suivre Démocédès, de reconnaître avec lui tous les pays maritimes de la Grèce, et leur enjoignit surtout de prendre garde qu'il ne leur échappât; et de le ramener avec eux, quelque chose qui arrivât. Ces ordres donnés, il manda Démocédès, lui annonça la mission dont il le chargeait et le pria de revenir dès qu'il aurait fait voir aux Perses toute la Grèce. Il lui commanda aussi d'emporter avec lui tous ses meubles pour en faire présent à son père et à ses frères, lui promettant de le dédommager au centuple ; outre cela, il lui dit qu'il le ferait accompagner par un vaisseau de charge, rempli de présents et de toutes sortes de richesses. Les promesses de ce prince étaient, comme je le crois, sans artifice; cependant Démocédès, craignant qu'il n'eût dessein de l'éprouver, accepta ses dons sans montrer beaucoup d'empressement. Mais, pour les meubles et autres effets qui lui appartenaient, il dit qu'il les laisserait à Suse, afin de les retrouver à son retour. Il se contenta du vaisseau de charge que lui promettait le roi, afin de porter les présents qu'il faisait à ses frères.

Lorsqu'ils furent arrivés en Phénicie, ils allèrent à Sidon, où ils firent équiper sur-le-champ deux trirèmes et un gros vaisseau de charge, qu'ils remplirent de toutes sortes de richesses. Leurs préparatifs achevés, ils passèrent en Grèce, dont ils visitèrent les côtes et levèrent le plan. Enfin, après en avoir reconnu les places les plus célèbres, ils firent voile pour l'Italie et abordèrent à Tarente. Aristophilidès, roi de ce pays, fit ôter, par bonté pour Démocédès, le gouvernail du vaisseau des Mèdes, et arrêter en même temps les Perses comme espions. Tandis qu'on les tenait en prison, Démocédès se retira à Crotone. Lorsqu'il fut arrivé chez lui, Aristophilidès relâcha les Perses, et leur rendit ce qu'il avait fait enlever de leurs vaisseaux.

Les Perses remirent à la voile pour reprendre Démocédès, et arrivèrent à Crotone. Ils l'arrêtèrent dans la place publique, où ils le rencontrèrent. La crainte de la puissance des Perses avait disposé une partie des Crotoniates à le leur remettre; mais d'autres l'arrachèrent de leurs mains, et les repoussèrent à coups de bâtons.

« Crotoniates, leur disaient les Perses, prenez garde à ce que vous faites : celui que vous nous enlevez est un esclave fugitif; il appartient au roi. Pensez-vous donc que Darius souffre impunément une telle insulte, et que vous vous trouviez bien de nous avoir arraché Démocédès ? Votre ville sera la première que nous attaquerons, et que nous tâcherons de réduire en servitude. »

Ces menaces furent inutiles. Les Crotoniates, sans y avoir égard, leur enlevèrent non-seulement Démocédès, mais encore le vaisseau de charge qu'ils avaient amené avec eux. Les Perses, privés de leur guide, retournèrent en Asie, sans chercher à pénétrer plus avant dans la Grèce pour reconnaître le pays.

Démocédès, à leur départ, leur enjoignit de dire à Darius qu'il était fiancé avec la fille de Milon. Le nom de ce lutteur était alors fort connu à la cour de Perse. Pour moi, je pense qu'il hâta ce mariage, et qu'il y dépensa de grandes sommes, afin de faire voir à Darius qu'il jouissait aussi dans sa patrie d'une grande considération.

Le Samien Syloson. — Après ces événements, Darius prit Samos. De toutes les villes grecques ou barbares, celle-ci fut la première qu'il attaqua, pour les raisons que je vais dire. Beaucoup de Grecs avaient suivi Cambyses, fils de Cyrus, dans son expédition en Égypte : les uns, pour trafiquer, d'autres pour prendre du service, quelques-uns aussi par curiosité, pour voir le pays. Du nombre de ces derniers fut Syloson, banni de Samos, et frère de Polycrate. Il lui arriva une aventure qui contribua à sa fortune. Se promenant un jour sur la place de Memphis, un manteau d'écarlate sur les épaules, Darius, qui n'était alors que simple garde du corps de Cambyses, et qui ne jouissait pas d'une grande considération, l'aperçut, et eut envie de son manteau. Il s'approcha de l'étranger, et le pria de le lui vendre. Solyson lui répondit, comme inspiré de quelque dieu : « Pour quelque prix que ce soit, je ne veux point le vendre ; mais, puisqu'il faut que les choses soient ainsi, j'aime mieux vous en faire présent. » Darius loua sa générosité et accepta le manteau.

Syloson croyait avoir perdu son manteau par son trop de de facilité ; mais quelque temps après, Cambyses mourut, les sept Perses détrônèrent le mage, et Darius, un des conjurés, monta sur le trône. Solyson, à la nouvelle que la couronne était échue à celui qui lui avait si vivement demandé son manteau en Égypte, partit pour Suses, se rendit au palais, et, s'étant assis dans le vestibule, dit qu'il avait autrefois obligé Darius. Le garde de la porte en fit son rapport au roi. « Quel est donc ce Grec, se dit en lui-même Darius étonné, qui m'a prévenu par

ses bienfaits ? Je n'ai que depuis peu la puissance souveraine, et depuis ce temps, à peine peut-il en être venu
un seul à ma cour. Pour moi, je ne sache point qu'aucun
Grec m'ait rien prêté. Mais qu'on le fasse entrer; je
je verrai ce qu'il veut dire. »

Le garde introduisit Syloson; les interprètes lui demandèrent qui il était, et en quoi il pouvait se vanter
d'avoir obligé Darius. Syloson raconta ce qui s'était
passé au sujet du manteau, et ajouta que c'était lui qui
l'avait donné.

« Oh le plus généreux des hommes! répondit Darius;
vous êtes donc celui qui m'avez fait un présent dans
le temps où je n'avais aucune autorité! Quoique ce
présent soit peu de chose, je vous en ai cependant
autant d'obligation que si j'en recevais aujourd'hui un
considérable; et, pour reconnaître ce plaisir, je vous
donnerai tant d'or et d'argent, que vous n'aurez jamais
sujet de vous repentir d'avoir obligé Darius, fils d'Hystaspes. — Grand roi, reprit Syloson, je ne vous demande
ni or ni argent; rendez-moi Samos, ma patrie, et déli-
vrez-la de l'oppression. Depuis qu'Orétès a fait mourir
mon frère Polycrate, un de nos esclaves s'en est emparé, c'est cette patrie que je vous demande : rendez-la-
moi, seigneur, sans effusion de sang, et ne permettez
pas qu'elle soit réduite en servitude. »

Darius lui accorda sa demande. Il envoya une armée
sous les ordres d'Otanès, un des sept qui avaient détrôné le mage, et lui recommanda d'exécuter tout ce dont
Syloson le prierait. Otanès se rendit sur les bords de
la mer, où il fit embarquer ses troupes.

Mæandrios, tyran de Samos. — Mæandrios avait
alors la puissance souveraine dans l'île de Samos; Polycrate lui en avait confié la régence. Il voulut se montrer
le plus juste de tous les hommes; mais les circonstances
né le lui permirent pas. Quand il eut appris la mort de
Polycrate, il érigea d'abord un autel à Jupiter-Libérateur, et traça autour de cet autel, l'aire sacrée qu'on voit
encore aujourd'hui dans le faubourg de Samos. Ensuite

il convoqua une assemblée de tous les citoyens, et leur
tint ce discours : « Vous savez, Samiens, que Polycrate
m'a confié son sceptre avec son autorité, et qu'aujour-
d'hui il ne tient qu'à moi de conserver l'empire sur vous.
Mais, autant que je le pourrai, je ne ferai jamais ce que
je condamne dans les autres. J'ai blâmé Polycrate de
s'être rendu maître de ses égaux, et je n'approuverai
jamais la même conduite dans un autre. Il a rempli sa
destinée. Pour moi, je me démets de la puissauce souveraine, et je rétablis l'égalité. Accordez-moi seulement,
je vous prie, par une sorte de distinction que je crois
juste, 6 talents de l'argent de Polycrate. Permettez encore
que je me réserve, à moi et à mes descendants, à perpétuité, le sacerdoce de Jupiter-Libérateur, à qui j'ai
élevé un autel. »

Telles furent les demandes et les promesses de Mæandrios ; mais un Samien se leva du milieu de l'assemblée
et lui dit : « Vous ne méritez pas de nous commander,
vous qui avez toujours été un méchant et un scélérat. Il
faut bien plutôt vous faire rendre compte de l'argent que
vous avez eu en maniement. » Celui qui parla de la
sorte, s'appelait Télésarchos ; il jouissait d'une grande
considération parmi ses concitoyens.

Mæandrios fit alors réflexion que, s'il se dépouillait de
l'autorité souveraine, quelqu'un s'en emparerait, et se
mettrait en sa place : il ne pensa plus à la quitter, mais
rentra dans la citadelle ; il manda les principaux citoyens
l'un après l'autre, comme s'il eût voulu leur rendre
compte de l'administration des finances, les fit arrêter et
mettre aux fers. Pendant qu'ils étaient en prison, Mæandrios tomba malade. Son frère Lycarétès crut qu'il n'en
reviendrait point, et pour usurper plus facilement la puissance souveraine dans Samos, il fit mourir tous les prisonniers ; car il paraît bien que les Samiens regardaient
comme une chose indigne d'un homme libre d'obéir à un
tyran.

**Les Perses font la conquête de Samos pour Sy-
losen.** — Sur ces entrefaites les Perses qui ramenaient

Syloson, arrivèrent à Samos. Ils n'y trouvèrent pas la moindre résistance. Ceux du parti de Mæandrios, et Mæandrios lui-même, leur déclarèrent qu'ils étaient prêts à capituler et à sortir de l'île. Otanès accepta cette proposition; et lorsque le traité eut été conclu, les gens les plus distingués d'entre les Perses firent apporter des siéges, et s'assirent devant la forteresse.

Mæandrios avait un frère nommé Chariléos, dont l'esprit n'était pas fort sain, et qu'on tenait enchaîné dans une prison souterraine, pour quelque faute qu'il avait commise. Chariléos, informé de ce qui se passait, et ayant vu par une ouverture de sa prison les Perses tranquillement assis, se mit à crier qu'il voulait parler à son frère. Mæandrios, l'entendit et ordonna de le lui amener. Il ne fut pas plutôt en présence de son frère qu'il le chargea d'invectives. « O le plus lâche de tous les hommes ? tu as bien eu le cœur assez dur pour me faire enchaîner dans une prison souterraine, moi qui suis ton frère, et qui n'ai mérité par aucun crime un pareil traitement; et tu n'as pas le courage de te venger des Perses, qui te chassent de ta maison et de ta patrie, quoiqu'il te soit facile de les vaincre. Mais, si tu les redoutes, donne-moi tes troupes auxiliaires, et je les ferai repentir d'être venus ici. Quant à toi, je suis prêt à te renvoyer de cette île. »

Mæandrios prit en bonne part ce discours. Il n'était pas assez insensé pour s'imaginer qu'avec ses seules forces il pourrait l'emporter sur le roi; mais il lui fâchait que Syloson recouvrât la ville de Samos, sans qu'il en coûtât quelque chose aux Perses et aux Samiens mêmes. D'ailleurs il avait un moyen sûr pour sortir de l'île quand il le voudrait. Il avait fait pratiquer sous terre un chemin qui conduisait de la forteresse à la mer. En effet, il quitta Samos par cette route, et mit à la voile. Pendant ce temps-là Chariléos, ayant fait prendre les armes à toutes les troupes auxiliaires, ouvrit les portes, et fit une sortie sur les Perses, qui, bien loin de s'attendre à cet acte d'hostilité, croyaient que tout était réglé. Les auxiliaires tombèrent sur les Perses de distinction, qu'ils trouvèrent assis, et les massacrèrent. Tandis qu'ils les passaient au fil de l'épée, le reste de l'armée perse vint au secours, et poussa les auxiliaires avec tant de vigueur, qu'ils furent contraints de se renfermer dans la forteresse.

Otanès avait jusqu'alors suivi les ordres que Darius lui avait donnés en partant, de ne tuer aucun Samien, de n'en réduire aucun en servitude, et de rendre l'île de Samos à Syloson, sans permettre qu'on fît de dégât. Mais, à la vue des Perses égorgés, il les oublia. Il ordonna à son armée de faire main basse sur tout ce qu'elle trouverait en chemin, hommes et enfants, sans distinction. Ainsi, tandis qu'une partie de ses troupes assiégeait la citadelle, les autres passèrent au fil de l'épée tous ceux qu'ils rencontrèrent, même dans les lieux sacrés. Otanès remit ensuite la ville à Syloson.

Causes de l'expédition de Scythie. — Hérodote fait donner à Darius par la reine Atossa le conseil d'occuper l'ardeur belliqueuse des Perses. Ce conseil devait se présenter de lui-même au grand roi. Cyrus avait conquis l'Asie, Cambyses l'Afrique, ou du moins la partie de l'Afrique que les Perses pouvaient saisir; pour ne pas déchoir aux yeux de son peuple et à ceux des nations soumises, il fallait que leur nouveau chef accrût encore cet héritage de gloire et de puissance. Mais l'empire était maintenant enfermé dans des limites qui semblaient infranchissables : à l'ouest, la mer et les solitudes de l'Afrique; au sud, la mer encore et les déserts de l'Arabie; à l'est, l'Indus; au nord, l'Iaxarte, la mer Caspienne, le Caucase et l'Euxin; au nord-ouest seulement, il touchait à des régions que n'avaient pas encore visitées les armées de la Perse, à l'Europe où habitaient des peuples célèbres, les Grecs et d'autres sur lesquels les maîtres de l'Asie avaient à venger de vieilles injures, les Scythes.

Ce fut ce peuple qui avait laissé de sanglants souvenirs dans le cœur des populations asiatiques, que Darius se proposa d'aller soumettre.

Retour des Scythes dans leur pays. — Les Scythes, après avoir dominé pendant 28 années dans l'Asie, en avaient été enfin chassés par les Mèdes et regagnèrent leur pays. Mais les esclaves qu'ils y avaient laissés et qui ne croyaient pas jamais les revoir, marchèrent à leur leur rencontre pour en défendre l'entrée. Il y eut plusieurs actions indécises, jusqu'au moment où un des Scythes s'écria : « Scythes, que faisons-nous ? s'ils tuent quelqu'un des nôtres, notre nombre diminue; et, si nous tuons quelqu'un d'entre eux, nous diminuons le nombre de nos esclaves. Laissons là, si vous m'en croyez, nos arcs et nos javelots, et marchons à eux, armés chacun du fouet dont nous nous servons pour mener nos chevaux. Tant qu'ils nous ont vus avec nos armes, ils se sont imaginé qu'ils étaient nés nos égaux. Mais quand, au lieu d'armes, ils nous verront le fouet à la main, ils apprendront qu'ils sont nos esclaves, ils se rappelleront la bassesse de leur naissance, et n'oseront plus nous résister. » Ce conseil fut suivi. Cette fois les esclaves reconnurent leurs maîtres et prirent aussitôt la fuite, sans songer à combattre.

Mœurs des Scythes; difficulté de les atteindre. — Les Scythes sont de tous les peuples connus celui qui a trouvé le moyen le plus sûr de conserver son indépendance ; ils ne se laissent pas joindre par ceux qui viennent les attaquer, quand ils ne veulent point l'être ; ils n'ont ni villes, ni forteresses, et ils traînent avec eux leurs maisons, c'est-à-dire leurs chariots. Ils sont habiles à tirer de l'arc, même à cheval, et ne vivent point des fruits du labourage, mais du bétail qu'ils emmènent avec eux. Comment de pareils peuples ne seraient-ils pas invincibles ; comment pourrait-on seulement les atteindre pour les combattre ?

Ils ont imaginé ce genre de vie, parce que la Scythie y est très-propre : c'est un pays de plaines, abondant en pâturages, et si bien arrosé qu'il n'est guère moins coupé de rivières que l'Égypte l'est de canaux.

Religion et culte. — Ils adorent plusieurs divinités,

maıs ils n'élèvent de statues et d'autels qu'au seul dieu Mars. Ils sacrifient de la même manière dans tous les lieux sacrés. Ces sacrifices se font ainsi : la victime est debout, les deux pieds de devant attachés avec une corde. Celui qui doit l'immoler se tient derrière, tire à lui le bout de la corde, et fait tomber l'animal; en même temps il invoque le dieu auquel il va sacrifier. Il met ensuite une corde au cou de la victime, et serre cette corde avec un bâton qu'il tourne, jusqu'à ce qu'il l'ait étranglée. La victime morte, le sacrificateur la dépouille et la prépare pour la faire cuire. Comme il n'y a point de bois en Scythie, ils ont imaginé le procédé suivant : ils enlèvent toute la chair qui est sur les os et la mettent dans des chaudières, s'il se trouve qu'ils en aient et allument du feu au-dessous avec les os de la victime. Mais s'ils n'ont point de chaudières, ils mettent toutes les chairs avec de l'eau dans le ventre de l'animal, et allument par dessous les os qui font un très-bon feu. Ainsi, le bœuf se fait cuire lui-même. Pareille chose s'observe à l'égard des autres victimes. Quand le tout est cuit, le sacrificateur offre les prémices de la chair et des entrailles, en les jetant devant lui. Ils immolent aussi d'autres animaux et principalement des chevaux.

Sacrifices au dieu Mars. — Voici les rites qu'ils observent à l'égard du dieu Mars. Dans chaque district on lui élève un temple de la manière suivante. On entasse, dans un champ destiné aux assemblées de la nation, des fagots de menu bois, et on en fait une pile de trois stades (555 ^{m}) en longueur et en largeur, mais qui a moins de hauteur. Sur cette pile, on pratique une espèce de plate-forme carrée, dont trois côtés sont inaccessibles; le quatrième va en pente, de manière qu'on puisse y monter. On y entasse tous les ans cent cinquante charretées de menu bois pour relever cette pile, qui s'affaisse par les injures des saisons. Au haut de cette pile, chaque nation scythe plante un vieux cimeterre de fer, qui leur tient lieu de simulacre de Mars. Ils offrent tous les ans à ce cimeterre des sacrifices de chevaux et d'autres animaux, et lui immolent plus de victimes qu'au reste des dieux. Ils lui sacrifient aussi le centième de tous les prisonniers qu'ils font sur leurs ennemis, mais non de la même manière que les animaux; la cérémonie est même bien différente. Ils font d'abord des libations avec du vin sur la tête des victimes humaines, les égorgent ensuite sur un vase, portent ce vase au haut de la pile, et en répandent le sang sur le cimeterre. Pendant qu'on porte ce sang au haut de la pile, ceux qui sont au bas coupent le bras droit avec l'épaule à tous ceux qu'ils ont immolés, et les jettent en l'air. Après avoir achevé le sacrifice de toutes autres victimes, ils se retirent; le bras reste où il tombe, et le corps demeure étendu dans un autre endroit. Tels sont les sacrifices établis parmi ces peuples; mais ils n'immolent jamais de pourceaux et ne veulent pas même en nourrir dans leur pays.

Coutumes militaires. — Quant à la guerre, voici les usages qu'ils observent. Un Scythe boit du sang du premier homme qu'il renverse, coupe la tête à tous ceux qu'il tue dans les combats et la porte au roi. Lorsqu'il lui a présenté la tête d'un ennemi, il a part à tout le butin : sans cela, il en serait privé. Pour écorcher une tête, le Scythe fait d'abord une incision à l'entour vers les oreilles, et, la prenant par le haut, il en arrache la peau en la secouant. Il pétrit ensuite cette peau entre ses mains, après en avoir enlevé toute la chair avec une côte de bœuf; et, quand il l'a bien amollie, il s'en sert comme d'une serviette. Il la suspend à la bride du cheval qu'il monte et s'en fait honneur; car plus un Scythe peut avoir de ces sortes de serviettes, plus il est estimé vaillant et courageux. Il s'en trouve beaucoup qui cousent ensemble des peaux humaines comme des capes de bergers, et qui s'en font des vêtements. Plusieurs aussi écorchent, jusqu'aux ongles inclusivement, la main droite des ennemis qu'ils ont tués, et en font des couvercles à leurs carquois. La peau d'homme est en effet épaisse, et, de toutes les peaux, c'est presque la plus brillante par sa blancheur. D'autres enfin écorchent des hommes depuis les pieds jusqu'à la tête, étendent ces peaux sur des morceaux de bois pour les faire sécher, puis les portent sur leurs chevaux.

Les Scythes n'emploient pas à l'usage que je vais dire toutes sortes de têtes indifféremment, mais celles de leurs plus grands ennemis. Ils scient le crâne au-dessous des sourcils, et le nettoient. Les pauvres se contentent de le revêtir par dehors d'un morceau de cuir de bœuf, sans apprêt : les riches non-seulement le couvrent d'un morceau de peau de bœuf, mais ils le dorent aussi en dedans, et s'en servent, tant les pauvres que les riches, comme d'une coupe à boire. Ils font la même chose des têtes de leurs proches, si, après avoir eu quelque querelle ensemble, ils ont remporté sur eux la victoire en présence du roi. S'il vient chez eux quelque étranger dont ils fassent cas, ils lui présentent ces têtes, lui comptent comment ceux à qui elles appartenaient les ont attaqués, quoiqu'ils fussent leurs parents, et comment ils les ont vaincus. Ils en tirent vanité et appellent cela des exploits.

Chaque gouverneur donne, tous les ans, un festin dans son district, où l'on sert du vin mêlé avec de l'eau dans un cratère. Tous ceux qui ont tué des ennemis boivent de ce vin : ceux qui n'en ont pas tué encore n'en goûtent point. Ils sont honteusement assis à part, et c'est pour eux une grande ignominie. Ceux qui ont tué un grand nombre d'ennemis boivent à la fois dans deux coupes jointes ensemble.

Les devins. — Les devins sont en grand nombre parmi les Scythes, et se servent de baguettes de saules pour exercer la divination. Ils apportent des faisceaux de baguettes, les posent à terre, les délient ; et, lorsqu'ils ont mis à part chaque baguette, ils prédisent l'avenir. Pendant qu'ils font ces prédictions, ils reprennent les baguettes l'une après l'autre, et les remettent ensemble.

Si le roi des Scythes tombe malade, il envoie chercher trois des plus célèbres d'entre ces devins. Ils lui répondent ordinairement que tel et tel, dont ils disent en même temps les noms, ont fait un faux serment, en jurant par les dieux de la tente royale du palais. C'est en effet par ces dieux que les Scythes jurent ordinairement, quand ils veulent faire le plus grand de tous les serments. Aussitôt on saisit l'accusé, les devins déclarent que, leur science leur révèle qu'il a fait un faux serment, en jurant par les dieux royaux, et qu'ainsi il est la cause de la maladie du roi. L'accusé nie-t-il le crime, en s'indignant qu'on ait pu le lui imputer, le roi fait venir deux fois autant d'autres devins. Si ceux-ci le convainquent aussi de parjure par les règles de la divination, on lui tranche sur-le-champ la tête, et ses biens sont confisqués au profit des premiers devins. Si les devins que le roi a mandés en second lieu le déclarent innocent, on en fait venir d'autres, et puis d'autres encore; et s'il est déchargé de l'accusation par le plus grand nombre, la sentence qui l'absout est l'arrêt de mort des premiers devins.

Voici comment on les fait mourir : on remplit de menu bois un chariot, auquel on attelle des bœufs; on place les devins au milieu de ces fagots, les pieds attachés, les mains liées derrière le dos, et un bâillon à la bouche. On met ensuite le feu aux fagots, et l'on chasse les bœufs en les épouvantant. Plusieurs de ces animaux sont brûlés avec les devins; d'autres se sauvent à demi brûlés, lorsque la flamme a consumé le limon. Le roi fait mourir les enfants mâles de ceux qu'il punit de mort; mais il épargne les filles.

Traités. — Lorsque les Scythes font un traité avec quelqu'un, quel qu'il puisse être, ils versent du vin dans une grande coupe de terre, et les contractants y mêlent de leur sang, en se faisant de légères incisions au corps avec un couteau ou une épée : après quoi, ils trempent dans cette coupe un cimeterre, des flèches, une hache et un javelot. Ces cérémonies achevées, ils prononcent une longue formule de prières, et boivent ensuite une partie de ce qui est dans la coupe, et, après eux, les personnes les plus distinguées de leur suite.

Funérailles. — Les tombeaux de leurs rois sont dans
le pays où le Borysthène (Dnieper) commence à être navigable. Quand le roi vient à mourir, ils font, en cet endroit, une grande fosse carrée. Cette fosse achevée, ils
enduisent le corps de cire, lui fendent le ventre ; et après
l'avoir nettoyé et rempli de souchet broyé, de parfums,
de graine d'ache et d'anis, ils le recousent. On porte ensuite le corps sur un char, dans une autre province, dont
les habitants se coupent, comme les Scythes royaux, un
peu d'oreille, se rasent les cheveux autour de la tête, se
font des incisions aux bras, se déchirent le front et
le nez, et se passent des flèches à travers la main
gauche.

De là on porte le corps du roi, sur un char, dans une
autre province de ses États, et les habitants de celle où il
a été porté d'abord suivent le convoi. Quand on lui a fait
parcourir toutes les provinces et toutes les nations soumises à son obéissance, il arrive dans le pays des
Gerrhes, à l'extrémité de la Scythie, et on le place dans
le lieu de sa sépulture, sur un lit de verdure et de
feuilles entassées. On plante ensuite autour du corps des
piques et on pose par-dessus des pièces de bois, qu'on
couvre de branches de saule. On met, dans l'espace vide
de cette fosse, une des femmes du roi, qu'on a étranglée
auparavant, son échanson, son cuisinier, son écuyer,
son ministre, un de ses serviteurs, des chevaux, des
coupes d'or, en un mot, les prémices des choses qui sont
à son usage. Cela fait, ils remplissent la fosse de terre,
et travaillent tous, à l'envi l'un de l'autre, à élever, sur le
lieu de sa sépulture, un tertre très-haut.

L'année révolue, ils prennent, parmi le reste des serviteurs du roi, ceux qui lui étaient les plus utiles. Ces
serviteurs sont tous Scythes de nation, car le roi n'a
point d'esclaves achetés à prix d'argent et se fait servir
par ceux de ses sujets à qui il l'ordonne. Ils étranglent
une cinquantaine de ces serviteurs, avec un pareil nombre de ses plus beaux chevaux. Ils leur ôtent les entrailles,
leur nettoient le ventre ; et après l'avoir rempli de paille,

ils le recousent. Ils posent sur deux pièces de bois un demi-cercle renversé, puis un autre demi-cercle sur deux autres pièces de bois, et plusieurs autres ainsi de suite qu'ils attachent de la même manière. Ils élèvent ensuite les chevaux sur ces demi-cercles, après leur avoir fait passer des pieux dans toute la longueur du corps jusqu'au cou : les premiers demi-cercles soutiennent les épaules des chevaux, les autres les flancs et la croupe : de sorte que les jambes, n'étant point appuyées, restent suspendues. Ils leur mettent ensuite un mors et une bride, tirent la bride en avant et l'attachent à un pieu. Ensuite, ils prennent les cinquante jeunes gens qu'ils ont étranglés, les placent chacun sur un cheval, après leur avoir fait passer le long de l'épine du dos jusqu'au cou une perche, dont l'extrémité inférieure s'emboîte dans le pieu qui traverse le cheval. Enfin, lorsqu'ils ont arrangé ces cinquante cavaliers autour du tombeau, ils se retirent.

Telles sont les cérémonies qu'ils observent aux obsèques de leurs rois. Quant au reste des Scythes, lorsqu'il meurt quelqu'un d'entre eux, ses plus proches parents le mettent sur un chariot et le conduisent de maison en maison chez leurs amis : ces amis le reçoivent et préparent chacun un festin à ceux qui accompagnent le corps, et font pareillement servir au mort de tous les mets qu'ils présentent aux vivants. On transporte ainsi, de côté et d'autre, les corps des particuliers pendant quarante jours ; ensuite on les enterre.

Lorsque les Scythes ont donné la sépulture à un mort, ils se purifient de la manière suivante. Après s'être bien lavé la tête, ils plantent en terre trois perches inclinées, l'une vers l'autre ; et sur ces perches, ils étendent des étoffes de laine foulée, qu'ils bandent et ferment du mieux qu'ils peuvent. Ils placent ensuite sous cette espèce de tente, un vase dans lequel ils mettent des pierres rougies au feu. Il croît en Scythie du chanvre qui ressemble fort au lin, excepté qu'il est plus gros, plus grand, et lui est en cela, de beaucoup supérieur. Cette plante vient

d'elle-même et de graine. Les Thraces s'en font des vêtements, qui ressemblent tellement à ceux de lin, qu'il
faut être connaisseur pour les distinguer. Les Scythes
prennent de cette graine et en mettent sur les pierres
rougies au feu. Lorsqu'elle commence à brûler, elle répand une si grande vapeur, qu'il n'y a point en Grèce
d'étuve qui ait plus de force. Cette vapeur qui les étour-
dit et leur fait jeter des cris confus, leur tient lieu de
bain ; car ils ne se baignent jamais.

**Horreur des Scythes pour les coutumes étran-
gères.** — Les Scythes ont un prodigieux éloignement
pour les coutumes étrangères : les habitants d'une province ne veulent pas même suivre celles d'une province
voisine. Mais il n'en est point qu'ils repoussent avec plus
d'opiniâtreté que celles des Grecs. Le Scythe Anacharsis,
qui parcourut beaucoup de pays, et montra partout une
grande sagesse, fut tué au retour dans sa patrie, parce
qu'il y célébrait une fête religieuse telle qu'il l'avait vue
célébrer à Cyzique.

Tel était le peuple que Darius se proposait d'attaquer.

Préparatifs de Darius contre les Scythes. — Quand
le grand roi se fut décidé à cette expédition, il dépêcha
de toutes parts des courriers, pour ordonner aux uns de
lever une armée de terre, aux autres d'équiper une flotte,
à d'autres enfin de construire un pont de bateaux sur le
Bosphore de Thrace. Cependant Artabane, fils d'Hystaspes et frère de Darius, n'était nullement d'avis que le
roi entreprît de porter la guerre en Scythie. Il lui représenta la pauvreté des Scythes ; mais, quand il vit que
ses remontrances, quoique sages, ne faisaient aucune
impression sur son esprit, il n'insista pas davantage.
Les préparatifs achevés, Darius partit de Suse, à la tête
d'une armée formidable.

Un Perse, nommé OEobazos, dont les trois fils étaient
de cette expédition, pria Darius d'en laisser un auprès de
lui. Le prince lui répondit, comme à un ami dont la demande était modérée, qu'il les lui laisserait tous les trois.

Charmé de cette promesse, le Perse, se flattait que ses trois fils allaient avoir leur congé ; mais le roi, irrité de cette demande qui montrait un doute sur sa fortune, ordonna à ceux qui présidaient aux exécutions de faire mourir tous les enfants d'OEobazos. Après leur mort, on les laissa en cet endroit, comme Darius l'avait promis au père.

Passage du Bosphore (508 ?). — Darius se rendit de Suse à Chalcédoine, sur le Bosphore, où l'on avait fait le pont. Il s'y embarqua, et fit voile vers les îles Cyanées, qui étaient autrefois errantes, s'il faut en croire les Grecs. Il s'assit dans le temple, et de là se mit à considérer le Pont-Euxin, il revint ensuite par mer au pont de bateaux, dont Mandroclès de Samos était l'entrepreneur. Il examina aussi le Bosphore ; et, sur le bord de ce détroit, on érigea, par son ordre, deux colonnes de pierre blanche. Il fit graver sur l'une, en caractères assyriens et sur l'autre, en lettres grecques, les noms de toutes les nations qu'il avait à sa suite. Or il menáit à cette guerre tous les peuples qui lui étaient soumis. On comptait, dans cette armée, 700 000 hommes avec la cavalerie, sans y comprendre la flotte qui était de 600 voiles.

Pour récompenser l'architecte qui avait construit le pont, il lui fit de riches présents. Mandroclès en employa les prémices à faire peindre un tableau qui représentait le pont du Bosphore, avec le roi Darius assis sur son trône, et regardant défiler ses troupes. Il plaça ce tableau dans le temple de Junon avec une inscription ainsi conçue :

« Mandroclès a consacré à Junon ce monument, en reconnaissance de ce qu'il a réussi, au gré du roi Darius, à jeter un pont sur le Bosphore. Il s'est, par cette entreprise, couvert de gloire, et a rendu immortel le nom de Samos sa patrie. »

Darius dans la Thrace. — Parmi les nations que Darius traînait à sa suite étaient les Grecs d'Asie. Les Ioniens, les Éoliens et les habitants de l'Hellespont conduisaient l'armée navale. Il leur ordonna de faire voile par le Pont-Euxin jusqu'à l'Ister, de jeter un pont sur ce fleuve, quand ils y seraient arrivés, et de l'attendre en cet endroit. La flotte passa donc les îles Cyanées ou Symplegades, fit voile droit à l'Ister ; et, après avoir remonté le fleuve pendant deux jours, depuis la mer jusqu'à l'endroit où il se partage en plusieurs bras, qui forment autant d'embouchures, toute l'armée navale y construisit un pont. Pour lui, après avoir traversé le Bosphore sur le pont de bateaux de Mandroclès, il prit son chemin par la Thrace ; et, quand il fut arrivé aux sources du Téare, il y campa trois jours. Les peuples qui habitent sur les bords de ce fleuve prétendent que ses eaux sont excellentes contre plusieurs sortes de maux, et particulièrement qu'elles guérissent les hommes et les chevaux de la gale. Ses sources sortent du même rocher, au nombre de trente-huit : les unes sont chaudes, les autres froides. Elle sont à égale distance de la ville d'Héræon qui est près de Périnthe.

Le roi prit tant de plaisir à voir ce fleuve, qu'il fit ériger, dans le même endroit, une colonne avec cette inscription :

LES SOURCES DU TÉARE DONNENT LES MEILLEURES ET LES PLUS BELLES EAUX DU MONDE : DARIUS, FILS D'HYSTASPES, LE MEILLEUR ET LE PLUS BEAU DE TOUS LES HOMMES, ROI DES PERSES ET DE TOUTE LA TERRE FERME, MARCHANT CONTRE LES SCYTHES, EST ARRIVÉ SUR SES BORDS.

Il partit de là pour se rendre sur une autre rivière, qu'on appelle Artiscos, et qui traverse le pays des Odryses. Quand il fut arrivé sur ses bords, il désigna à ses troupes un certain endroit, où il ordonna à chaque soldat de mettre une pierre en passant. L'ordre fut exécuté par toute l'armée, qui laissa en ce lieu un grand amas de pierres.

Les Gètes. — Avant d'arriver à l'Ister, Darius subjugua les Gètes, qui se disent immortels parce qu'ils pen-

sent que celui qui meurt va trouver leur dieu Zalmoxis.
Tous les cinq ans ils tirent au sort quelqu'un de leur nation, et l'envoient porter de leurs nouvelles à Zalmoxis,
avec ordre de lui représenter leurs besoins. Voici comment se fait la députation. Trois d'entre eux sont chargés
de tenir chacun une javeline la pointe en haut tandis que
d'autres prennent, par les pieds et par les mains, celui
qu'on envoie à Zalmoxis. Ils le mettent en branle, et le
lancent en l'air, de façon qu'il retombe sur la pointe des
javelines. S'il meurt de ses blessures, ils croient que la
divinité leur est propice : s'il n'en meurt pas, ils l'accu-
sent d'être un méchant. Quand ils sont las de lui faire
des reproches, ils en députent un autre, et lui donnent
aussi leurs ordres, tandis qu'il est encore en vie. Ces
mêmes Thraces tirent des flèches contre le ciel, lorsqu'il
tonne ou qu'il fait des éclairs, pour menacer le dieu qui
lance la foudre, persuadés qu'il n'y a point d'autre dieu
que celui qu'ils adorent.

J'ai néanmoins ouï dire aux Grecs qui habitent l'Hellespont et le Pont, que ce Zamolxis était un homme, et
qu'il avait été à Samos esclave de Pythagore, fils de Mné-
sarque ; qu'ayant été mis en liberté, il avait amassé de
grandes richesses, avec lesquelles il était retourné dans
son pays. Quand il eut remarqué la vie malheureuse et
grossière des Thraces, comme il avait été instruit des
usages des Ioniens, et qu'il avait contracté avec les Grecs,
et particulièrement avec Pythagore, un des plus célèbres
philosophes de la Grèce, l'habitude de penser plus profondément que ses compatriotes, il fit bâtir une salle où
il régalait les premiers de la nation. Au milieu du repas,
il leur apprenait que ni lui, ni ses conviés, ni leurs descendants à perpétuité, ne mourraient point; mais qu'ils
iraient dans un lieu où ils jouiraient éternellement de
toutes sortes de biens. Pendant qu'il traitait ainsi ses
compatriotes, et qu'il les entretenait de pareils discours,
il se faisait faire un logement sous terre. Ce logement
achevé, il se déroba aux yeux des Thraces, descendit
dans ce souterrain, et y demeura environ trois ans. Il fut

regretté et pleuré comme mort. Enfin la quatrième année, il reparut, et rendit croyables, par cet artifice, tous les discours qu'il avait tenus.

Je ne rejette ni n'admets ce qu'on raconte de Zalmoxis et de son logement souterrain ; mais je pense qu'il est antérieur de bien des années à Pythagore. Au reste, que Zalmoxis ait été un homme, ou que ce soit quelque dieu du pays des Gètes, c'en est assez sur ce qui le concerne. Les Gètes, chez qui se pratique la cérémonie dont je viens de parler, furent subjugués par les Perses, et suivirent l'armée.

Le pont sur l'Ister. — Darius arrivé sur les bords de l'Ister (Danube) avec son armée de terre, la fit passer de l'autre côté du fleuve. Alors il commanda aux Ioniens de rompre le pont et de l'accompagner par terre, avec toutes les troupes de la flotte. Mais, comme ils étaient sur sur le point d'excuter cet ordre, Coès, qui commandait les Mityléniens, parla en ces termes, après avoir demandé la permission de dire son sentiment :

« Seigneur, puisque vous allez porter la guerre dans un pays où il n'y a ni terres labourées, ni villes, laissez subsister le pont tel qu'il est : ordonnez seulement à ceux qui l'ont construit de rester auprès pour le garder. Par ce moyen, soit que nous trouvions les Scythes, et que nous réussissions selon notre espérance, soit que nous ne parvenions pas à les rencontrer, nous pourrons nous retirer avec sécurité. Ce n'est pas que je craigne que nous soyons battus par les Scythes ; mais j'appréhende que, ne pouvant les trouver, il ne nous arrive quelque fâcheux accident dans les déserts. On dira peut-être que je parle pour moi, et que je voudrais rester ici. Mais, seigneur, content de proposer à votre conseil le sentiment qui me paraît le plus avantageux, je suis prêt à vous suivre ; et la grâce que je vous demande, c'est de ne point me laisser ici. »

Darius, charmé de ce discours, lui dit : « Mon hôte de Lesbos, lorsque, après mon expédition je serai de retour sain et sauf dans mes États, ne manquez pas de vous

présenter devant moi, afin que je vous récompense digne-
ment du bon conseil que vous me donnez. »

Ayant ainsi parlé, il fit soixante nœuds à une courroie,
manda les tyrans des Ioniens et leur dit : « Ioniens, j'ai
changé d'avis au sujet du pont : prenez cette courroie, et
ayez soin d'exécuter mes ordres ; quand vous me verrez
parti pour la Scythie, commencez dès lors à défaire chaque jour un de ces nœuds. Si je ne suis pas de retour ici
après que vous les aurez tous dénoués, vous retournerez
dans votre patrie. Mais jusque-là, gardez le pont, et ne
négligez rien, tant pour le défendre que pour le conserver ; vous me rendrez par là un service essentiel. » Darius
ayant ainsi parlé, marcha en avant.

**Description des peuples de la Scythie (Russie
méridionale).** — A la nouvelle de son approche, les
Scythes comprirent bien qu'ils ne pouvaient pas, avec
leurs seules forces, vaincre en bataille rangée une armée
aussi nombreuse. En conséquence ils envoyèrent des
ambassadeurs à leurs voisins, et les rois des Taures,
des Agathyrses, des Neures, des Androphages, des Mélanchlænes, des Gélons, des Budins et des Sauromates
s'assemblèrent pour délibérer sur les demandes des
Scythes.

Ceux d'entre ces peuples qu'on appelle Taures ont des
coutumes particulières. Ils immolent à une vierge les
étrangers qui font naufrage sur leurs côtes, et tous les
Grecs qui y abordent ou qui tombent entre leurs mains.
Après les cérémonies accoutumées, ils les assomment
d'un coup de massue sur le front : quelques-uns disent
qu'ils leur coupent ensuite la tête et l'attachent à une
croix, et qu'ils précipitent le corps du haut du rocher où
le temple est bâti. Les Taures prétendent que la déesse à
laquelle ils font ces sacrifices est Iphigénie, fille d'Aga-
memnon. Quant à leurs ennemis, si un Taure fait dans
les combats un prisonnier, il lui coupe la tête et l'emporte chez lui. Il la met ensuite au bout d'une perche
qu'il place sur le toit, et surtout au-dessus de la che-
minée, afin, disent-ils, qu'elle garde et protége toute

la maison. Ils subsistent du butin qu'ils font à la guerre.

Les Agathyrses portent des ornements d'or, et ont des coutumes analogues à celles des Thraces.

Les Neures observent les mêmes usages que les Scythes.

S'il faut en croire les Scythes et les Grecs établis en Scythie, chaque Neure se change une fois par an en loup, pour quelques jours, et reprend ensuite sa première forme. Les Scythes ont beau dire, ils ne me feront pas croire de pareils contes; ce n'est pas qu'ils ne les soutiennent, et même avec serment.

Il n'est point d'hommes qui aient des mœurs plus sauvages que les Androphages. Ils ne connaissent ni les lois, ni la justice : ils sont nomades. Leurs habits ressemblent à ceux des Scythes; mais ils ont une langue particulière. De tous les peuples dont je viens de parler, ce sont les seuls qui mangent de la chair humaine.

Les Mélanchlænes portent tous des habits noirs : de là vient leur nom. Ils suivent les coutumes et les usages des Scythes.

Les Budins forment une grande et nombreuse nation; ils se peignent le corps entier en bleu et en rouge, et il y a dans leur pays une ville entièrement bâtie en bois.

Quant aux Sauromates, on dit qu'ils descendent des Scythes et des Amazones. Ils ont une coutume singulière : c'est qu'une fille ne peut se marier qu'elle n'ait tué un ennemi. Aussi y en a-t-il qui, ne pouvant accomplir la loi, meurent de vieillesse, sans avoir été mariées.

Les Scythes essayent de former une coalition avec leurs voisins. — Les ambassadeurs des Scythes, admis à l'assemblée des rois des nations dont nous venons de parler, apprirent à ces princes que Darius, après avoir entièrement subjugué l'Asie, était passé dans leur pays sur un pont de bateaux, qu'il avait fait construire à l'endroit le plus étroit du Bosphore; qu'il avait ensuite soumis les Thraces et traversé l'Ister sur un second pont, à dessein de se rendre maître de leur pays. « Il ne serait pas juste, ajoutèrent-ils, que, gardant la neutralité, vous nous laissiez périr par votre négligence : marchons donc de concert au-devant de l'ennemi qui vient envahir notre patrie. Si vous nous refusez et que nous nous trouvions les plus faibles, nous quitterons la contrée, ou, si nous restons, ce sera aux conditions que nous imposeront les Perses. Mais dans ce cas, ne vous flattez pas que votre sort sera meilleur que le nôtre, et que, contents de nous avoir subjugués, les Perses vous épargneront. Leur invasion ne vous regarde pas moins que nous. En voici une preuve à laquelle vous n'avez rien à opposer. Si les Perses n'avaient point d'autre intention que de venger l'assujettissement où nous les avons tenus précédemment, ils se seraient contentés de marcher contre nous, sans attaquer les autres peuples ; et par là ils auraient fait voir à tout le monde qu'ils n'en voulaient qu'aux Scythes. Mais à peine sont-ils entrés dans le continent, qu'ils ont mis sous le joug tous les peuples qui se sont rencontrés sur leur route, et déjà ils ont dompté les Thraces et les Gètes nos voisins. »

Le discours des ambassadeurs fini, les rois délibérèrent sur leur proposition : les avis furent partagés. Les rois des Gélons, des Budins et des Sauromates promirent unanimement du secours aux Scythes. Ceux des Agathyrses, des Neures, des Androphages, des Mélanchlænes et des Taures leur donnèrent cette réponse : « Si vous n'aviez pas fait les premiers une guerre injuste aux Perses, vos demandes nous paraîtraient équitables et nous prendrions en main vos intérêts. Mais vous avez envahi leur pays, vous l'avez tenu sous le joug aussi longtemps que le dieu l'a permis ; c'est aujourd'hui ce même dieu qui suscite les Perses contre vous. Pour nous, nous ne les avons pas offensés, et nous ne serons pas aujourd'hui les agresseurs. S'ils viennent nous attaquer, nous saurons nous défendre. Mais, jusque-là, nous resterons tranquilles, car il nous paraît que les Perses n'en veulent qu'à ceux qui les ont insultés les premiers. »

Les Scythes n'avaient donc pas à compter sur leurs voisins. Ils résolurent alors de ne point présenter la bataille aux Perses, et de céder peu à peu le terrain en comblant les puits et les fontaines, en détruisant le fourrage et en dirigeant cette retraite de manière à attirer l'ennemi sur les terres de ceux qui avaient refusé leur alliance, afin de les forcer aussi à la guerre contre les Perses, puisqu'ils ne voulaient pas le faire de bonne volonté. Ils devaient ensuite retourner dans leur pays, et même attaquer l'ennemi, si, après en avoir délibéré, ce parti leur paraissait avantageux.

Cette résolution prise, les Scythes allèrent au-devant de Darius, et se firent précéder par des coureurs, l'élite de leur cavalerie. Il avaient fait prendre les devants à leurs chariots, qui tenaient lieu de maisons à leurs femmes et à leurs enfants, et leur avaient donné ordre d'avancer toujours vers le nord. Ces chariots étaient accompagnés de leurs troupeaux, dont ils ne menaient avec eux que ce qui leur était nécessaire pour vivre.

Les coureurs découvrirent les Perses à environ trois journées de l'Ister (Danube), et se mirent aussitôt à détruire toutes les productions de la terre. Dès que l'armée persique les eut aperçus, elle courut à eux, mais ils cédèrent et reculèrent jusqu'au Tanaïs (Don) qu'ils traversèrent. Les Perses passèrent ce fleuve après eux et parcoururent le pays des Sauromates et celui des Budins, où ils brûlèrent la grande ville qui était bâtie en bois. Au delà, ils ne trouvèrent plus qu'un désert où Darius s'arrêta pour construire huit grands châteaux, à soixante stades environ l'un de l'autre. Tandis qu'il s'occupait de ces ouvrages, les Scythes, qu'il avait poursuivis, firent le tour par le haut du pays, et retournèrent du côté d'où ils étaient partis. Quand le roi sut qu'ils avaient disparu, il n'acheva pas ces forteresse et retourna à l'occident, mais sans pouvoir les atteindre, car ils avaient soin de se tenir toujours à une journée de lui.

A la fin Darius envoya un cavalier à Idanthyrse, leur roi, avec ordre de lui parler en ces termes : « O le plus misérable des hommes ! pourquoi fuis-tu toujours, lorsqu'il est en ton pouvoir de t'arrêter et de me livrer bataille, si tu te crois assez fort pour me résister ? Si, au contraire, tu te sens trop faible, cesse de fuir devant moi; entre en conférence avec ton maître, et ne manque pas de lui apporter la terre et l'eau, comme un gage de ta soumission. »

« Roi des Perses, répondit Idanthyrse : la crainte ne m'a point fait prendre la fuite. Je ne fais actuellement que ce que j'avais coutume de faire en temps de paix. Mais je vais te dire pourquoi je ne t'ai pas combattu dès le premier jour. Comme nous ne craignons ni qu'on prenne nos villes, puisque nous n'en avons pas, ni qu'on fasse le dégât sur nos terres, puisqu'elles ne sont pas cultivées, nous n'avons pas de motifs pour nous hâter de donner bataille. Si cependant tu veux absolument nous y forcer au plus tôt, nous avons les tombeaux de nos pères, trouve-les, et essaye de les renverser : tu connaîtras alors si nous combattons pour les défendre. Nous ne te livrerons pas bataille auparavant, à moins que quelque bonne raison ne nous y oblige. C'en est assez sur ce qui regarde le combat. Quant à des maîtres, je n'en reconnais point d'autre que Jupiter, un de mes ancêtres, et Vesta, reine des Scythes. Au lieu de la terre et de l'eau, je t'enverrai des présents plus convenables. Tu te vantes d'être mon maître, mais tu vas pleurer. »

Présents des Scythes. — Les Perses, en effet, se trouvèrent bientôt dans une extrême disette. Les rois des Scythes envoyèrent alors à Darius un héraut avec des présents, qui consistaient en un oiseau, un rat, une grenouille et cinq flèches. Les Perses demandèrent à l'envoyé ce que signifiaient ces dons. Il répondit qu'on l'avait seulement chargé de les offrir, et de s'en retourner aussitôt après ; qu'il les exhortait cependant, s'ils avaient de la sagacité, à tâcher d'en pénétrer le sens.

Dans un conseil tenu à ce sujet, Darius prétendait que les Scythes lui donnaient la terre et l'eau, comme un gage de leur soumission. Il le conjecturait sur ce que le rat naît dans la terre, et se nourrit de blé ainsi que l'homme ; que la grenouille s'engendre dans l'eau ; que l'oiseau a beaucoup de rapport au cheval, et qu'enfin les Scythes, en lui envoyant des flèches, lui livraient leurs forces. Mais Gobryas, un des sept qui avaient détrôné le mage, fut d'un autre avis. « Perses, leur dit-il, ces présents signifient que, si vous ne vous envolez pas dans les airs, comme des oiseaux, si vous ne vous cachez pas sous terre comme des rats, si vous ne sautez pas dans les marais, comme des grenouilles, vous ne reverrez jamais votre patrie ; mais que vous périrez par ces flèches. »

Les Scythes veulent faire rompre le pont sur l'Ister. — Pendant que la principale armée scythe retenait Darius et épuisait son armée dans l'intérieur du pays, un corps détaché était allé sur les bords de l'Ister pour s'aboucher avec les Ioniens. Quand ils furent arrivés au pont que ceux-ci avaient jeté sur le fleuve, ils leur dirent : « Ioniens, nous venons vous apporter la liberté. Nous avons appris que Darius vous a enjoint de garder ce pont durant soixante jours seulement, et que, s'il n'était pas de retour dans cet intervalle, vous seriez les maîtres de vous retirer dans votre patrie. En exécutant cet ordre, il n'aura rien à vous reprocher, et nous n'aurons aucun sujet de plainte contre vous. Puisque vous êtes demeurés le nombre de jours prescrit, que ne retournez-vous dans votre pays ? » Les Ioniens, ayant promis de le faire, les Scythes se retirèrent en diligence.

Retraite de Darius. — Après l'envoi des présents, le reste des Scythes se mit en ordre de bataille vis-à-vis des Perses, comme s'ils avaient voulu en venir aux mains. Mais, à ce moment, un lièvre se leva entre les deux armées. Les Scythes ne l'eurent pas plutôt aperçu, qu'ils le poursuivirent en jetant de grands cris. Darius demanda quelle était la cause de ce tumulte ; et, sur ce qu'on lui répondit que les Scythes couraient après un lièvre, il dit à ceux d'entre les Perses avec qui il avait coutume de s'entretenir : « Ces hommes-ci ont pour nous un bien grand mépris. L'interprétation qu'a donnée Gobryas de leurs présents me paraît actuellement juste. Mais, puisque son sentiment me semble vrai, je pense qu'il nous faut un bon conseil pour que nous puissions sortir sains et saufs de ce pas dangereux. — Seigneur, répondit Gobryas, je ne connaissais guère la pauvreté de ces peuples que par ce qu'en publiait la renommée. Mais, depuis notre arrivée, je la connais mieux, en voyant de quelle manière ils se jouent de nous. Aussi, je suis d'avis qu'aussitôt que la nuit sera venue, on allume des feux dans le camp, selon notre coutume, et qu'après avoir engagé, par des propos trompeurs, la partie de l'armée la moins propre aux fatigues à y rester, et avoir attaché ici tous les ânes, nous partions avant que les Scythes aillent à l'Ister pour en rompre le pont, et avant que les Ioniens prennent une résolution capable de nous faire périr. »

Darius suivit le conseil de Gobryas. La nuit venue, il fit allumer de grands feux pour que l'ennemi crût l'armée toujours présente. Il commanda aussi qu'on attachât tous les ânes, afin que leurs cris se fissent entendre. Puis, laissant les malades et ses plus mauvaises troupes, sous prétexte de garder le camp, tandis qu'avec la fleur de son armée il irait en personne attaquer l'ennemi, il marcha en grande diligence vers l'Ister.

Quand les ânes se virent dans une espèce de solitude, ils se mirent à braire beaucoup plus fort qu'auparavant. Les Scythes, qui entendirent leurs cris et virent les feux, furent persuadés, tant que la nuit dura, que les Perses restaient dans leur camp. Mais au jour, les soldats que Darius avait abandonnés, reconnurent la trahison et tendirent les mains aux Scythes, en suppliants. Ceux-ci se hâtèrent de courir après les Perses pour les prévenir sur les bords de l'Ister. Comme la plus grande partie de l'armée perse consistait en infanterie, et qu'elle ne savait pas les chemins, parce qu'il n'y en avait pas de tracés, et qu'au contraire les Scythes étaient à cheval, et qu'ils connaissaient la route la plus courte, ils ne purent se rencontrer. Les Scythes arrivèrent au pont de l'Ister longtemps avant les Perses ; et, ayant appris qu'ils n'étaient point encore venus, ils s'adressèrent ainsi aux Ioniens, qui étaient sur leurs vaisseaux :

« Ioniens, le terme qui vous a été prescrit est passé ; vous avez tort de rester plus longtemps. Si la crainte vous a retenus jusqu'à présent en ces lieux, rompez maintenant le pont, retirez-vous promptement ; et, flattés d'avoir recouvré votre liberté, rendez-en grâces aux dieux et aux Scythes. Quant à celui qui était auparavant votre maître, nous allons le traiter de manière qu'il ne fera plus la guerre à personne. »

Miltiade veut persuader aux Grecs de rompre le pont. — L'affaire mise en délibération, Miltiade d'Athènes, qui était commandant ou tyran de la Chersonèse de l'Hellespont, fut d'avis de suivre le conseil des Scythes, et de rendre la liberté à l'Ionie ; mais Histiée, tyran de Milet, s'y opposa. Il représenta qu'ils ne régnaient dans leurs villes que par Darius ; que, si la puissance de ce prince était détruite, ils perdraient leur autorité, les villes préférant toutes la démocratie à la tyrannie. Tous ceux qui avaient d'abord été de l'avis de Miltiade revinrent aussitôt à celui d'Histiée.

On convint alors qu'on romprait, de la longueur de la portée d'un trait, l'extrémité du pont du côté de la Scythie, afin de montrer aux Scythes qu'on voulait, en quelque sorte, les obliger, quoique dans le fond on n'en fît rien, et de crainte que les Scythes ne voulussent, malgré eux, passer l'Ister sur le pont. Il fut aussi réglé qu'on leur enverrait dire qu'en rompant la partie du pont qui aboutissait à leur pays, on avait dessein de leur donner une entière satisfaction. Après quoi, Histiée répondit aux Scythes, au nom du conseil :

« Scythes, votre avis est salutaire, et vous nous pressez fort à propos. Comme vous nous montrez la vraie route que nous devons suivre, nous vous ferons voir aussi que nous sommes disposés à vous servir ; nous rompons en effet le pont, comme vous le voyez, et nous nous porterons avec ardeur à recouvrer notre liberté. Pour vous, pendant que nous sommes occupés à détruire ce pont, il est à propos que vous alliez chercher les Perses, et qu'après les avoir trouvés, vous nous vengiez, en vous vengeant vous-mêmes, comme il convient. »

Les Scythes, se fièrent pour la seconde fois aux Ioniens et rebroussèrent chemin pour aller chercher les Perses; mais ils prirent une autre route, et les manquèrent. Comme ils avaient détruit les fourrages et bouché les fontaines sur la route que les Perses avaient d'abord suivie, ils cherchèrent l'ennemi dans les cantons de la Scythie où il y avait de l'eau et des fourrages pour les chevaux, persuadés qu'il avait dû s'enfuir de ce côté. Mais les Perses suivaient la première route qu'ils connaissaient; ils eurent beaucoup à y souffrir et bien de la peine à regagner l'endroit où ils avaient traversé le fleuve. Ils y arrivèrent de nuit, et trouvant le pont rompu, craignirent que les Ioniens ne les eussent abandonnés.

Darius repasse l'Ister et le Bosphore. — Darius avait dans son armée un Égyptien d'une voix très-étendue et sonore; il lui commanda de se tenir sur les bords de l'Ister, et d'appeler Histiée de Milet. Aux premiers cris de l'Égyptien, Histiée mit sur-le-champ tous les vaisseaux en état de passer l'armée, et rétablit le pont.

Les Perses échappèrent par ce moyen, et les Scythes, qui les cherchaient, les manquèrent pour la seconde fois. C'est à cette occasion que ceux-ci dirent, qu'à considérer les Ioniens comme des hommes libres, ce sont les plus vils et les plus lâches de tous les hommes, et que si on les envisage comme esclaves, ce sont les esclaves les plus attachés à leurs maîtres, et les moins capables de s'enfuir.

Darius traversa la Thrace, et arriva à Sestos dans la Chersonèse, où il s'embarqua pour passer en Asie. Il nomma Mégabyse, Perse de naissance, général des troupes qu'il laissait en Europe, au nombre de 80 000 hommes. Le discours que tint un jour ce prince, en présence de toute sa cour, est bien honorable pour ce seigneur. On lui avait apporté des grenades; à la première qu'il ouvrit, Artabane, son frère, lui demanda quelle chose il désirerait avoir en aussi grande quantité qu'il y avait de grains dans ce fruit. « Des hommes comme Mégabyse, » répondit-il. C'est ce même Mégabyse qui, apprenant que les Chalcédoniens avaient bâti leur ville 17 ans avant que les Byzantins eussent fondé la leur, les appelait des aveugles pour avoir choisi une situation si désagréable, lorsqu'il s'en trouvait une si belle tout auprès. Ce général subjugua, avec les troupes que lui avait laissées Darius, tous les peuples de l'Hellespont qui n'étaient pas les amis des Mèdes.

Darius conserve la Thrace. — Ainsi Darius avait échoué quant au but principal de cette grande expédition. Il n'avait pas conquis la Scythie, mais il avait conquis la Thrace jusqu'au Danube, ce qui mettait l'empire des Perses aux portes de la Grèce, et leur donna la tentation d'y entrer.

Voyage de découvertes de Scylax. — Il se fit encore sous le règne de Darius deux expéditions, l'une à l'ouest contre les Barcéens, l'autre à l'est vers l'Indus. Celle-ci fut moins une entreprise militaire qu'une reconnaissance des pays qui bornaient à l'orient l'empire des Perses. Elle fut faite par un Grec, Scylax, de la ville de Caryande en Carie. Il avait de bonne heure navigué dans la Méditerranée, le long des côtes d'Europe et d'Asie. Il fit une relation de ses voyages intitulée *le Périple*, que nous possédons encore, et étant allé chercher fortune à la cour de Suses, il offrit cet ouvrage à Darius avec une dédicace qui ne nous est pas parvenue. Le roi crut avoir trouvé dans ce Grec entreprenant et instruit l'homme qu'il cherchait ; il l'envoya par terre sur les bords de l'Indus (512). Là, Scylax construisit des navires avec lesquels il descendit le fleuve. Arrivé à la mer, il tourna la proue vers l'ouest, longea toutes les côtes, et le trentième mois après son départ arriva dans la mer Rouge, au même port d'où les Phéniciens étaient partis sous Néchao pour faire le tour de l'Afrique.

On voit que Darius eut la même pensée qu'Alexandre, et que Scylax fit, vers l'an 500 avant notre ère, ce que

Néarque accomplit 170 ans plus tard. Scylax écrivit aussi le récit de cette expédition, et cet ouvrage paraît avoir été conservé jusqu'au XIIᵉ siècle de notre ère. Mais depuis il s'est perdu. Après le retour de Scylax, Darius envoya une armée vers l'Indus qui soumit tous les peuples habitant aux environs de ce fleuve.

Expédition contre Barcé. — Des Grecs avaient établi une colonie florissante dans un des plus riches cantons de l'Afrique, la Cyrénaïque (voy. l'*Histoire grecque*). Vers le temps de Darius, de grands troubles y éclatèrent. Arcésilas, descendant d'un des fondateurs de Cyrène, avait voulu reprendre le pouvoir royal que ses aïeux avaient possédé, mais il fut chassé avec sa mère, Phérétime, femme de très-grande énergie. Ils se retirèrent à Salamine en Cypre. Phérétime demanda au roi de ce pays, Évelthon, des troupes pour les aider à rentrer dans Cyrène. Évelthon répondit par des présents, et chaque fois que Phérétime renouvela sa demande, il lui envoya de nouveaux dons. Mais elle répondait qu'il lui serait beaucoup plus agréable qu'on lui donnât des soldats. Évelthon finit par lui faire porter un fuseau d'or avec une quenouille couverte de laine : « Voilà les présents qu'on fait aux femmes, lui fit-il dire en même temps, et on ne leur donne pas une armée. »

Ils furent plus heureux à Samos et recrutèrent dans cette île des soldats avec lesquels ils rentrèrent dans Cyrène. Mais Arcésilas fut peu de temps après assassiné à Barcé. Phérétime se réfugia en Égypte, et supplia Aryandès, gouverneur de cette province pour Darius, de la venger en disant que son fils n'avait été tué que parce qu'il favorisait le parti des Mèdes.

Aryandès eut compassion de Phérétime et prépara une armée de terre et de mer. En réalité, il voulait profiter de cette occasion pour subjuguer les Libyens. Arrivé devant Barcé, les Perses en firent le siége. Pendant neuf mois qu'il dura, les Perses poussèrent des mines jusqu'aux murailles, et attaquèrent la place vigoureusement. Un ouvrier en cuivre découvrit leurs mines par le moyen d'un bouclier d'airain. Il faisait le tour de la ville, dans l'enceinte des murailles, avec son bouclier, et l'approchait contre terre. Dans les endroits où les ennemis ne minaient pas, le bouclier ne rendait aucun son; mais il en rendait dans ceux où ils travaillaient. Les Barcéens contre-minèrent en ces endroits, et tuèrent les mineurs perses. Quant aux attaques ouvertes, les habitants surent les repousser.

Le chef des Perses, Amasis, voyant qu'il ne pouvait vaincre les Barcéens à force ouverte, résolut de les réduire par la ruse; voici le stratagème qu'il imagina :

Il fit creuser pendant la nuit un large fossé, sur lequel on mit des pièces de bois très-faibles, qu'on couvrit de terre, de sorte que le terrain était de niveau et égal partout. Au point du jour, il invita les Barcéens à une conférence : ils reçurent cette nouvelle avec joie, ne demandant pas mieux que d'en venir à un accommodement. On fit donc un traité, et on jura de part et d'autre, sur le fossé couvert, d'en observer tous les articles tant que ce terrain subsisterait dans l'état où il était alors. Les articles du traité portaient que les Barcéens payeraient au roi un tribut convenable, et que les Perses ne formeraient point de nouvelles entreprises contre eux.

Les serments prêtés, les Barcéens, comptant sur la foi du traité, ouvrirent leurs portes, sortirent de la ville, et y laissèrent entrer ceux des ennemis qui voulurent y venir. Pendant ce temps-là, les Perses, ayant détruit le pont caché, entrèrent en foule dans la ville. Ils rompirent le pont, afin de ne point violer le traité qu'ils avaient juré d'observer, tant que le terrain sur lequel ils le faisaient demeurerait en l'état où il était alors.

Les Perses livrèrent à Phérétime les plus coupables d'entre les Barcéens : aussitôt elle les fit mettre en croix autour des murailles; et, ayant fait couper le sein à leurs femmes, elle en fit border le mur. La ville fut mise au pillage, et tous ceux qui avaient eu part à l'assassinat d'Arcésilas, réduits en esclavage. On les envoya d'abord en Égypte, puis au roi Darius. Ce prince leur donna des

terres dans la Bactriane avec une bourgade qu'ils appelèrent Barcé, du nom de leur première patrie.

Phérétime eut une fin malheureuse. A peine fut-elle de
retour de Libye en Égypte, après s'être vengée des Barcéens, qu'elle périt misérablement dévorée par les vers,
que son sang décomposé engendrait incessamment : tant
il est vrai, ajoute Hérodote, que les dieux haïssent et
châtient ceux qui portent trop loin leur ressentiment.

**Étendue et divisions géographiques de l'empire
Perse.** — Au temps de Darius, l'empire perse avait atteint sa plus grande extension. Il avait pour limites à
l'ouest : la Méditerranée et le désert qui s'étend à l'occident de l'Égypte ; de ce côté Cyrène était indépendante,
mais Barcé payait le tribut. Au sud, la frontière était
marquée par les pays qui se trouvent au delà des cataractes de Syène, l'Arabie et la mer des Indes ; à l'est, par
les régions situées sur la rive gauche de l'Indus et les montagnes d'où il descend : au nord, par l'Iaxarte, la mer
Caspienne, le Caucase et le Pont-Euxin. Au nord-ouest,
la limite allait en Thrace jusqu'au Danube et au mont
Rhodope, depuis l'expédition contre les Scythes.

Les vingt satrapies que Darius avait formées de toutes
ses provinces étaient,

Dans l'Asie Mineure :

1. L'Éolide avec l'Ionie, la Carie, la Lycie et la Pam-
phylie ;

2. La Mysie et la Lydie ;

3. La Phrygie avec la Cappadoce et la Paphlagonie ;

4. La Cilicie ;

A l'ouest de l'Euphrate :

5. La Syrie avec la Phénicie et et la Palestine ;

En Afrique :

6. L'Égypte avec Barcé ;

A l'est de l'Euphrate :

7. Le pays des Daces et des Gandariens, sur les bords
de l'Indus ;

8. La Susiane ;

9. La Babylonie ;

CARTE DE
L'EMPIRE DES PERSES
SOUS DARIUS Ier
et sa division
EN XX SATRAPIES

10. L'Assyrie;

11. La Médie, le pays des Caspiens avec celui des Pausices et des Darites, au sud de la Caspienne;

12. La Bactriane;

13. L'Arménie;

14. Les côtes de la mer Érythrée;

15. Le pays des Saces, à l'ouest du mont Imaüs;

16. La Parthiène, avec la Sogdiane et l'Arie;

17. Le pays des Paricaniens et des Éthiopiens d'Asie (Colchide);

18. Celui des Mattianiens et des Sapires (Albanie et Ibérie);

19. Celui des Mosches, des Tibaréniens et des Mardes (Pont);

20. Enfin celui des Indiens.

La Perside formait un gouvernement à part; la Thrace en était un autre.

De ces vingt satrapies, Darius tirait annuellement environ 80 millions de francs.

L'empire perse était alors à l'apogée de sa puissance. De l'Inde à la Méditerranée, du Danube et de l'Iaxarte jusqu'à l'océan Indien, tout obéissait au grand roi, maître absolu des biens et de la vie de tant de millions d'hommes. Mais déjà la victoire avait corrompu les vainqueurs. La mollesse énervait ces Perses, naguère si braves; l'élan guerrier était tombé, Darius avait échoué contre les Scythes. Il échouera plus honteusement contre les Grecs.

Origine des guerres médiques. — Cette guerre de la Perse contre la Grèce est l'événement le plus considérable des temps anciens. Aussi lui a-t-on cherché beaucoup de causes. Elle n'en eut qu'une seule, la grandeur de l'empire perse, qui le mettait en contact avec la Grèce. Or, il est de la nature de ces grands États formés par la conquête et l'épée de chercher sans cesse à s'étendre. Ils ne peuvent voir le long de leurs frontières un peuple libre sans vouloir porter au milieu d'eux leur autorité. Les Perses, maîtres de la Thrace et des Grecs asiatiques, seront donc naturellement conduits à demander l'hommage de la terre et de l'eau à la Macédoine d'abord, qui confine à la Thrace, à la Grèce ensuite, qui touche à la Macédoine. La révolte des Grecs asiatiques contre Darius ne fut que l'occasion de cette grande guerre[1].

Gouvernement des Perses. — Le gouvernement était despotique, tempéré peut-être chez les Mèdes par l'autorité des mages ou prêtres, mais sans autre contre-poids dans l'empire perse que le pouvoir trop grand des satrapes, imprudemment réduits à vingt par Darius. Au reste, le pouvoir central ne se chargeait pas d'administrer; pourvu que les provinces fournissent les impôts en argent ou en nature et les contingents exigés, elles gardaient leurs lois et leur indépendance intérieure. Les mœurs variaient comme les pays. Mais il y a en Asie des choses qui sont toujours les mêmes, et une de ces choses, c'est le luxe et la mollesse des grandes cours. Les Perses, malgré leur rudesse primitive, se laissèrent corrompre comme leurs prédécesseurs, et perdirent bien vite leurs qualités guerrières.

Il y avait des juges royaux qui rendaient la justice aux Perses, et restaient habituellement en fonctions jusqu'à leur mort. Un d'eux ayant été convaincu d'injustice, Cambyse le fit mettre à mort. Après qu'il eut été exécuté on écorcha son corps, et la peau fut tendue sur le siége où son fils le remplaça. Darius en fit crucifier un autre, puis, estimant que ses services l'emportaient sur ses torts, il le fit détacher vivant de la croix.

Pour faciliter les communications entre les provinces, Darius, qui fut certainement à bien des égards un prince remarquable, établit sur toutes les routes des courriers qui portaient aux satrapes les ordres du roi, et rapportaient les réponses.

Religion. — La religion médo-persique valait mieux que celle des Assyriens; elle était plus morale, plus pure; c'était le culte du feu, avec la doctrine des deux prin-

____

1. Voy. le cours de cinquième *Histoire grecque*, p. 79.

cipes du bien et du mal, Ormuzd et Ahriman. La divinité n'était point représentée par des images matérielles qui, ailleurs, aidèrent tant à la corruption; et les mages prêchaient que la vie n'est qu'une lutte continuelle contre le mal qu'il faut vaincre.

Leur législateur avait été Zoroastre. Mais bien des incertitudes règnent sur ce personnage, que les uns placent au temps de Ninus et que d'autres font contemporain de Darius. Il est célèbre comme réformateur du magisme, qu'il débarrassa d'un grand nombre de pratiques superstitieuses. Il prétendait, ou ses disciples soutinrent, qu'enlevé au ciel, il avait vu Ormuzd face à face, et qu'il en avait reçu la mission d'aller prêcher à la Perse une doctrine meilleure. Il consigna son enseignement dans vingt et un livres, dont les débris ont formé le *Zend-avesta*, c'est-à-dire la parole vivante, qui est encore aujourd'hui le livre sacré des Guèbres et des Parsis. Zoroastre reconnaissait les deux principes Ormuzd et Ahriman, au-dessus desquels il plaçait un Dieu suprême, Zervane-Akerène, et il enseignait que l'on serait après la mort, récompensé ou puni, selon que l'on aurait bien ou mal vécu. Ses lois réglaient non-seulement le culte et la vie publique, mais aussi la vie privée.

Coutumes des Perses. — Voici, dit Hérodote, les coutumes qui s'observent chez les Perses. Leur usage n'est pas d'élever aux dieux des statues, des temples, des autels; ils traitent, au contraire, d'insensés ceux qui le font. C'est, à mon avis, parce qu'ils ne croient pas, comme les Grecs, que les dieux aient une forme humaine.

Ils ont coutume de sacrifier à Jupiter sur les sommets des plus hautes montagnes, et donnent le nom de Jupiter à toute la circonférence du ciel. Ils font encore des sacrifices au soleil, à la lune, à la terre, au feu, à l'eau et aux vents, et n'en offrent qu'à ces divinités.

Quand ils veulent immoler des victimes, ils ne dressent point d'autel, n'allument point de feu, ne font pas de libations; et ne se servent ni de flûtes, ni de bandelettes sacrées, ni d'orge mêlée avec du sel, mais ils conduisent la victime dans un lieu pur, et la tête couverte d'une tiare couronnée le plus ordinairement de myrte. Il n'est pas permis à celui qui offre le sacrifice de faire des vœux pour lui seul en particulier : il faut qu'il prie pour la prospérité du roi et celle de tous les Perses en général; car il est compris sous cette dénomination. Après qu'il a coupé la victime par morceaux et qu'il en a fait bouillir la chair, il étend de l'herbe la plus tendre, et principalement du trèfle. Il pose sur cette herbe les morceaux de la victime, et les y arrange. Quand il les a ainsi placés, un mage qui est là présent (car sans mage il n'est pas permis d'offrir un sacrifice), un mage, dis-je, entonne une théogonie; c'est le nom qu'ils donnent à ce chant. Peu après, celui qui a offert le sacrifice emporte les chairs de la victime, et en dispose comme il juge à propos.

Les Perses pensent devoir célébrer plus particulièrement le jour de leur naissance que tout autre, et qu'alors leur table doit être garnie d'un plus grand nombre de mets. Ce jour-là, les riches se font servir un cheval, un chameau, un âne et un bœuf rôtis tout entiers. Les pauvres se contentent de menu bétail. Les Perses mangent peu de viande, mais beaucoup de dessert, qu'on apporte en petite quantité à la fois. Ils sont aussi fort adonnés au vin, et ils ont coutume de délibérer sur les affaires les plus sérieuses, après avoir bu avec excès. Mais le lendemain, le maître de la maison où ils ont tenu conseil remet la même affaire sur le tapis avant que de boire. Si on l'approuve à jeun, elle passe, sinon on l'abandonne. Il en est de même des délibérations faites à jeun : on les examine de nouveau lorsqu'on a bu avec excès.

Quand deux Perses se rencontrent dans les rues, on reconnaît bien vite s'ils sont de même condition, car, dans ce cas, ils se saluent en se baisant à la bouche; si l'un est d'une naissance un peu inférieure à l'autre, ils se baisent seulement à la joue, et si la condition de l'un est fort au-dessous de celle de l'autre, l'inférieur se prosterne devant le supérieur.

Les nations voisines sont celles qu'ils estiment le plus, toutefois après eux-mêmes. Celles qui les suivent occupent le second rang dans leur esprit, et réglant ainsi leur estime proportionnellement au degré d'éloignement, ils font le moins de cas des plus éloignées. Cela vient de ce que, se croyant en tout d'un mérite supérieur, ils pensent que le reste des hommes ne s'attache à la vertu que dans la proportion dont on vient de parler, et que ceux qui sont les plus éloignés d'eux sont les plus méchants.

Les Perses sont les hommes les plus curieux des usages étrangers. Ils ont pris, en effet, l'habillement des Mèdes, s'imaginant qu'il est plus beau que le leur; et dans la guerre ils se servent de cuirasses à l'égyptienne.

Après les vertus guerrières, ils regardent comme un grand mérite d'avoir beaucoup d'enfants. Le roi accorde tous les ans des présents à ceux qui ont la famille la plus nombreuse. Ils commencent à cinq ans à instruire ces enfants, et depuis cet âge jusqu'à vingt, ils ne leur apprennent que trois choses : à monter à cheval, à tirer de l'arc et à dire la vérité. Avant l'âge de cinq ans, un enfant ne se présente pas devant son père : il reste entre les mains des femmes. Cela s'observe, afin que, s'il meurt dans ce premier âge, sa perte ne cause aucun chagrin au père.

Cette coutume me paraît louable ; j'approuve aussi la loi qui ne permet à personne, pas même au roi, de faire mourir un homme pour un seul crime, ni à aucun Perse de punir un de ses esclaves d'une manière trop atroce pour une seule faute. Ils assurent que jamais personne n'a tué ni son père ni sa mère ; mais que toutes les fois que de pareils crimes sont arrivés, on découvre nécessairement, après d'exactes recherches, que ces enfants étaient supposés.

Il ne leur est pas permis de parler des choses qu'il n'est pas permis de faire. Ils ne trouvent rien de si honteux que de mentir, et après le mensonge, que de contracter des dettes, et cela pour plusieurs raisons, mais surtout parce que, disent-ils, celui qui a des dettes ment nécessairement. Un citoyen infecté de la lèpre ne peut entrer dans la ville, ni avoir aucune communication avec le reste des Perses : c'est, selon eux, une preuve qu'il a péché contre le soleil. Tout étranger attaqué de ces maladies est chassé du pays.

Ils ont aussi une chose singulière, à laquelle ils n'ont pas eux-mêmes fait attention, mais qui ne nous a point échappé. Leurs noms, qui sont empruntés aux qualités du corps ou à la dignité des personnes, se terminent par cette même lettre que les Doriens appellent san, et les Ioniens sigma. Regardez bien et vous verrez que les noms des Perses finissent tous de la même manière, sans en excepter un seul.

Ces usages m'étant connus, je puis en parler d'une manière affirmative ; mais ceux qui se pratiquent relativement aux morts étant cachés, on n'en peut rien dire de certain. Ils prétendent qu'on n'enterre point le corps d'un Perse qu'il n'ait été auparavant déchiré par un oiseau ou par un chien. Quant aux mages, j'ai la certitude qu'ils observent cette coutume.

Monuments. — Les Mèdes et les Perses ont élevé peu de monuments. Cependant les anciens vantaient la magnificence d'Ecbatane, qu'enveloppaient sept enceintes, dont la dernière renfermait le palais du roi, et des voyageurs modernes ont pu contempler les ruines grandioses de Persépolis, nommée par les Arabes Tschill-Minar ou les Quarante-Colonnes, et non loin de là, la montagne des Tombeaux des rois[1].

Voici la description du palais de Persépolis :

« Une chaîne élevée de rochers en marbre gris, de la plus grande beauté, présente une ouverture en forme semi-circulaire, dont les deux bras enveloppent encore

---

1. On vient de découvrir à Suses une vaste construction longue de 345 pieds (anglais) haute de 244, et supportée par 36 colonnes à base carrée, présentant la même disposition et les mêmes dimensions que celles du grand palais de Xerxès, à Persépolis, à ce point qu'on croirait ces deux colonnades élevées par le même architecte. Sur plusieurs bases de colonnes on a trouvé des inscriptions en trois langues et en caractères cunéiformes, citant les noms de Darius, d'Artaxerxès et de Xerxès.

le fond de l'édifice, tandis que le devant avance beaucoup dans la plaine. Le sol est une plate-forme taillée
dans le roc et dont les quatre côtés répondent aux quatre
points cardinaux ; la position et la nature du terrain,
utilisées par l'architecte, donnent à l'édifice l'aspect d'un
amphithéâtre qui représente trois terrasses élevées les
unes sur les autres. Le tout est construit en marbre tiré
des montagnes, et dont les blocs énormes sont réunis,
sans chaux ni mortier, d'une manière si admirable, qu'on
a de la peine, avec l'attention la plus forte, à en découvrir les jointures.

« Des escaliers de marbre conduisent des terrasses
inférieures aux terrasses supérieures ; ils sont si larges
et si commodes, que dix cavaliers, placés sur un même
rang, pourraient les monter. L'escalier de la première
terrasse conduisait à un portique dont il ne reste que
quatre pilastres, qui formaient, deux à deux, l'entrée au
nord et au sud. Deux animaux fabuleux, d'une forme
colossale sont taillés dans chacun de ces pilastres, et
semblent être les gardiens des portes. Entre les pilastres
se trouvent quatre colonnes ; tout le reste est en ruine.
De cette première terrasse on monte, par de semblables
escaliers, quoique moins larges, à la seconde terrasse
qui contenait quatre colonnades différentes, dont il existe
encore un certain nombre de colonnes. Elles sont can-
nelées, hautes de 17 mètres, et si grosses, que trois
hommes peuvent à peine les embrasser. De doubles têtes
d'animaux, réunis par la nuque, remplacent les chapi-
teaux. Elles laissent entre elles un creux où il y avait
probablement des solives qui supportaient un toit plat ;
de sorte que le tout formait un grand péristyle. Par ce
péristyle on arrive enfin à plusieurs édifices isolés ; l'un,
qui est le plus grand, est sur le même plan ; les autres,
plus reculés, forment réunis, comme une troisième terrasse. Ils contiennent tous quantité de chambres de différente grandeur, et qui paraissent avoir été habitées.
L'intérieur de ce monument offre une foule de représentations figurées qui inspirent à l'antiquaire un intérêt

d'autant plus vif, qu'elles se rapportent à la destination
de ces édifices. Nous avons mentionné les animaux fabuleux qu'on voit à l'entrée en guise de gardiens. Les
parois des escaliers sont couvertes de plusieurs figures
humaines, qui paraissent représenter une procession, et
qui se distinguent l'une de l'autre par les costumes et
par les attributs les plus variés. Les parois et entrées des
édifices du fond ne sont pas moins riches en bas-reliefs.
On y voit des personnages de rang élevé, avec leur
suite et leurs insignes, ou des combats d'animaux sauvages ou d'animaux fabuleux, entre eux ou contre des
hommes.

« Dans le mur du rocher d'où sort la plate-forme qui
sert de fondement à l'édifice, l'on aperçoit deux grands
tombeaux. Une façade considérablement élevée au-dessus
du sol, et derrière laquelle se trouve une chambre carrée,
est taillée dans le roc même. Il a fallu, pour y parvenir,
pratiquer une ouverture, et toutes les recherches pour
trouver l'ancienne entrée sont restées sans succès ; le roc
a été taillé à pic pour rendre le monument tout à fait
inaccessible [1]. »

1. Heeren d'après Ker-Porter.

CHAPITRE XIV.

PHÉNICIENS ; TYR ET SIDON ; COLONIES PHÉNICIENNES ; CARTHAGE.

Phéniciens : leur commerce et leurs colonies. — Tyr et Sidon. — Mœurs et religion. — Colonies des Phéniciens. — Commerce des Phéniciens avec l'Orient. — Carthage; Didon. — Puissance de Carthage. — Domination pesante de Carthage. — Les mercenaires. — Guerre avec les Cyrénéens; autels des Philènes. — Rivalité de Carthage avec les Étrusques et les Massaliotes. — Traités de Carthage avec Rome. — Guerres avec les Grecs de Sicile : bataille d'Himère (480). — Prise par les Carthaginois de Sélinonte et d'Himère (410-409). — Destruction d'Agrigente (406). — Guerres entre Carthage et Syracuse, au temps de Denys l'Ancien.—Guerre avec Agathocle (307). — Guerres avec Pyrrhus (278) et avec Rome (264-146).

Phéniciens : leur commerce et leurs colonies. — Longtemps avant l'arrivée des Hébreux dans la Palestine, un peuple de même origine que les Juifs et les Arabes possédait le pays compris entre le Jourdain et la Méditerranée. Par les conquêtes de Josué, la vallée du Jourdain resta aux Hébreux, mais au delà du mont Carmel, extrémité du Liban, l'ancienne population demeura indépendante. Resserrés entre le Liban, dont les forêts séculaires offraient les bois nécessaires à la construction des vaisseaux, et la mer, qui formait des ports nombreux et les invitait à la navigation et au commerce, les Phéniciens devinrent bientôt, par leur position géographique, d'habiles marins, dont les navires sillonnèrent, dans tous les sens, la mer intérieure. La population suivit les progrès de la prospérité publique, les villes se multiplièrent, et, autant dans l'intérêt du commerce que pour diminuer le nombre trop grand des citoyens, il fallut envoyer au loin des colonies.

Tyr et Sidon. — Les plus connues dès villes phéniciennes étaient : Sidon, « fille aînée de Chanaan, » célèbre par ses verreries et sa pourpre, mais qui, ayant été saccagée par les Philistins, céda à Tyr, sa colonie, le premier rang; Tripoli, Bérite, Byblos, enfin Arados, la dernière ville au nord de la Phénicie, bâtie sur une île que la mer avait détachée du continent, en se brisant avec impétuosité contre le pied escarpé des montagnes.

Chacune de ces villes conservait son gouvernement particulier, ses rois héréditaires, dont le pouvoir était tempéré par des assemblées générales et par des conseils particuliers de magistrats et de prêtres, parfois trèspuissants, témoin ceux de Baal, dont parle si souvent l'Écriture; mais elles formaient entre elles une sorte de confédération qui augmentait leur puissance, et que cimentait la communauté de religion et d'intérêt.

L'histoire particulière de toutes ces villes est aujourd'hui perdue [1]; c'est à peine s'il reste, dans les livres hébreux, quelques courts passages sur Tyr et ses rois : Abibal, le contemporain de Saül; Hiram, l'allié de David et de Salomon, qui recevait d'eux l'huile, le vin et le blé, et leur fournissait en échange des marins pour la navigation du golfe Arabique, des matériaux et des ouvriers pour la construction du palais et du temple; Ethbaal Ier, le père de Jézabel, femme d'Achab, et Mutgène le père de Pygmalion et de Didon qui fonda ou agrandit Carthage vers 888. Tyr fut assiégée deux fois : la première par Salmanasar, que les Tyriens repoussèrent victorieusement; la seconde par Nabuchodonosor, qui prit la ville après un blocus de treize ans. Les enfants fuyant les ruines de leur cité se réfugièrent dans une île voisine où la nouvelle Tyr s'éleva. Mais les rois de Phénicie restèrent vassaux des monarques assyriens, puis des rois de Perse et des successeurs d'Alexandre.

Mœurs et religion. — L'histoire sainte. la source

---

1. Le monument original le plus important qui nous reste n'est qu'une inscription phénicienne découverte à Marseille en 1846 et qui a 21 lignes plus ou moins complètes.

unique d'où l'on puisse tirer le peu qu'on sait de l'histoire intérieure de ce peuple, nous apprend quel luxe, quelle mollesse, quelles mœurs licencieuses, quelle religion impure et souvent sanguinaire, régnaient dans la Phénicie. A Baal-Moloch, leur principal Dieu, on offrait des sacrifices humains. Dans les circonstances dangereuses, on allumait un grand brasier aux pieds de sa statue d'airain, et dans les bras de cette statue on plaçait de jeunes enfants qui y étaient brûlés vivants. Néanmoins on ne doit pas oublier que les Phéniciens contribuèrent par leur industrie, leur commerce, et surtout par leurs colonies, aux progrès de la civilisation générale.

Colonies des Phéniciens. — Nul doute que les Phéniciens ne se soient établis dans les îles de la mer Égée longtemps avant les Grecs. Ils reculèrent peu à peu devant cette race belliqueuse et envahissante, et, lui laissant les pays du nord-est de la Méditerranée, c'est-à-dire les rivages de la mer Ionienne, de la mer Égée et du Pont-Euxin, ils colonisèrent les îles méridionales comme Cypre, Rhodes et la Crète, les Sporades et les Cyclades, et allèrent exploiter l'Afrique, l'Espagne, la Gaule, la Sardaigne et la Sicile; au v⁰ siècle avant notre ère, ils possédaient encore trois villes en Sicile : Motya, Sélinonte et Panorme. En Gaule, les traces de leurs établissements disparurent de bonne heure; mais, dans l'Espagne, si riche alors en mines d'argent, ils couvrirent toute la région méridionale connue sous le nom de Bétique de leurs nombreuses colonies; les principales étaient Tartessus, Cartéja, Gadès (Cadix), Hispalis (Séville) et Malaca (Malaga). En Afrique enfin, s'éleva à côté des deux Leptis, d'Adrumète, de Tysdrus et d'Utique une nouvelle Tyr, Carthage, fondée, dit-on, par Didon au IX⁰ siècle, et qui devint la plus grande puissance maritime de l'antiquité.

Il y eut naturellement une certaine influence exercée par les colonies sur l'état social et sur la civilisation des peuples au milieu desquels elles s'établirent. On peut citer en preuves les divinités phéniciennes qu'on a trouvées en Grèce, à Cypre, à Rhodes, et les seize caractères que la Grèce emprunta aux Phéniciens pour former son premier alphabet.

Commerce des Phéniciens avec l'Orient. — Ils n'exploitèrent pas seulement les rives de la Méditerranée, mais la mer Rouge, le golfe Persique et la haute Asie. On sait par l'Écriture que chaque année ils faisaient partir une flotte pour aller chercher sur les côtes de l'Afrique et de l'Asie de la poudre d'or, de l'ivoire, des parfums, des épices et des pierres précieuses. Ils eurent au milieu du golfe Persique des comptoirs dans les îles Bahreïn dont les noms anciens rappellent ceux des villes phéniciennes, et les caravanes allaient chercher pour eux à travers la Perse les denrées de l'Inde et de la Chine.

On les a vus arriver en assez grand nombre en Égypte pour que Néchao leur confiât la plus célèbre et la plus difficile de ses entreprises, la circumnavigation de l'Afrique. Nul doute qu'ils ne soient aussi allés en foule à Ninive, à Babylone et à Suses auprès des monarques assyrien et perse. Alexandrie n'existait pas encore ; c'était la Phénicie qui était le grand entrepôt du commerce du monde.

Carthage ; Didon. — La plus célèbre des colonies tyriennes fut Carthage, fondée, à une époque incertaine, en cet endroit où l'Afrique s'avançant à la rencontre de la Sicile, il n'y a plus entre les deux terres qu'un étroit canal dont l'île de Malte occupe le milieu. Selon des récits plus poétiques que certains, Carthage aurait été bâtie par Didon, vers l'an 880 avant notre ère, ce qui place la naissance de cette ville 130 ans environ avant celle de Rome, et 300 ans après la chute de Troie. Virgile n'en a pas moins fait Didon contemporaine d'Énée. Cette princesse, fille d'un roi de Tyr, devait régner avec son frère Pygmalion. Mais celui-ci garda seul le pouvoir. Didon fut prise alors pour épouse par Sichée, grand prêtre d'Hercule qui possédait d'immenses richesses. Ses trésors allumèrent la convoitise de Pygmalion ; il fit tuer Sichée aux pieds même de son dieu. Didon parvint néanmoins à s'échapper avec les trésors de son époux et, suivie d'un grand nombre de Tyriens, fit voile vers l'Afrique où plusieurs colonies phéniciennes s'étaient déjà établies. Elle s'arrêta près d'Utique, acheta d'un roi du pays autant de terre qu'un cuir de bœuf pourrait en entourer et, faisant couper ce cuir en lanières très-étroites, fit envelopper par ce cuir une circonférence assez étendue pour qu'elle pût y bâtir une ville ou tout au moins la citadelle Byrsa.

D'autres récits montrent Carthage fondée avant l'arrivée de Didon, qui n'aurait fait alors que lui amener de nouveaux colons. Pour achever ces récits à demi fabuleux, ajoutons que Didon recherchée en mariage par Iarbas, roi des Gétules, voulut rester fidèle au souvenir de son premier époux. Iarbas alors arma son peuple et le jeta sur Carthage qui était incapable de lui résister. Didon, pour ne pas tomber vivante en ses mains, se fit préparer un bûcher, y monta et s'y frappa d'un poignard. Ce récit ne diffère de celui de Virgile que quant aux causes de la mort, et n'est probablement pas plus authentique; car nous n'avons et ne pouvons avoir pour ces vieux temps que des légendes où une parcelle à peine de vérité se perd au milieu des inventions que l'imagination du peuple a partout réunies sur les noms et les faits qui lui sont transmis par la tradition. Au fond, ces détails merveilleux ne sont qu'une broderie élégante et curieuse de l'histoire véritable; ils en sont l'ornement, non l'essence.

Puissance de Carthage. — Mais qu'importe que nous ne puissions rien dire de certain touchant Didon, si nous savons certainement que Carthage est devenue la première des villes phéniciennes de l'Afrique, qu'elle prit pour son territoire deux riches provinces où le blé rendait trois cents de produit pour un de semence; qu'elle contint les Grecs de Cyrène, se fit respecter de l'Égypte et même une fois pilla Thèbes; qu'elle organisa un vaste système de caravanes à travers le continent placé derrière elle, couvrit la Méditerranée de ses vaisseaux, Malte, la Sardaigne, les Baléares de ses colons, les côtes d'Afrique et d'Espagne de ses comptoirs; que ses navigateurs allèrent peut-être au Sénégal, certainement jusqu'en Angleterre; qu'enfin, elle disputa la Sicile aux Grecs et le monde aux Romains. A son dernier jour, après une lutte plus que séculaire avec les Romains, ces terribles destructeurs de peuples, Carthage comptait encore 700 000 habitants.

Aujourd'hui, sur une grève déserte, à deux lieues de Tunis, se voient épars des tronçons de colonnes, des débris de murailles, quelques citernes à demi comblées et, dans la mer, des restes de jetées que les vagues ont détruites. Voilà tout ce qui reste de tant de grandeur et de magnificence.

Domination pesante de Carthage. — Cette domination des Carthaginois était bien lourde à porter, car ils imposaient des lois rigoureuses à ceux qu'ils avaient vaincus. En Afrique, Carthage forçait les Libyens à n'habiter que dans des villages ou des villes ouvertes, afin qu'ils fussent toujours à sa merci, et elle les obligeait à labourer pour elle son fertile territoire. Dans la Sardaigne, au contraire, elle détruisait toutes les plantations et interdisait aux habitants, sous peine de mort, la culture du sol afin qu'ils restassent dans sa dépendance. Tout vaisseau étranger surpris dans les eaux de la Sardaigne ou vers les colonnes d'Hercule était pillé et l'équipage jeté à la mer. Quand ils ne pouvaient pas appliquer ce singulier code maritime, parce que l'adversaire était trop fort, ils préféraient se perdre eux-mêmes plutôt que de révéler la route suivie par leurs marchands. Après les guerres puniques, un vaisseau carthaginois se voyant suivi dans l'Atlantique par une galère romaine, se fit échouer pour ne pas montrer à ces Romains la route qui conduisait aux Sorlingues, les îles d'où ils tiraient l'étain. L'amour du gain s'élevait cette fois jusqu'à l'héroïsme.

Les mercenaires. — Cette puissance était mal défendue contre un adversaire puissant, parce que les armées carthaginoises étaient mal composées. Carthage ne faisait pas la guerre pour conquérir des peuples, elle ne songeait qu'à accroître son négoce.

Mais, du moment où la guerre n'est plus qu'une affaire de commerce, un moyen d'assurer la rentrée des fonds et le placement des marchandises, pourquoi les marchands ne payeraient-ils pas des soldats comme ils payent des facteurs et des commis? Venise, Milan, Florence, toutes les républiques italiennes du xve siècle eurent des condottieri; Carthage eut des mercenaires. On achetait des chevaux et des navires, on acheta aussi des hommes, et depuis les Alpes et les Pyrénées jusqu'à l'Atlas il y avait tant d'épées à vendre! Chacun des comptoirs de Carthage était aussi un bureau de recrutement. Les prix étaient bas, car la concurrence était grande parmi ces barbares avides et pauvres qui cernaient l'étroite lisière des possessions carthaginoises. D'ailleurs Carthage faisait bien les choses. Elle embarquait les femmes, les enfants et jusqu'aux effets de ses mercenaires. C'étaient autant d'otages de leur fidélité, ou, après une campagne meurtrière, des héritages pour le trésor. Nul n'était refusé, ni le frondeur baléare, ni le cavalier numide, ni le fantassin espagnol et gaulois, ni le Grec qu'on pouvait employer à tout, espion, marin, constructeur, au besoin même général.

Plus il y avait de races différentes dans une armée carthaginoise, plus le sénat était rassuré, une révolte paraissant impossible entre tant d'hommes qui ne pouvaient se comprendre. D'ailleurs, le général, comme les principaux officiers, était Carthaginois, et le sénat tenait toujours auprès de lui quelques-uns de ses membres pour veiller sur sa conduite et s'assurer que tous ces gens gagnaient bien leur argent. L'amour de la gloire et de la patrie, le dévouement à l'État, tous ces grands mots qui faisaient à Rome des miracles, n'avaient pas cours dans le sénat de Carthage. On y parlait beaucoup de recettes et de dépenses, fort peu d'honneur national. Aussi, les ressources du pays ne se mesuraient que sur celles du trésor. Tant qu'il était rempli on dépensait des soldats avec une insouciante prodigalité. Quand il était épuisé, on reculait ou l'on traitait ; c'était une affaire manquée. Avait-elle réussi, les déboursés étaient bientôt couverts et les mercenaires morts dans l'entreprise oubliés. Qu'importait qu'il y eût 40 ou 50 000 barbares de moins dans le monde! Ces mercenaires pouvaient devenir dangereux, mais on savait se délivrer de leurs exigences. Un jour, 4000 Gaulois réclament leur solde qui n'était pas payée depuis longtemps. On les apaise, on leur fait de brillantes promesses, et en attendant on leur offre une entreprise certaine et lucrative : piller une ville sans défense. Ils partent joyeux et confiants. Un avis secret donné au consul romain les fait tomber dans une embuscade où ils restent jusqu'au dernier. Une autre fois, la paix étant faite, les soldats deviennent inutiles ; on les fait monter à bord des navires qui doivent les ramener à Carthage pour y toucher leurs arrérages. En route, l'eau manque, disent les pilotes ; on débarque les soldats sur une île où ils se reposeront un moment des fatigues de la mer. A peine à terre, les navires hissent la voile et partent. L'île était déserte ; les malheureux y périrent, et longtemps après, en la voyant couverte encore de leurs os blanchis, les marins l'appelaient l'île aux ossements. Voilà comment Carthage réglait ses comptes avec ses mercenaires.

Guerre avec les Cyrénéens : autels des Philènes.— Les principales guerres de Carthage furent avec Cyrène, les Grecs de Sicile et les Romains. Des premières nous ne savons rien ; il reste seulement une légende touchante.

« Dans le temps, dit Salluste, que les Carthaginois régnaient sur la plus grande partie de l'Afrique, les Cyrénéens n'étaient ni moins riches ni moins puissants. Entre les deux États s'étendait une plaine sablonneuse, tout unie, sans fleuve, ni montagne qui marquât leurs limites. Cette plaine fut pour les deux peuples l'objet d'une guerre longue et sanglante. Après que, de part et d'autre, des flottes et des armées eurent été souvent dispersées et détruites, et que les peuples se furent mutuellement affaiblis, ils craignirent qu'un troisième n'attaquât les vaincus et les vainqueurs également épuisés. Ils firent donc une trêve et convinrent qu'à un jour fixé des députés partiraient de la frontière non contestée des deux villes et que l'endroit où ils se rencontreraient deviendrait la limite commune des deux États.

« Carthage envoya deux frères nommés Philènes, qui firent la plus grande diligence. Les Cyrénéens allèrent plus lentement. Ce retard fut-il dû à leur négligence ou au hasard, je ne pourrais le dire ; mais il arrive souvent dans ces parages que les voyageurs sont arrêtés par la tempête, comme en pleine mer. Lorsque dans ces plaines uniformes et dépouillées de végétaux le vent souffle avec violence, les tourbillons de sable qu'il soulève remplissent la bouche et les yeux des voyageurs, et les empêchant ainsi de voir devant eux, arrêtent leur marche. Les Cyrénéens se voyant fort devancés craignirent d'être punis à leur retour du tort fait à leur ville, et accusèrent les Carthaginois d'être partis de chez eux avant le temps prescrit, ce qui devait rendre la convention nulle. Les Carthaginois, afin de mettre un terme à ce long différend, consentirent à ce qu'on fît de nouvelles conditions, pourvu qu'elles fussent égales pour les deux partis. Alors les Grecs leur laissèrent le choix ou d'être enterrés vifs à l'endroit dont ils voulaient faire la limite de leur ville, ou de les laisser aux mêmes conditions, s'avancer eux-mêmes jusqu'où ils voudraient aller. Les Philènes acceptèrent, sacrifiant à la patrie leur personne et leur vie. Ils furent enterrés vifs. Les Carthaginois élevèrent dans ce lieu des autels aux deux frères si bien appelés les amis de la gloire. D'autres honneurs furent institués pour eux à Carthage. »

Rivalité de Carthage avec les Étrusques et les Massaliotes. — Au milieu du VIe siècle avant notre ère, les Carthaginois n'étaient pas encore, comme ils le devinrent plus tard, les maîtres de la Méditerranée occidentale. Les Étrusques leur en disputaient la domination. Cependant, lorsqu'après le siége de Perses, les Phocéens allèrent chercher dans les mers de l'occident une autre patrie, les Carthaginois et les Étrusques s'unirent contre les nouveaux venus et remportèrent sur eux une grande victoire. Mais les Phocéens avaient déjà fondé dans cette région une ville dont la puissance subsista plus longtemps que celle des Étrusques, Marseille, et qui fit à leur commerce une concurrence sérieuse. Aussi Marseille se mit de bonne heure dans l'amitié de Rome devenue la mortelle ennemie de Carthage.

Traité de Carthage avec Rome. — Rome ne l'avait pas toujours été. Dès l'année 510, Carthage fit un traité avec elle, car Rome, maîtresse alors d'une grande partie du Latium, travaillait à affaiblir deux peuples dont la marine portait ombrage aux Carthaginois. De là le premier traité conclu en 510, le second fut signé en 362 avant la conquête de l'Italie par Rome, le troisième au moment où Pyrrhus arriva de Grèce pour assaillir les Romains en Italie, mais aussi les Carthaginois en Sicile. On verra dans l'histoire de Rome comment cette alliance se changea en une inimitié implacable.

Guerres avec les Grecs de Sicile : Bataille d'Himère (480). — En Sicile les rivaux étaient les Grecs. Aussi lorsque Xerxès envahit la Grèce, en l'année 480, les Carthaginois, à son instigation, débarquèrent en Sicile une armée qui ne s'élevait pas, dit-on, à moins de 300 000 hommes et qu'Amilcar commandait. Gélon, tyran de Syracuse, vainquit à Himère cette multitude d'Africains, comme dans le même temps à Salamine, à Platées, les Grecs de la mère patrie avaient vaincu les multitudes poussées contre eux par le grand roi du fond de l'Asie. Les grands succès de Carthage en Sicile sont de la fin de ce siècle.

Prise par les Carthaginois de Sélinonte et d'Himère (410-409). — En 415 la querelle de deux villes siciliennes, Egeste et Sélinonte, amena la plus terrible catastrophe et les plus sérieux efforts des Carthaginois dans l'île. La première de ces deux villes invoqua contre l'autre l'appui de Carthage, ne l'obtint pas et s'adressa à Athènes qui, conseillée par Alcibiade, entreprit la fatale expédition où elle laissa sa fortune (voyez l'Histoire grecque).

Exposée à la colère des vainqueurs, Égeste recourut encore à Carthage et se donna à elle. Annibal, petit-fils de cet Amilcar qui avait été vaincu et tué par Gélon dans la grande bataille d'Himère, vint, au nom de Carthage, prendre possession de leur ville, après avoir offert aux Syracusains, pour leur ôter tout prétexte de colère, l'arbitrage entre Égeste et Sélinonte (410).

L'année suivante, ce même Annibal débarqua au cap Lilybée avec une armée de 100 000 hommes, et se porta contre Sélinonte. La résistance fut acharnée. Mais les machines des assiégeants renversèrent les murailles, et une troupe de soldats ibères pénétra dans la place. Tout fut tué, femmes, enfants, vieillards ; la ville fut rasée. La guerre prit ainsi, dès son début, le caractère d'atrocité qu'elle garda jusqu'à la fin. Après ce coup frappé au sud, Annibal en frappa un autre au nord, afin de faire avancer la domination de Carthage parallèlement sur les deux rivages. Il vint devant Himère, et malgré la vaillante défense des assiégés, l'emporta. La plus grande partie des habitants avait pu s'échapper avant le dernier assaut. Il y trouva pourtant 3000 hommes qu'il arracha des mains de ses soldats, mais pour les conduire au lieu où son aïeul avait péri, et les y égorger après d'affreuses tortures. Dans la ville il ne laissa pas pierre sur pierre. On voit encore les ruines qu'il a faites.

Destruction d'Agrigente (406). — Encouragée par ces succès, Carthage résolut de donner à la lutte des proportions plus grandes. Annibal et Himilcon, associés dans le commandement, furent autorisés à lever des mercenaires en Espagne, dans les Baléares, en Libye, chez les princes alliés de Mauritanie et de Numidie, chez les Campaniens d'Italie, partout enfin où il y avait du courage à vendre. De son côté, Syracuse sollicita les secours des Grecs d'Italie et du Péloponnèse, et chercha à rallier tous les Siciliens autour d'elle.

La prise de Sélinonte avait découvert Agrigente. Les

Carthaginois s'avancèrent, avec 120 000 hommes, jusqu'à cette ville. C'était une des cités les plus riches, mais aussi une des plus efféminées du monde : ses plantations de vignes et d'oliviers alimentaient un commerce considérable. Ses 200 000 habitants, ses monuments, son temple de Jupiter, le plus grand de toute la Sicile ; son lac de 7 stades, creusé de main d'homme, et où nageaient des troupeaux de cygnes ; les vêtements d'or et d'argent, le luxe inouï de quelques-uns des principaux citoyens, attestaient sa richesse. Mais, dans l'antiquité, la mollesse suit toujours de près la fortune ; les mœurs militaires, seule défense de ces villes constamment menacées, s'étaient perdues. Il avait fallu rendre une ordonnance pour défendre aux Agrigentins d'avoir, en veillant aux portes et sur les murailles, plus d'un matelas, d'une couverture et de deux traversins. Agrigente fit donc provision de mercenaires : le Lacédémonien Dexippos, les Campaniens qui avaient servi Carthage dans la guerre précédente, passèrent à son service.

Le siége eut de nombreuses vicissitudes. Annibal avait fait démolir les tombes pour se procurer les matériaux propres à construire une terrasse. La peste qui se mit dans l'armée et qui l'emporta lui-même parut une vengeance des dieux : Himilcon immola en sacrifice expiatoire un jeune enfant à Chronos, et jeta dans la mer plusieurs animaux comme offrande à Neptune. Un corps de 40 000 Ibères et Campaniens n'en fut pas moins battu complétement par le Syracusain Daphnéos. Les Agrigentins espéraient déjà une heureuse issue à cette lutte, et s'ils commençaient à souffrir de la disette, un grand convoi de blé arrivait. Ce convoi fut enlevé ; en même temps, Himilcon, le nouveau général, débaucha leurs mercenaires. Alors ils ne songèrent plus qu'à fuir, comme avaient fait les Himéréens, et se sauvèrent à Géla pendant la nuit. Leur ville fut détruite, et de tant d'opulence il ne resta que des ruines (406).

Guerres entre Carthage et Syracuse, au temps de Denys l'Ancien. — Cet événement mit l'effroi dans Syracuse. Une assemblée fut convoquée : personne n'osait ouvrir un avis. C'est alors que parut Denys, qui est resté si fameux sous le nom de Denys le Tyran, ou de Denys l'Ancien, pour le distinguer de son fils, Denys le Jeune. Tous deux régnèrent en despotes impitoyables dans Syracuse ; mais l'un fut un tyran actif, l'autre se contenta de jouir des fruits des travaux de son père.

Obligé de combattre avant d'avoir pu s'y préparer, Denys l'Ancien ne put d'abord sauver Géla ni Camarine, et l'ennemi n'était plus qu'à 80 kilomètres de Syracuse, où les populations fugitives apportaient l'effroi, quand Denys l'arrêta par un traité. Une peste qui décima l'armée punique favorisa les négociations. Carthage resta en possession du pays de Sélinonte, d'Agrigente et d'Himère. Les habitants de Géla et de Camarine étaient autorisés à rentrer dans leurs villes démantelées en lui payant un tribut (405).

Denys n'avait fait la paix que pour mieux préparer la guerre. Au bout de quelques années, son pouvoir étant affermi et Syracuse fortifiée, il amassa de l'or, il réunit des soldats, puis, avec 80 000 hommes, se jeta sur les Carthaginois, les accula au bout de l'île et y attaqua leur dernière forteresse, dans l'île Motya, à la pointe occidentale. Ce fut un siége mémorable. Les Carthaginois se défendirent avec l'opiniâtreté de la race punique. Les armes nouvelles employées par Denys eurent enfin raison de leur courage. Mais Himilcon arrivait avec 100 000 hommes et une flotte considérable. Il reprit Motya sans peine, et, reportant habilement la guerre sur la côte orientale, détruisit Messine, et gagna une bataille navale qui l'amena jusque dans le port de Syracuse. Il débarqua, dressa sa tente dans le temple de Jupiter Olympien, et fortifia son camp avec les pierres des tombeaux. Les Grecs attribuèrent à ces sacriléges la peste qui dévora l'armée carthaginoise, et qui, en y jetant la terreur, y fit oublier la discipline et la vigilance. Denys en profita pour diriger une double attaque par terre et par mer, pendant une nuit sans lune. Une partie de la flotte ennemie fut incendiée, et le peu de soldats que les Carthaginois purent armer furent battus et rejetés dans leur camp, où la mort les attendait aussi sûrement que sous l'épée des Syracusains. Himilcon demanda en secret qu'il fût permis de s'échapper avec les citoyens carthaginois. Il paya cette honte 300 talents (1 668 000 fr. [1]). Pendant qu'il fuyait, l'armée trahie par son général était enveloppée et prise ou détruite (394).

Au lieu de pousser vivement la victoire que la peste lui avait livrée et de chasser les Carthaginois de l'île entière, Denys, après deux années d'hostilités languissantes, fit la paix avec eux.

Sa troisième guerre, en 383, fut plus malheureuse. Il fut contraint de reconnaître aux Carthaginois la possession de toute la Sicile occidentale au delà du fleuve Halycos et de payer une indemnité de 1000 talents (5 560 000 fr.).

En 368, il renouvela les hostilités, mais mourut avant d'avoir porté des coups décisifs. Denys le Jeune n'était pas homme à en frapper. Timoléon l'aurait pu. Il gagna même une victoire sur les Carthaginois, mais consentit à leur reconnaître la limite du fleuve Halycos.

Guerre avec Agathocle (307). — Agathocle, autre tyran syracusain, fit trembler les Carthaginois jusque dans leurs murs. Assiégé par eux dans Syracuse, il passe au travers de leur flotte, débarque en Afrique, y soulève les sujets de Carthage et y prend 200 villes. Mais sa cruauté fait soulever ses soldats qui l'emprisonnent; et il s'échappe avec peine de leurs mains. Carthage est sauvée et elle remercie ses dieux sanguinaires, en leur immolant les plus beaux des prisonniers syracusains (307).

Guerres avec Pyrrhus (278) et avec Rome (264-146). — Plus tard les Syracusains, de nouveau pressés par les Carthaginois, appelèrent Pyrrhus à leur secours. Lorsqu'il quitta l'île sans avoir rien fait, il s'écria : « Quel

---

1. Le talent d'Athènes valait 5560 francs.

beau champ de bataille nous laissons aux Romains et aux Carthaginois! » Ce fut en effet pour la possession de la Sicile que la première guerre punique éclata. Cette fois Carthage se heurtait contre un peuple plus fort qu'elle; parce que s'il avait moins de richesses, il avait plus de persévérance et de ce dévouement à la patrie qui ne se montre pas seulement dans les moments suprêmes, par le sacrifice de son existence, mais, ce qui est bien plus rare, dans la vie de chaque jour, par la pratique du désintéressement et le respect des lois, par le sacrifice partout et toujours de l'intérêt particulier à l'intérêt général. Voilà ce que les Romains de ce temps avaient au plus haut degré et ce qui manquait à Carthage. Voilà pourquoi les premiers ont vaincu, pourquoi l'autre est tombée. C'est dans l'histoire de Rome qu'il faut chercher le récit de ces guerres mémorables et de cette grande chute.

FIN DU VOLUME DE L'HISTOIRE ANCIENNE.

TABLE DES MATIÈRES.

FIN DE LA TABLE DES MATIÈRES.

Paris. — Imprimerie de Ch. Lahure et Cie, rue de Fleurus, 9.

Librairie de L. HACHETTE et Cⁱᵉ, rue Pierre-Sarrazin, n° 14.

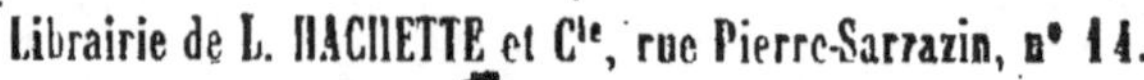

COURS COMPLET D'HISTOIRE ET DE GÉOGRAPHIE

RÉDIGÉ

conformément aux derniers programmes officiels, à l'usage des classes de grammaire et d'humanités,

Par MM. **DURUY** et **CORTAMBERT**.

CLASSES DE HUITIÈME ET DE SEPTIÈME.

Histoire sainte d'après la Bible, par M. Duruy ; autorisée par le Conseil de l'instruction publique. 1 vol. in-12. Prix, cartonné. 3 fr. 25 c

Petite histoire sainte, par le même auteur. Nouvelle édition, approuvée par Mgr l'évêque de Versailles et autorisée par le Conseil de l'instruction publique. 1 vol. in-18. Prix, cartonné. 75 c

CLASSE DE SIXIÈME.

Abrégé d'histoire ancienne, par M. V. Duruy. 1 vol. in-12. 2 fr. 50 c

Géographie physique du globe et géographie générale de l'Asie moderne, par M. E. Cortambert. 1 vol. in-12. Prix, cart. 75 c

CLASSE DE CINQUIÈME.

Abrégé d'histoire grecque, par M. Duruy. 1 vol. in-12, cart. 2 fr. 50 c

Géographie générale de l'Europe et de l'Afrique modernes, par M. E. Cortambert. 1 vol. in-12. Prix, cartonné. 75 c

CLASSE DE QUATRIÈME.

Abrégé d'histoire romaine, par M. V. Duruy. 1 vol. in-12. Prix, cartonné. 2 fr. 50 c

Géographie générale de l'Amérique et de l'Océanie, par M. E. Cortambert. 1 vol. in-12. Prix, cartonné. 75 c

CLASSE DE TROISIÈME.

Histoire de France et du moyen âge du Vᵉ au XIVᵉ siècle, par M. V. Duruy. 1 vol. in-12. Prix, cartonné. 3 fr. 50 c

Description particulière de l'Europe, par M. E. Cortambert. 1 vol. in-12. Prix, cartonné. 1 fr. 50 c

CLASSE DE SECONDE.

Histoire de France, du moyen âge et des temps modernes du XIVᵉ au milieu du XVIIᵉ siècle, par M. V. Duruy. 1 vol. in-12. Prix, cartonné. 3 fr. 50 c

Description particulière de l'Asie, de l'Afrique, de l'Amérique et de l'Océanie, par M. E. Cortambert. 1 vol. in-12. Prix, cartonné. 2

CLASSE DE RHÉTORIQUE.

Histoire de France et des temps modernes, depuis l'avénement de Louis XIV jusqu'à 1815, par M. V. Duruy. 1 vol. in-12. Prix, cartonné. 3 fr. 50

Géographie physique et politique de la France, par M. E. Cortambert. 1 vol. in-12. Prix, cartonné. 1 fr. 50

Paris. — Imprimerie de Ch. Lahure et Cⁱᵉ, rue de Fleurus, 9.

www.ingramcontent.com/pod-product-compliance
Lightning Source LLC
LaVergne TN
LVHW050149030726
842520LV00002B/359